本专著受到中南民族大学中央高校基本科研业务费项目资助（CSQ24029）

企业国际化战略的信息治理效应研究：基于管理层业绩预告的视角

朱杰 著

WUHAN UNIVERSITY PRESS
武汉大学出版社

图书在版编目(CIP)数据

企业国际化战略的信息治理效应研究:基于管理层业绩预告的视角/朱杰著.—武汉:武汉大学出版社,2024.10
ISBN 978-7-307-24212-8

Ⅰ.企⋯ Ⅱ.朱⋯ Ⅲ.企业绩效—研究 Ⅳ.F272.5

中国国家版本馆 CIP 数据核字(2023)第 251341 号

责任编辑:黄金涛 责任校对:汪欣怡 版式设计:韩闻锦

出版发行:**武汉大学出版社** (430072 武昌 珞珈山)
(电子邮箱:cbs22@ whu.edu.cn 网址:www.wdp.com.cn)
印刷:湖北云景数字印刷有限公司
开本:720×1000 1/16 印张:20 字数:327 千字 插页:1
版次:2024 年 10 月第 1 版 2024 年 10 月第 1 次印刷
ISBN 978-7-307-24212-8 定价:89.00 元

前　言

随着我国"双循环"新发展格局的不断推进，越来越多中国企业积极响应国家"走出去"战略，通过开拓海外市场以在更大的地缘空间上实现规模经济及可持续发展。然而，与西方国家企业凭借垄断技术、管理经验在国际市场中获取超额收益的国际化发展模式不同，中国企业国际化实践进程中普遍面临经验不足、技术落后、资源缺乏等后发劣势与现实挑战，致使实施国际化战略对中国企业而言犹如一把"双刃剑"，在给企业带来发展机遇的同时，也增加了企业面临的各种风险，加剧了企业经营环境与经营业绩的不确定性。在此背景下，中国企业如何调整会计信息披露行为，是一个值得关注的重要问题。

在所有权与经营权相分离的公司治理体系中，高质量的信息披露是缓解公司信息不对称问题、提高资源配置效率的重要途径之一。相比定期财务报告等相对滞后的历史会计信息，以管理层业绩预告为代表的前瞻性盈利预测信息被视为是披露更及时且更有助于利益相关者经济决策的一类会计信息，引起了资本市场的广泛关注。而且，在中国上市公司业绩预告信息披露实践中，国际化战略引发的不确定性正在成为上市公司通过业绩预告信息披露进行业绩预警与风险提示的客观原因。但是，企业实施国际化战略能否对中国企业业绩预告信息披露行为产生治理效应，仍有待理论分析与实证检验。鉴于此，本书基于信息不对称理论、信号传递理论、委托代理理论与国际贸易理论，深入探讨中国企业实施国际化战略对于管理层业绩预告信息披露意愿、管理层业绩预告修正行为以及管理层业绩预告准确度的影响，并进一步厘清相关作用机理，为合理评价企业实施国际化战略在资本市场的信息治理效应提供经验证据。

研究发现，企业国际化战略具有显著的公司治理效应。在业绩预告披露行为方面，企业实施国际化战略有助于提升管理层自愿性业绩预告披露意愿

1

与披露频次，也有助于提升管理层自愿性业绩预告中坏消息的披露频次。在业绩预告修正行为方面，企业实施国际化战略有助于提升管理层业绩预告修正行为。企业国际化程度经营越高，管理层对外披露业绩预告修正公告的可能性也越高，披露业绩预告修正公告的次数也越多。在业绩预告披露质量方面，企业实施国际化战略与管理层业绩预告偏差之间存在一种类似"U"形曲线的相关关系，表明随着企业国际化经营程度的增加，管理层业绩预告偏差会呈现出"先减后增"的变化趋势。

　　本书的研究贡献主要体现在：第一，本书首次厘清了中国"双循环"新发展格局下企业国际化战略发挥信息治理效应的作用机理，构建了全面、系统分析管理层业绩预告披露行为的理论框架。第二，本书从自愿性业绩预告披露、业绩预告修正、业绩预告准确度等视角，探讨了企业国际化战略的信息治理功能，丰富了中国企业国际化战略相关的理论研究。第三，本书有助于资本市场利益相关者更加准确判断上市公司在不同国际化经营水平下业绩预告信息披露的有效性，对于引导开展国际化经营的企业提高管理层盈利预测准确度、抑制管理层业绩预告操纵行为、缓解企业信息不对称问题具有现实意义。

目　　录

导　论

一、研究背景与研究意义

(一)研究背景

自中国改革开放以来，国际贸易逐渐成为促进中国经济增长的重要引擎之一，在此背景下，越来越多企业开始将富余的生产与服务能力输出到海外市场，致使国际化经营成为中国企业发展历程中的新常态。尤其在中国加入世界贸易组织以及中国提出"走出去"发展战略以及"一带一路"倡议以后，中国企业参与国际市场竞争的贸易壁垒与交易成本不断降低，国际化经营程度得到了快速提升。统计年鉴资料显示，2007—2018 年，我国出口贸易总额由93627.14 亿元上升至 164128.78 亿元，年均涨幅超5%；我国对外直接投资净额由 2650609 万美元上升至 14303731 万美元，年均涨幅超 16%；我国上市公司年均海外营业收入占总营业收入的比值也由 7.93%上升至 13.98%，① 这表明走出国门、开展国际贸易与对外投资、参与国际市场竞争逐渐成为中国企业新的发展战略模式，而国际化战略也正在成为中国企业战略架构中的重要组成部分。所谓国际化战略，是指企业将发展规划拓展至本土市场以外的海外市场，以实现对外投资、产品与服务国际贸易的市场多元化发展战略。党的十九大工作报告将"拓展对外贸易""推进贸易强国建设""扩大对外开放"等发展方针继续作为我国未来较长一段时期重要的发展理念，进一步凸显了企业实施国际化战略对于中国经济发展的战略意义。

然而，随着全球经济增速的不断放缓以及中国制造业成本的不断上涨，中国企业参与国际市场竞争面临着诸多现实挑战，主要表现为：第一，近年来，逆经济全球化与贸易保护主义呈现抬头趋势，频繁出现的贸易摩擦事件以及复杂多变的国际市场竞争环境加剧了企业海外经营失败风险，致使不少中国企业跨国经营的意愿并不强烈，不少企业对于是否参与国际市场竞争持观望态度，在推进国际化战略方面存在诸多困惑；第二，与西方发达国家企业凭借垄断技术、资源条件、管理经验在国际市场中获取超额收益的国际化

---

① 中国出口贸易与对外直接投资数据来源于国家统计局网站，上市公司海外营业收入数据来源于上市公司财务报表附注，经手工整理后获得。

发展模式不同，中国企业在国际化经营实践中普遍面临经验不足、技术落后、资源缺乏、文化冲突等后发劣势，致使大量中国企业在海外市场遭遇破产风险，国际化经营对于企业经营业绩、市场价值的提升效应存在不确定性；第三，相比西方发达国家，中国企业的国际化经营实践尚处于初级阶段，劳动密集型企业仍然是我国企业参与国际市场竞争的主体，资本密集型企业与技术密集型企业的国际化经营程度较低，企业出口产品的附加值普遍偏低，参与国际市场竞争的综合能力有较大提升空间。

但不可否认的是，全球经济一体化是国际社会发展的普遍共识，为此，理论研究方面，大量文献以不同国家的资本市场作为研究对象，探讨了企业国际化经营行为与企业经营业绩、盈余质量、社会责任绩效、投融资行为、研发创新能力以及分析师预测能力之间的相关关系，但由于不同文献在研究对象样本特征、变量度量方法、数据处理方法等方面存在较大差异，致使既有文献并未就上述问题得出相对统一的结论。这就意味着，企业实施国际化战略究竟如何影响企业经营业绩、管理层财务行为、会计信息披露行为以及资本市场信息中介的盈利预测能力，仍然存在较大不确定性。而且，以中国企业为代表的新兴市场国家企业参与国际市场竞争会产生许多异于西方发达国家的新问题与新矛盾，因此，探讨中国企业实施国际化战略在微观企业层面可能引发的经济后果，对于进一步完善新兴市场国家公司战略管理理论、合理引导新兴市场国家企业的国际化经营实践具有理论意义与现实意义。

在所有权与经营权相分离的现代企业治理体系中，高质量的会计信息披露是缓解企业内部管理者与外部利益相关者信息不对称、提高企业信息透明度以及资本配置效率的重要途径，也是资本市场健康稳定发展的客观需要。管理层作为企业会计信息披露的履约责任主体，其信息披露意愿、信息披露质量以及策略性信息披露动机所引发的信息披露有效性问题，一直是企业财务领域的关注焦点。理论上而言，在非完全有效市场中，企业国际化经营这一公司层面的异质性战略模式所引发的不确定性经济后果需要通过会计盈余信息的方式传递给企业外部利益相关者，以提高资本市场的有效性，但本书发现，既有研究却相对忽视了在新兴市场中，企业实施国际化战略如何影响管理层会计信息披露披露行为这一重要议题。基于此，本书试图探讨中国企业实施国际化战略对于管理层会计信息披露行为的影响，以期对新兴市场国家企业信息披露领域的既有研究进行有益补充。

在世界各国资本市场中，定期财务报告是资本市场利益相关者获取公司内部信息的最主要渠道，但随着经济社会的发展，主要反映历史财务信息且披露时间相对滞后的定期财务报告已经无法满足经济决策对于会计信息的需求，致使更具前瞻性、预测性和及时性的管理层业绩预告成为备受投资者、金融分析师、政府等资本市场利益相关者关注的上市公司会计信息披露方式。所谓管理层业绩预告，是指上市公司管理层在定期财务报告发布前针对下一业绩报告期公司经营业绩(净利润)做出的前瞻性预测。显然，作为定期财务报告的披露前奏，业绩预告在影响投资者业绩预期方面发挥了重要作用。现阶段，以美国为代表的西方国家并未对上市公司是否披露管理层业绩预告做出强制规定，但西方国家普遍采取各种措施鼓励上市公司披露更多有价值的前瞻性盈余信息，例如，1995 年美国证券监管部门通过颁布预测性信息披露免责制度(又称"信息安全港制度")，降低了预测性信息披露者潜在的诉讼风险，提高了上市公司管理层提前披露前瞻性盈利预测信息的意愿。不同于西方国家，我国证券监管部门针对上市公司实行"半强制性业绩预告信息披露制度"，在此制度背景下，当上市公司预测下一个业绩报告期经营业绩将会发生重大变动(如：经营业绩出现亏损、经营业绩相比上年同期或者最近一期出现扭亏为盈或净利润相比上年同期变动超过 50%)时，须按规定强制对外披露业绩预告，由此可见，一方面，我国更具制度刚性的上市公司业绩预告信息披露制度在提示上市公司重大业绩变动风险、提高会计信息有用性方面发挥了独特功能；另一方面，业绩预告信息披露制度本身所拥有的政策弹性在前瞻性盈余信息披露方面也赋予了上市公司管理层较高的自由裁量权。

但自中国证监会 1998 年正式建立上市公司业绩预告信息披露制度以来，中国上市公司的业绩预告信息披露实践并非完美无瑕。相反，由于我国资本市场起步较晚，市场有效性较低，加之上市公司业绩预告信息披露制度的法律地位较低，致使不同上市公司的业绩预告信息披露行为存在较大差异，主要表现为：(1)上市公司自愿披露业绩预告(尤其是自愿披露负面业绩预告)的意愿较低，不少上市公司并未通过发布业绩预告等方式披露或充分披露前瞻性盈利预测信息，管理层披露业绩预告盈余信息的动机很大程度上在于满足政府监管要求，会计信息披露对于资本市场有效性的提升能力有限；(2)上市公司对已披露的业绩预告内容进行修正的可能性较高，尤其是"变脸型"业绩预告修正行为以及两次及以上频繁的业绩预告修正行为在上市公司临时公告中频现，降低了信息使用者对业绩预告的信任程度；(3)大量上市公司披露的管理层业绩预告准确度较低，部分上市公司甚至因业绩预告准确度不高、修正不及时等问题被证券监管部门查处。上述问题是现阶段我国资本市场业绩预告信息披露领域的突出矛盾与重点问题，引发了理论界和实务界对上市公司管理层业绩预告信息披露行为差异原因的探讨，尤其在中国资本市场开放程度日益增强的当今时代，厘清上述问题对于促进中国资本市场健康平稳发展具有重要意义。

公司战略领域的既有文献表明，企业战略模式是影响管理层信息披露意愿、信息披露行为以及信息披露质量的不可忽视因素(Dichev et al.，2013)，在不同的战略模式下，企业的资源配置结构、财务决策、经营模式、经营业绩与经营风险、信息环境将会产生显著差异，由此导致管理层的信息披露行为也会在权衡信息披露成本与收益的基础上随之发生改变。以此为基础，况学文等(2019)、张艺琼等(2019)研究发现公司战略激进程度、战略变革幅度会对管理层的自愿性业绩预告披露意愿产生促进作用，管理层会倾向于通过增加自愿性业绩预告披露数量进而缓解异质性战略模式所引发的信息不对称问题与企业内外代理冲突。鉴于此，本书推断，企业实施国际化战略可能也是影响管理层前瞻性盈余信息披露行为的重要因素。理论上而言，企业国际化经营会加剧企业在海外市场面临的经营风险与法律诉讼风险，增加企业经营业绩的不确定性程度，并引发严重的信息不对称问题与委托代理问题，致使一方面，国际化经营企业存在通过增加自愿性盈利预测信息披露进而降低公司内外信息不对称、降低公司被外部利益相关者错误定价的客观需求，但另一方面，国际化经营企业在准确预测公司前瞻性盈余信息方面存在客观难度，而这一预测难度则会直接反映到管理层的业绩预告修正行为以及业绩预告披露质量上去。但是，无论如何，企业实施国际化战略已经在较大程度上影响着管理层的业绩预告披露行为。事实上，中国上市公司的业绩预告信息披露实践也初步验证了本书的这一猜想。据国泰安 CSMAR 数据库中的业绩预告文本资料显示，2007—2018 年间中国 A 股上市公司对外披露的 55252 份具有详细"业绩变动原因"说明的业绩预告中，将企业经营业绩发生重大变动的原因直接归咎于企业国际化经营以及海外市场不确定性的业绩预告多达 4855份，占比达 8.79%，这表明实施国际化战略、参与国际市场竞争正在成为上市公司经营业绩发生重大变动的重要原因，也意味着国际化经营所引发的不确定性正在成为上市公司通过业绩预告信息披露进行业绩预警以及风险提示的客观原因。但遗憾的是，既有文献在探讨管理层业绩预告信息披露行为的影响因素时，普遍默认公司战略选择是同质的，鲜有文献关注公司战略特征对于管理层业绩预告信息披露行为的影响，更是尚无文献将企业国际化经营这一异质性战略行为纳入管理层业绩预告的研究框架之中。因此，深入探讨企业实施国际化战略与管理层业绩预告信息披露行为之间的关联关系，有助于进一步解释中国资本市场中上市公司管理层业绩预告信息披露行为存在显著差异的客观原因。

综合上述分析，本书拟以企业实施国际化战略这一公司层面的战略模式作为切入点，以 2007—2018 年间中国 A 股上市公司作为样本，通过理论分析与实证检验相结合的方式，探讨企业实施国际化战略对于管理层业绩预告信息披露行为的治理效应。具体来说，本书试图解释现阶段我国上市公司业绩预告信息披露领域普遍存在的三大重点问题：(1)企业实施国际化战略所引发的不确定性经济后果，以及信息不对称问题与代理问题，是否能够有效提升管理层自愿披露业绩预告以及自愿披露负面业绩预告的意愿？如果有影响，影响机制又是什么？管理层对于负面盈利预测信息是否存在延时披露与择时披露等策略性披露动机？管理层增加自愿性业绩预告信息披露可能引发何种经济后果，能否提高资本市场有效性以及企业市场价值？(2)企业实施国际化战略是否影响管理层对已披露业绩预告的修正行为？如果存在影响，在国际化战略背景下，管理层进行业绩预告修正的客观原因与主观动机又是什么？国际化经营企业的管理层业绩预告修正行为是否有助于提升业绩预告的信息含量、提升会计信息的有用性？(3)企业实施国际化战略是否能够影响管理层业绩预告披露质量？如果存在影响，这种影响是线性还是非线性的，其背后的影响机制又是如何？上述问题即构成了本书研究的核心内容。

(二)研究意义

企业实施国际化战略与管理层业绩预告信息披露行为是颇具中国特色的两大现实问题。中国企业国际化经营动机、国际市场竞争能力以及国际化经营所引发的经济后果均与西方发达国家存在较大差异，因此，以西方发达国家为对象的研究结论可能并不能直接复制至中国企业。此外，中国资本市场拥有独特的"半强制性业绩预告信息披露制度"，业绩预告披露规则相比西方发达国家存在较大制度差异，鉴于此，本书可能存在理论与实践两个方面的研究意义。

1. 理论意义

第一，本书拓展了管理层业绩预告信息披露行为影响因素方面的研究。尽管大量文献探讨了影响管理层业绩预告披露意愿、管理层业绩预告准确度的若干因素，但既有文献基本都默认公司战略选择是同质的，鲜有文献关注公司战略特征对管理层自愿性信息披露行为的影响。近年来，以张艺琼等（2019）为代表的少量研究发现公司战略激进程度、战略变革幅度都是影响管理层自愿性盈余信息披露行为的重要因素，但尚无文献更进一步研究企业实施国际化战略对管理层业绩预告信息披露行为的影响。鉴于此，本书首次基于企业国际化战略的视角拓展了管理层业绩预告信息披露行为影响因素领域的相关研究，并将管理层业绩预告信息披露行为细化为管理层自愿性业绩预告披露意愿、管理层业绩预告修正行为以及管理层业绩预告准确度三个方面，厘清了企业实施国际化战略影响管理层业绩预告信息披露行为的路径和机制。

第二，本书丰富了企业实施国际化战略的经济后果方面的研究。既有文献以不同国家的资本市场作为研究对象，探讨了企业国际化行为与公司经营业绩、盈余质量、社会责任绩效、投融资行为、研发创新以及分析师预测行为之间的相关关系，但却相对忽视了在新兴市场中，企业国际化经营行为所引发的不确定性后果如何以盈余信息的方式传递给企业外部利益相关者这一重要议题。本书以管理层业绩预告这一具有前瞻性、预测性和及时性的企业盈余信息披露方式作为切入点，深入探讨了企业实施国际化战略对于管理层会计信息披露行为的影响，有助于资本市场利益相关者更加深入理解企业国际化经营行为在公司层面所引发的信息治理效应。

2. 现实意义

第一，近年来，随着"一带一路"倡议的深入贯彻实施以及各大自由贸易区的相继设立，走出国门参与国际市场竞争成为我国转变经济增长方式、实施供给侧结构性改革的重要措施。但与西方发达国家不同，我国企业国际化实践进程中普遍面临后发劣势与现实挑战，因此，对于中国企业而言，参与国际市场竞争既是机遇又是挑战。以中国上市公司为对象研究企业实施国际化战略的经济后果，对于系统理解新兴市场国家的国际化经营行为具有借鉴意义。

第二，尽管管理层业绩预告信息披露的有用性、决策相关性已被多次证实，但在弱势有效的资本市场中，上市公司业绩预告信息披露行为存在较大差异，管理层业绩预告披露意愿不强、业绩预告修正行为频繁、业绩预告准确度不高是客观存在的现实问题，致使资本市场中信息使用者对于管理层业绩预告所传递的信息含量存在一定质疑。本书从企业国际化经营这种战略模式的视角，对不同企业管理层业绩预告披露意愿、管理层业绩预告修正行为以及管理层业绩预告准确度存在显著差异的原因提供了可能的解释，对于我国证券监管部门提升上市公司业绩预告信息披露意愿以及信息披露质量、进一步完善上市公司业绩预告信息披露制度提供了可行思路。

二、研究目的与研究方法

(一)研究目的

本书主要研究企业实施国际化战略对于管理层业绩预告信息披露行为的影响，探讨企业国际化经营行为可能引发的公司层面的信息治理效应，本书预期实现如下两个方面的研究目的。

第一，与西方国家企业凭借垄断技术、管理经验在国际市场中获取超额收益的国际化发展模式不同，中国企业国际化实践进程中普遍面临经验不足、技术落后、资源缺乏等后发劣势与现实挑战，因此，研究中国企业实施国际化战略的经济后果，具有鲜明的中国特征。本书拟基于信息不对称理论、信号传递理论、委托代理理论以及国际贸易领域的相关理论，深入探讨中国企业实施国际化战略对于管理层业绩预告信息披露行为的影响，以期一方面厘清企业国际化战略影响管理层业绩预告信息披露行为的作用机理，另一方面为客观评价企业实施国际化战略的资本市场溢出效应提供微观层面的经验证据。

第二，与西方发达国家法制体系健全、信息披露违规成本巨大的资本市场信息披露机制相比，我国资本市场信息披露体系仍有待进一步健全。管理层业绩预告作为促使上市公司及时对外提示重大经营风险与业绩波动风险的前瞻性信息披露制度设计，在调整投资者市场预期、防范股票价格异常波动、缓解资本市场信息不对称以及提高公司信息透明度等方面发挥了重要作用，对于提高我国资本市场有效性意义重大。鉴于此，本书旨在基于公司战略模式的视角，探讨可能影响管理层自愿性业绩预告披露意愿、管理层业绩预告修正行为以及管理层业绩预告准确度的因素，为证券监管部门建立健全上市公司业绩预告信息披露体系提供有益的政策建议。

(二)研究方法

本书使用的研究方法包括文献研究法、演绎推导法以及实证研究法。

(1)文献研究法。本书搜集整理了国内外重点核心期刊上与企业国际化战略、管理层业绩预告信息披露行为相关的文献，通过精读与泛读相结合的方式，总结前人的研究成果，并对同一研究问题的不同研究结论进行对比分析，构建本书的理论分析框架，为本书后续理论分析与实证检验奠定基础。

(2)演绎推理法。所谓演绎推理法，是指从一般性的假设前提出发，通过推导"演绎"，得出具体陈述或个别结论的过程，是一种由一般到特殊的推理方法。在具体实践中，本书基于信息不对称理论、信号传递理论、委托代理理论以及国际贸易领域的相关理论，深入探讨中国企业实施国际化战略对于管理层业绩预告信息披露行为的影响，厘清相关作用机理，在此基础上提出本书的研究假设。

(3)实证研究法。所谓实证研究法，是指通过构建统计模型，对理论分析的正确性与合理性进行验证或证伪的过程。具体的，本书以2007—2018年间中国A股上市公司作为样本，通过设置解释变量、被解释变量以及控制变量，构建Logit、Ologit、OLS回归模型，对本书理论分析中提出的假设进行检验。本书采用的实证研究方法包括：①通过描述性统计、皮尔森相关系数检验以及非参数的组间差异检验识别样本分布特征；②通过构建的Logit、Ologit、OLS回归模型对提出的假设进行检验；③通过替换变量、改变模型的函数形式等方式进行稳健性检验，验证主回归模型的可靠性以及回归结果的稳定性；通过倾向得分匹配法、工具变量法、Heckman两阶段法等方式进行内生性检验，排除主回归模型可能存在内生性问题；④使用中介效应模型、横截面分组回归等方式进行机制检验，并排除可能的替代性假说。

三、研究内容与研究创新

(一)研究内容

本书主要研究企业实施国际化战略对管理层业绩预告信息披露行为的影响,并探究其中的影响机制与作用机理。本书首先梳理了与企业国际化战略以及管理层业绩预告披露行为相关的理论、文献、制度背景与实践特征,在此基础上,基于中国资本市场特有的"半强制性业绩预告信息披露制度",探讨企业实施国际化战略对管理层自愿性业绩预告披露行为的影响;基于中国资本市场独立的"业绩预告修正制度",探讨企业实施国际化战略对管理层业绩预告修正行为的影响;最后,进一步探讨企业实施国际化战略对管理层业绩预告准确度的影响。具体研究内容如下:

第一部分为导论。本部分结合本书的研究主题详细阐述了本书的研究背景、研究意义、研究目的、研究方法、研究内容以及研究框架等内容。

第二部分为理论基础与文献综述,为本书的第一章。本部分首先对研究中所涉及的企业国际化战略相关理论以及管理层信息披露行为相关理论进行了详细阐述,并分别就企业实施国际化战略的影响因素、经济后果,管理层业绩预告披露行为的影响因素、经济后果,管理层业绩预告策略性披露行为等文献展开综述。

第三部分为制度背景与实践特征,为本书的第二章。本部分依次对中国企业开展国际化经营的制度背景、中国上市公司业绩预告信息披露制度的起源与发展进行了归纳整理,并以 2007—2018 年作为样本期间,对中国 A 股上市公司实施国际化战略的实践特征以及披露管理层业绩预告的实践特征进行了统计分析。

第四部分为企业实施国际化战略影响管理层自愿性业绩预告披露行为的理论分析与实证检验,为本书的第三章。本部分研究了企业实施国际化战略对管理层自愿性业绩预告披露意愿、自愿性业绩预告披露频次以及自愿性业绩预告中负面信息披露频次的影响,从企业经营风险、信息不对称、海外诉讼风险以及外部融资需求四个方面探讨了其中的影响机制,并基于企业国际化经营环境的不确定性、管理层对于负面业绩预告信息延时披露与择时披露动机等视角开展了进一步分析与讨论；基于股价信息含量以及企业市场价值等视角开展了经济后果研究。

第五部分为企业实施国际化战略影响管理层业绩预告修正行为的理论分析与实证检验，为本书的第四章。本部分研究了企业实施国际化战略对管理层业绩预告修正行为的影响，并从产品市场竞争、股票市场波动性以及信息不对称三个方面探讨了其中的影响机制。此外，本部分还排除了管理层基于盈余操纵、股价操纵以及掩饰自利行为等动机而对已披露的业绩预告进行修正的替代性假说。在此基础上，本书进一步分析与探讨，对于实施国际化战略的企业而言，管理层的业绩预告修正行为是否能够增加前瞻性盈利预测信息对于资本市场的信息含量。

第六部分为企业实施国际化战略影响管理层业绩预告准确度的理论分析与实证检验，为本书的第五章。本部分研究了企业实施国际化战略对管理层业绩预告准确度（管理层业绩预告偏差）的影响，从管理层风险承担水平、管理层业绩预告差距、供应商——客户关系以及企业代理成本四个方面探讨了其中的影响机制，并从经济政策不确定性、管理层业绩预告准确度两个方面进行了拓展性检验。

第七部分为研究结论、研究局限性与政策启示。本部分首先对本书第三至第五章的研究内容进行总结，得出本书的研究结论。在此基础上，指出了本书可能存在研究局限性。最后，根据本书的研究结论提出相应的政策启示。

根据本书的研究内容，本书绘制如下逻辑框架结构图，具体见图0-1。

（二）研究创新

本书可能的研究创新主要体现在以下三个方面：

第一，管理层积极、有效、高质量的业绩预告披露行为对于缓解企业内外信息不对称所引发的代理成本问题与利益相关者逆向选择问题、调整投资者市场预期、提高股价信息含量具有重要意义，因此，如何正确识别管理层的业绩预告披露动机与披露行为、激发管理层的业绩预告披露意愿、提高管理层的业绩预告披露质量，是上市公司会计信息披露领域的重要议题，也是现阶段我国弱势有效资本市场中亟须解决的现实问题。然而，既有文献在探讨可能影响管理层业绩预告披露行为的若干因素时，基本都默认公司战略选择是同质的，鲜有文献关注公司战略特征对管理层业绩预告披露行为的影响。

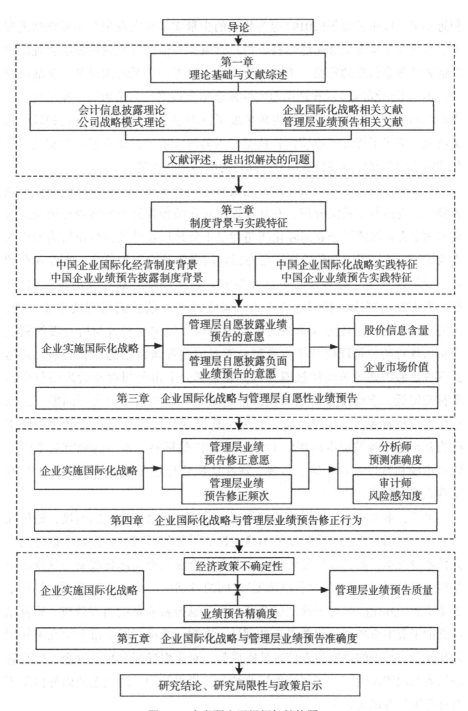

图 0-1 本书研究逻辑框架结构图

但近年来，以张艺琼等（2019）等为代表的少量文献研究发现公司战略激进程度、战略变革幅度能够通过影响公司经营风险与信息环境进而影响管理层披露前瞻性盈余信息的意愿，不过，尚无文献更进一步系统探讨某一类战略模式（如：国际化战略）对管理层前瞻性盈余信息披露行为的影响。鉴于此，本书首次基于企业国际化战略的视角拓展了管理层业绩预告信息披露领域的相关研究，构建了管理层业绩预告披露行为的研究框架，厘清了企业实施国际化战略影响管理层业绩预告信息披露行为的路径和机制。

第二，本书首次基于企业国际化战略这一独特视角，对管理层的业绩预告修正行为进行了系统分析，并从管理层对业绩预告修正的客观原因与主观动机两个方面厘清了企业国际化战略背景下管理层业绩预告修正行为发生的真实原因，丰富了业绩预告修正行为影响因素领域的相关研究。值得注意的是，业绩预告修正行为是有效性较弱的资本市场中客观存在的现实问题。相比西方发达国家，我国建立上市公司业绩预告信息披露制度起步较晚，加之在以委托—代理为基础的现代公司治理环境中管理者与所有者的利益经常出现背离，管理层基于自身利益而对前瞻性盈余信息存在隐瞒、延迟披露或虚假披露等策略性披露动机，导致部分上市公司存在管理层盈余预测精确度低、准确度差、业绩预告修正频繁、修正幅度较大等问题，这也致使不少投资者对业绩预告修正行为一直持有"敌意"态度，业绩预告修正行为甚至越来越被资本市场贴上"风险事项"的标签。本书的研究对于引导资本市场利益相关者正确、客观、理性认识管理层业绩预告修正行为具有实践意义。

第三，本书基于管理层业绩预告这一前瞻性盈余信息披露制度，通过探讨企业实施国际化战略所引发的不确定性后果如何通过前瞻性盈余信息的方式传递给资本市场利益相关者，首次发现了企业实施国际化战略与管理层业绩预告偏差（管理层业绩预告准确度）之间的"U形"（倒"U形"）关系，揭示了企业实施国际化战略对于管理层业绩预告信息披露质量的治理效应。研究结论有助于资本市场利益相关者更加理性、客观、准确判断上市公司在不同国际化经营水平下的业绩预告信息披露质量，对于引导国际化经营企业提高管理层盈利预测准确度、抑制管理层业绩预告操纵行为、降低企业内外信息不对称程度具有现实意义。

第一章

理论基础与文献综述

第一节　理论基础

一、信息不对称理论

信息不对称理论(Asymmetric Information Theory)是由美国经济学家乔治·阿克洛夫(G. Akerlof)、迈克尔·斯彭斯(M. Spence)以及约瑟夫·斯蒂格利茨(J. E. Stigliz)三位经济学家在20世纪70年代提出的一项经典理论。早期经济学家在研究经济问题时都普遍基于一个假设前提,即,市场信息是完全有效的,市场参与者在进行决策时可以无差别地获取全部市场信息。然而,这一假设在20世纪60年代遭遇质疑。美国经济学家赫伯特·西蒙(Herbert A. Simon)认为,受限于信息获取成本、信息获取能力以及人们的认知能力,在现实世界中市场信息并不是完全有效的。当同一交易行为中的不同市场主体所获取的信息含量存在差别时,相比于信息匮乏者,能够获取更多信息的市场主体能够在市场交易中获取更多私人收益。由此可见,市场信息的非完全有效性导致信息不对称在市场交易中客观存在。

在所有权和经营权相分离的公司治理背景下,企业内部管理者由于比企业外部利益相关者掌握了更多企业私有信息,会使不同的市场参与者处于不公平交易状态,进而引发严重的企业层面的信息不对称问题。企业外部利益相关者与内部管理者之间的信息不对称会导致企业内部管理者利用其信息优势在内幕交易、关联交易中获得更多私人收益,相反,外部利益相关者则可能因其信息劣势做出错误经济决策进而遭受经济损失。1970年,乔治·阿克洛夫(G. Akerlof)在其发表的《柠檬市场:质量的不确定性和市场机制》中指出,信息不对称会引发市场中出现"柠檬市场"效应与投资者逆向选择行为,致使信息处于劣势的企业外部市场交易者为避免信息不对称所引发的风险损失,会降低其愿意支付的交易价格。长此以往,过低的交易价格使得卖方不愿意提供高质量的产品,从而导致低质品充斥市场,高质品反被逐出市场,在极端情况下还会引发市场交易萎缩甚至消失。

同产品市场类似,信息不对称广泛存在于资本市场中,而且资本市场中也存在因信息不对称所引发的"柠檬市场"效应，严重的信息不对称则会导致上市公司面临价值被低估的系统性风险。信息经济学理论认为，以诚信为基础的沟通，是缓解市场交易者之间信息不对称、降低交易成本的有效措施。为此，大量研究发现管理层为了规避企业内外信息不对称所引发的风险要素对管理者个人利益的不利影响（如：融资成本增加、股价剧烈波动进而影响管理层实现薪酬契约中的业绩目标），会有动机将部分私有会计信息及时传递至资本市场，通过自愿增加私有信息披露的方式缓解外部利益相关者对公司财务状况、经营成果以及治理能力的不确定性程度。这也就意味着管理层的信息披露行为（尤其是针对私有信息的自愿性信息披露行为），在缓解企业内部管理者与外部利益相关者之间的信息不对称方面发挥了重要作用，对于提升产品市场和资本市场定价效率与资源配置效率具有重要意义。

二、信号传递理论

信号传递在解决信息不对称所引发的企业外部利益相关者逆向选择问题上发挥了重要作用。信号传递理论（Signaling Theory）也是信息经济学的经典理论，源于美国经济学家迈克尔·斯宾塞（A. Michael Spence）于1973年在其博士论文《劳动市场信号》（Job Marketing Signaling）中提出的信号传递模型。迈克尔·斯宾塞指出，劳动力市场是一个雇佣者与被雇佣者之间存在信息不对称的市场。在雇佣者与被雇佣者彼此不了解的情况下，雇佣者会根据教育水平判定被雇佣者的能力高低。通常，教育水平越高的被雇佣者表现出优异工作技能的可能性也越高，因此，在劳动力市场中，教育背景具有信号传递的作用，求职者可以将教育背景作为展现其能力水平的信号传递给雇佣方，以避免雇主因信息不对称和逆向选择而造成的劳动力市场失灵。

尽管信号传递理论起源于对劳动力市场的研究，但这一理论随后被广泛运用于公司财务领域。Ross（1977）建立的信号传递模型（又称Ross模型）认为，资本结构中负债比率是能够有效反应企业盈利能力的指标，企业经营状况越好，债务融资能力越强，因此，在信息不对称的环境中，负债比重上升向外界传递了管理者对企业未来收益看好的信号。随后，美国经济学家巴恰塔亚于1979年构造了一个类似于Ross模型的股利信号模型。该模型认为，在不完美市场中，公司内部管理者与外部利益相关者之间存在着信息不对称问题，但股利发放是缓解信息不对称的有效途径。具体来说，现金股利具有充分信息含量，是能够反映企业未来预期盈利状况的事前信号。紧接着，大量研究发现上市公司股利政策能够向市场传递公司持久盈利、未来发展前景良好、股票市场流动性高的积极信号（Bhattacharya，1979）。此外，股票增发与股票回购（Grullon and Michaely，2004）等行为也都被视为可以成为反映公司经营业绩或市场价值发生变化的重要信息。

Ross（1979）将信号传递理论引入到信息披露领域，认为管理层的自愿性信息披露行为也能够在一定程度上成为传递公司内部信息的信号。随后，大量学者基于信号传递理论，对管理层自愿披露业绩预告的动机进行了探讨。如：较有代表性的 Penman（1980）运用信号传递理论研究发现主动披露盈利预测信息的企业，其经营业绩表现往往较好，而盈余能力较差的公司自愿披露盈利预测信息的意愿较低，致使自愿性盈利预测披露行为能够成为企业外部利益相关者区分企业经营业绩的有用信号。

信号传递理论启示企业外部利益相关者在做出经济决策之前，应当通过企业财务行为以及会计信息披露行为传递出来的信号有效识别企业内部信息，以避免资源的错误或低效率配置；启示上市公司应当在激烈的市场竞争中通过积极有效的会计信息披露向市场传递积极信号，以缓解外部利益相关者对于企业内部财务状况、经营成果的不确定性程度，进而降低投资者逆向选择行为及其自身价值被低估的风险。

三、委托—代理理论

1932 年，美国经济学家伯利和米恩斯在其经典著作《现代公司与私有财产》中提出委托—代理理论（Principal-Agent Theory），被视为现代公司治理的逻辑起点。该理论认为随着社会生产力水平提升、社会专业化分工程度提高以及企业规模化生产时代的到来，企业所有者同时兼任经营者会存在极大弊端。现代企业应当倡导所有权和经营权分离，即，所有者（股东）仅仅保留企业剩余收益的索取权以及剩余财产的分配权，而将经营权委托给从外部市场中聘请的有精力、有能力的经营管理者，由此导致企业所有者与经营管理者之间存在一种基于契约合同而形成的委托—代理关系，所有者充当了委托人的角色，而经营者则充当了受托人的角色。

财务会计目标的受托责任观认为企业资源的受托方接受委托，管理委托方所交付的资源，那么，受托方就应当承担有效管理和应用受托资源的责任，并承担如实地向资源的委托方报告受托责任履行过程与结果的义务。在所有权和经营权相分离的公司治理体系下，由于企业所有者通常并不参与企业经营管理活动，致使以定期财务报告、管理层业绩预告等为代表的会计信息成为企业所有者了解企业财务状况、经营成果以及现金流量，并判断经营管理者是否合格履行受托责任的重要途径。

毋庸置疑，管理层是企业会计信息的披露主体，但所有者与管理者基于委托—代理关系所引发的代理问题，可能会对管理者的会计信息披露行为产生重要影响。具体来说，第一，在理性经济人假设下，企业委托方和受托方在追求自身价值最大化方面存在天然利益冲突。当管理者存在较强的自利动机与机会主义行为时，利己的管理者则会对企业私有信息存在强烈的策略性披露动机，以降低自身机会主义行为被外部利益相关者察觉的可能性；第二，相比外部所有者，企业内部管理者掌握了更多企业私有信息，因此，管理者在私有信息披露方面存在较高自由裁量权。通常，管理者在进行信息披露决策时，会面临成本与收益的权衡。当信息披露的成本高于收益时，管理者的信息披露意愿会显著降低；第三，管理层在会计信息披露方面还存在选择性偏好。尤其是针对会对管理者声誉、投资者信心以及股票价格波动产生不利影响的负面业绩信息，管理者会存在延时披露、择时披露、模糊披露等策略性披露动机。

由此可见，尽管委托代理关系是一项旨在提高企业经营效率的制度设计，但委托代理关系在客观上引发了企业所有者与经营管理者之间的代理冲突，而这种代理冲突会直接体现到经营管理者的会计信息披露行为上，进而加剧企业内部管理者与外部利益相关者之间的信息不对称程度。现有研究中，一方面，大量文献基于委托—代理理论，从大股东"掏空"、管理层盈余管理、高管增持或减持公司股票、股权或债务融资等视角，对管理层的策略性信息披露动机与异质性信息披露行为进行了探讨，有力地解释了资本市场中上市公司不真实、不准确、不及时披露会计信息的真实原因；另一方面，也有部分文献基于股权激励（高敬忠和周晓苏，2013）、融资融券卖空交易（李志生等，2017）等经济行为研究发现，缓解管理层与外部股东之间的代理冲突是提高企业信息披露质量的有效途径。当管理层与外部股东之间的利益逐渐趋同时，管理层在进行市值管理时有动机通过高质量的信息披露行为降低市场对公司估值的偏误，从而实现管理层自身财富与股东价值的同步增长（Beyer 等，2010）。

四、企业战略模式理论

企业内外信息不对称所引发的信息成本与交易成本引起了学术界对于信息不对称产生原因的探讨，近年来，企业战略模式逐渐被纳入信息不对称影响因素的研究框架中，被理论界视为影响企业内外信息不对称的不可忽视因素。

所谓战略模式，是指企业根据内外环境变化，依据自身资源条件，为获取核心竞争力与竞争优势而采取的一系列决策与行动，是决定企业资源配置、财务决策、盈利能力的重要因素。在以委托—代理为基础的现代公司治理结构中，当企业的战略模式相比同行业其他企业差异较大时，企业信息不对称问题往往较严重，主要表现为：第一，战略模式不同的企业在资源配置结构方面会存在较大差异，加剧了外部利益相关者在评估企业价值时的不确定性程度。如：Aboody 和 Lev（2000）研究发现战略模式激进的公司会增加研发支出，配置更多无形资产，而相比有形资产，无形资产的投资价值和投资风险难以被合理度量，大大提升了公司被投资者错误定价的可能性；新夫（2017）研发发现国际化经营提高了企业资源配置的市场多元化程度，企业的经营方式、营销模式、交易成本以及风险应对措施将与本国市场截然不同，对于缺乏相应东道国企业经营管理经验的利益相关者，将难以对国际化经营企业的发展前景做出合理评估。第二，战略模式不同的企业在会计信息可比性方面会存在较大差异，增加了外部利益相关者的信息解读难度与解读成本。具体而言，当同一行业内不同企业之间的战略模式差异不大时，企业外部利益相关者可以根据行业内其他企业的资源配置活动对该企业的财务状况、经营成果做出合理推断，相反，当企业实施的战略模式偏离行业常规战略模式时，行业经验将不再适用于战略模式发生显著改变的企业，致使外部利益相关者利用行业常规标准对企业价值进行评估时存在错误定价的可能性。张先治等（2018）的研究则实证检验了战略偏离度与财务报告可比性之间的显著负相关关系。第三，战略模式不同的企业在盈余质量方面也会存在较大差异。一方面，战略模式存在显著差异的企业往往缺乏现成的实践经验作为参考，需要付诸更多成本进行市场探索，加剧了企业经营业绩的不确定性程度（王化成等，2017）；另一方面，战略模式存在显著差异的企业为应对来自市场、政府以及潜在利益相关者的信息监督，会滋生业绩操纵与盈利管理动机，降低了会计信息的有用性（Bentley et al.，2013；叶康涛等，2015）；第四，战略模式不同的企业在代理成本方面也会存在较大差异。研究发现，战略模式激进的企业存在严重的过度投资倾向，会对企业价值产生不利影响（Navissi et al.，2017）；战略模式激进的企业因研发投资和专用性投资所引发的信息披露专有成本较高，加剧了管理层与外部股东之间的代理冲突（Miles和Snow，2003）。

由此可见，企业战略模式差异会引发信息不对称问题已经成为理论研究中的普遍共识，为此，以张艺琼等（2019）、况学文等（2019）、王玉涛和段梦然（2017）等为代表的少量研究文献指出，战略模式激进的企业出于维系企业声誉和投资者信心、降低诉讼风险与资本成本、增加外部融资等动机，会更有意愿通过增加管理层业绩预告信息披露等方式，主动提供更多、更全面的会计信息，积极披露而非刻意隐瞒负面盈余信息，以减少企业内部管理者与外部利益相关者之间的信息不对称程度。但是，王玉涛和段梦然（2017）也研究发现激进的战略模式加剧了企业经营环境的不确定性，导致管理层盈利预测风险以及盈利预测难度增加，致使战略模式激进的企业（进攻型企业）业绩预告精确度更低、业绩预告误差较大。

综上所述，在以委托—代理为基础的现代公司治理结构中，企业战略模式是影响企业资源配置行为、会计信息可比性、盈余质量以及代理成本的重要因素，会引发严重的信息不对称问题，而管理层会计信息披露行为（尤其是针对前瞻性盈利预测信息的披露行为）在缓解企业战略模式差异所引发的信息不对称方面具有积极作用。但也要注意到，企业战略模式所引发的环境不确定性会导致管理层业绩预告质量发生异质性变化，这就意味着，无论是企业内部管理者还是外部利益相关者，均应高度关注企业战略模式选择对于企业信息环境的影响，并采取相应的应对措施以降低信息不对称对于投资者利益、股东价值以及管理者收益的不利影响。

第二节 企业国际化战略相关文献

一、企业国际化战略的含义

随着全球供应链的不断完善以及国际贸易便利化程度的提升，跨国经营逐渐成为新兴经济体中的企业通过海外市场拓展经营活动地缘空间并谋求竞争优势的重要途径，而国际化战略（Internationalization Strategy）也自然成为企业战略架构中的重要组成部分之一。公司战略管理理论认为，战略是企业根据环境变化，为获取核心竞争力和比较优势，依据本身资源和实力而采取的一系列经营方针和行动（王玉涛和段梦然，2019）。因此，本质上而言，国际化战略是企业将具有竞争优势的产品和服务转移到海外市场以实现价值创造的发展战略，是引领企业长远发展的行动指南，但关于国际化战略的定义，国内外学者一直持有相对不同的看法。

以 Hymer（1976）等为代表的现代跨国企业理论认为对外直接投资（Foreign Direct Investment，FDI）是企业实施国际化战略的最主要表现形式。所谓对外直接投资，是指企业直接在海外市场中参与股权投资、实物资本投资或设立合营企业、联营企业以及生产经营机构的经济行为，其目的在于实现资本和劳动的国际化流动、生产销售的空间转移和国际化配置，提高企业参与东道国市场中产品、服务和技术方面的竞争能力。由此可见，现代跨国企业理论认为海外投资是企业实施国际化战略的典型形态，通过对外直接投资，企业得以向东道国市场提供更加本土化的产品和服务。

然而，以 Stephen（1989）等为代表的公司战略管理领域的学者则认为跨越国界、地域多元化才是企业实施国际化战略的更典型特征。尤其 Hitt 等（1997）指出国际化经营是企业充分利用国际市场的不完全性，在全球市场中实现地域空间多元化的结果，因此，企业跨越国家边界（边境）进入不同地域市场进行制造、销售或研发的各种经济活动均可以视为国际化经营行为。由此可见，战略管理领域的学者将企业国际化战略的定义进行了扩展，包括对外直接投资、产品与服务出口贸易、国际分包以及海外市场特许经营等多种形式在内的经济活动均被纳入到企业国际化战略的范畴。

此外，以 Johanson 和 Wiedersheim-Paul（1975）、Johanson 和 Vahlne（1977）等为代表的组织行为管理领域的学者提出了"企业国际化阶段理论"，认为国际化战略是企业市场范围从境内向境外有序扩张的动态过程，在这个过程中，具有不同资源禀赋和市场竞争能力的企业会选择不同的国际化战略实施路径，如出口贸易、对外直接投资、国际分包以及海外市场特许经营等，这就意味着国际化战略在不同成长阶段、不同竞争优势的企业之间会表现出较大差异。张一弛和欧怡（2001）综合前人观点，认为不同企业进入海外市场的国际化战略模式主要包括出口进入、合同进入以及投资进入三种模式，其中，出口进入模式包括直接出口和间接出口；合同进入模式包括许可经营、合同制造、管理合同、技术协议、服务合同与非贸易安排；投资进入模型包括设立合资企业与全资子公司。

通过上述定义可以看出，企业层面的国际化战略具有多种实现形式，且是一个动态变化的过程。不过值得注意的是，尽管不同类型的企业可能通过不同途径参与国际市场竞争，但企业实施国际化战略的根本目的在于帮助企业从海外市场中获取更多经营收益。因此，既有文献研究发现不同类型的国际化经营行为之间事实上存在高度相关性，如李捷瑜等（2020）等文献研究发现对外直接投资与出口贸易之间存在明显的相关关系和互补关系。鉴于此，本书参照 Hitt 等（1997）理论，将企业国际化战略定义为企业跨越国家边界（边境）进入不同地域市场进行制造、销售或研发活动的行为，主要包括企业出口贸易、通过对外直接投资设立海外经营机构等战略实现形式。通过实施国际化战略，企业能够获得更多来源于海外市场的经营收益。

二、企业实施国际化战略的动因

西方国际贸易理论认为国际化战略是促使企业在更大范围、更高层次上参与国际资本配置的企业发展规划，但并非所有企业都会将国际化经营作为其自身战略选择。大量学者基于垄断优势理论（Hymer，1976）、产品生命周期理论（Vernon，1966）、内部化理论（Buckley 和 Casson，1976）、边际产业扩张力量（Kojima，1978）以及折衷理论（Dunning，1977）对企业实施国际化战略的动因进行了分析。

第一，以美国经济学家 Hymer(1960，1976)为代表的垄断优势理论①认为，企业在产品市场和服务市场拥有的"特定优势"或"垄断优势"，如技术优势、规模经济优势、资金和货币优势、组织和管理优势、信息优势等，是促使企业实现国际化经营的重要因素。Hymer(1960，1976)认为，当今国际市场仍然属于不完全竞争市场，具有垄断优势的企业可以凭借其资源垄断地位获得国际市场定价权，也更有可能凭借其特定优势战胜东道国本土企业，进而促使企业产生强烈的跨国经营动机，以在更大范围内获得规模经济优势以及超额垄断收益。随后，Barney(1991)提出的"资源基础观"，对垄断优势理论进行了进一步延伸，认为企业在国际市场上拥有的资源优势是影响企业国际化能力和国际程度的不可忽视因素。

第二，以美国经济学家 Vernon(1966)为代表的产品生命周期理论认为，产品的生命周期变化也是促使企业进行跨国经营的重要因素。Vernon(1966)将产品划分为三个生命周期阶段：创新阶段、成熟阶段以及标准化阶段。创新阶段的产品垄断了生产技术，缺乏竞争者，产品异质性程度较高且通常处于供不应求状态，企业在本国市场经营即可获取超额收益，因此不会产生强烈的出口与对外直接投资等跨国经营需求；但随着本国市场中生产同类产品的厂商数量增加、产品开始被规模化生产以及逐渐普及，产品的需求价格弹性逐渐增大，企业在本土市场生产销售该类产品的盈利空间被不断压缩，而海外市场仍对该类产品存在较高需求，则会促使企业产生通过跨国经营实现市场多元化的战略需求；然而，产品一旦进入标准化阶段，企业原有的技术垄断优势将不复存在，此时竞争的焦点将转移到产品生产成本。在此阶段，企业会在全球范围内寻求要素成本更低的区域进行投资生产，促使企业国际化经营程度的进一步增大。总体来说，产品生命周期理论是对垄断优势理论的进一步补充，也被认为更加合理地解释了美国企业的国际化战略动因。

第三，以英国经济学家 Buckley 和 Casson(1976)为代表的内部化理论认为，企业同外部市场进行交易时存在交易成本和效率损失，而将外部交易成本内部化则是促使企业跨国经营的客观因素。基于科斯(Ronald H. Case)的新制度经济学理论，Buckley 和 Casson(1976)认为在不完全竞争市场中，具有垄

① 该理论最早可以追溯至美国学者 Stephen Hymer1960 年所做的毕业论文《The International Operations of National Firms：A Study Of Direct Foreign Investment》。

断优势的企业同外部市场进行中间产品(如:生产要素、人力资本、知识产权以及核心技术等)交易存在较高的交易成本,尤其当中间产品交易存在技术泄露等安全性风险时,还会对企业的垄断地位造成威胁,而企业内部组织是一种低成本且高效率的制度设计,因此,出于降低上述交易成本的目的,企业会考虑将原本外部市场中交易中间产品的组织纳入到企业内部,以实现外部交易成本内部化。而当中间产品涉及海外市场时,国际化经营则是企业降低外部交易成本的必然选择。

第四,以日本经济学家 Kojima(1978)为代表的边际产业扩张理论则更好地解释了日本企业选择国际化经营的根本原因。20 世纪 60 年代以后,日本快速融入全球化发展战略,形成了强烈的国际竞争意识,尤其 1967—1974 年间,日本海外投资呈现快速扩张趋势,促使了日本经济的高速发展。但 Kojima(1978)研究发现日本企业跨国经营模式与美国企业存在较大差异。具体而言,美国企业更倾向于将具有比较优势的产业输出到海外市场,相反,日本企业更倾向于将边际产业转移到海外市场,而在国内保留具有比较优势的产业。所谓边际产业,是指一些在日本本国已经出于或即将处于比较劣势的"夕阳产业",但这些产业在相对落后的海外市场国家仍然具有竞争优势。Kojima(1978)指出,通过将具有比较劣势的产业及相关资本、技术与管理输出到海外市场,不仅有助于本国产业结构优化升级,还能为相对落后的海外市场国家提供其所需的技术、资本与管理,进而促使国内市场与东道国市场双赢局面的形成,提高企业国际化经营的整体绩效。

第五,以英国经济学家 Dunning(1977)为代表的国际生产折衷理论认为所有权优势、内部化优势和区位优势是决定企业国际化经营行为的核心要素。所有权优势是指企业在国际市场上拥有的包括技术、规模、资金和管理等在内的特定资源优势;内部化优势是指企业将需要同外部市场进行交易的经济活动纳入到组织内部所形成的能够降低交易成本的优势;区位优势是指企业国际化经营时所在的东道国具有的自然资源、地理位置、市场规模、法律环境以及产业政策等方面的优势。Dunning(1977)认为,上述三项因素是企业顺利实现国际化经营不可或缺的因素,当企业自身具有所有权优势和内部化优势,又在东道国市场具有区位优势时,企业便会产生强烈的国际化经营动机。由此可见,国际生产折衷理论是对既有理论的丰富与完善。

尽管上述五种经典理论已经对企业实施国际化战略的动因进行了很好阐

释，但上述理论均是基于发达资本主义国家的研究，事实上，以中国企业为代表的新兴经济体企业，可能还会基于其他动机实施国际化战略。Jormanainen 和 Koveshnikov（2012）将新兴经济体企业的国际化发展动机归纳为两种力量共同作用的结果，一种力量为推力，即国家政策驱动下的国际化经营行为；另一种力量为拉力，即资源要素驱动下的国际化经营行为，这一观点很好地阐释了中国企业实施国际化战略的动因。

第一，新兴经济体企业的国际化经营行为。中国企业的国际化经营起源于 1978 年党的十一届三中全会提出的改革开放政策，随着改革开放政策的贯彻实施以及国家对企业跨国经营行为的管制放松，一大批符合条件的优秀企业逐渐走上了跨国经营道路；面对经济全球化的浪潮，2001 年党中央国务院在制定"十五"规划时，首次提出了"走出去"战略，鼓励企业积极开拓国际市场和利用国外资源，以增加我国经济发展的动力和后劲；同年 12 月中国加入世界贸易组织，中国企业的贸易自由化和便利化程度不断提升，融入国际市场的脚步不断加快；随着近年来全球制造业生产成本的上涨以及世界经济格局的骤然变化，中国经济面临从高速发展向高质量发展的结构转型。

第二，资源要素驱动下的国际化经营行为。Luo 和 Tung（2007）提出的"跳板理论"认为，新兴经济体企业的国际化经营动机与发达国家企业有着本质区别，新兴经济体企业往往并不基于输出所有权优势的目的实施国际化战略，而是更倾向于基于"资产寻求"与"机会寻求"动机而实施国际化战略，并将国际化经营作为企业提升国际市场竞争能力的跳板。具体来说，新兴经济体企业在资源要素、技术能力、管理能力以及客户群体等方面往往存在劣势，且不具备技术、国际运作经验等所有权优势，国际市场认可度较低，因此，新兴经济体企业需要借助发达国家企业的关键资产增强其在全球市场的竞争优势，而国际化经营则提供了可行的方案。通过海外并购、绿地投资等国际化经营行为，新兴经济体企业能够迅速获取核心生产要素、先进技术、优质品牌等具有"特定优势"的资源，也能快速实现进入发达市场寻求发展机会的战略目标，从而迅速弥补新兴经济体企业参与国际市场竞争的后发劣势，促使企业尽快实现技术追赶目标。

通过上述分析可以看出，在西方发达国家，国际化经营属于高度市场化的企业经营管理行为，企业实施国际化战略的动因在于凭借其拥有的"垄断优势"或"特定优势"在海外市场谋求超额收益。相比而言，新兴经济体企业的国际化经营行为具有更强的政策导向性，而且，考虑到新兴经济体企业在专利技术、资源条件、管理经验等方面的后发劣势，因此，新兴经济体企业实施国际化战略的目的不仅仅在于将企业剩余的生产和服务能力输出到海外市场，相反，通过国际化经营从西方发达国家输入核心生产要素、先进技术、优质品牌等具有"特定优势"的资源，更是促使新兴经济体企业实施国际化战略的动因所在。

三、企业实施国际化战略的影响因素

围绕上述企业国际化战略动因理论，既有文献从企业外部环境、资源条件、自身能力以及金融市场中介机构等四大方面探讨了可能影响企业国际化能力和国际化程度的各种内外部因素。

（一）外部环境

国际化经营加剧了企业经营管理活动的复杂性以及外部市场的不确定性，因此，外部环境，尤其是东道国的外部环境一直被视为影响企业国际化决策的首要因素。Dunning（1977）提出的国际生产折衷理论更是将东道国"区位优势"这一外部环境因素视为影响企业国际化动机的三大因素之一。围绕该理论，Globerman 和 Shapiro（2002）、Lanfranchi 等（2020）等文献均指出东道国的制度环境、法律环境是影响企业国际化经营意愿的重要因素，海外资本更倾向于进入制度环境良好、法律体系健全的国家进行投资；綦建红等（2020）则研究发现目的国经济政策不确定性增加会显著降低企业出口频率。此外，东道国的技术环境也是影响企业国际化经营意愿的重要因素，Yoo 和 Reimann（2017）以 2009—2014 年间 85 个发展中国家的对外直接投资样本为对象，研究发现发展中国家的企业出于"资产寻求"动机更愿意投资于知识产权更为密集、知识产权保护程度相对较弱的发达国家。

除了东道国外部环境以外，本国外部环境（如政治制度环境、法律环境、政策环境等）也是影响企业国际化经营动机的重要因素。Lu 等（2011）、Wu 和 Deng（2020）指出，新型经济体企业在本国市场可能会面临政府干预、资源垄断等制度缺陷因素，促使许多本土企业将跨国经营作为规避国内制度缺陷的一种战略选择；Kapri（2019）首次从微观国际贸易的视角研究了政治不确定性对企业出口决策的影响，研究发现本土市场整政治不确定性加剧了公司拓展海外市场的意愿；石丽静和洪俊杰（2019）研究发现，企业所在地的知识产权保护程度与企业国际化水平之间存在显著的正相关关系；健全的知识产权保护制度能够激发企业的创新意愿，提高企业外部融资能力，进而促进企业国际化经营程度的提升；此外，2004年起，中国先后在东北和中部等地区开展了增值税转型改革试点工作，对促进企业固定资产投资起到了积极作用。以该事件所产生的外生冲击为背景，Liu和Lu（2015）研究发现固定资产投资的增加极大地促进了企业出口贸易行为，而企业生产效率的提升则在实物资本投资促进企业出口的路径中发挥了积极作用。

（二）资源条件

自 Hymer（1960，1976）的"垄断优势理论"以及 Barney（1991）的"资源基础观"提出以来，企业是否拥有有助于企业获得垄断优势的资源条件，一直被视为影响企业国际化能力和国际化程度的重要因素。

第一，研发创新能力对企业实施国际化战略的影响。在 Barney（1991）的"资源基础观"中，研发创新能力可以被视为企业获取竞争优势的重要战略资源。以中国为例，长期以来，中国企业主要依靠低廉的原材料和劳动力成本优势，通过引进外商投资、出口低技术附加值的初级产品和中等技术附加值的工业制成品的方式开展国际化经营活动。但随着国家综合实力的提升以及原材料、劳动力成本的节节攀升，主要依靠出口中低技术附加值产品的国际化经营模式已经不能满足我国经济社会发展的需求。随着国际市场竞争的日益加剧，研发创新能力逐渐成为影响企业国际化经营绩效的重要因素。Zivlak等（2012）以中国企业为对象研究发现，产品和工艺创新能够显著提高企业国际化经营水平；He等（2019）同样以中国企业为对象研究发现，技术创新能力对于促进中国企业国际化经营的成功起到了关键作用。此外，Ossorio（2018）、Aw等（2008）等研究发现研发投资（R&D）与企业出口绩效（企业海外销售收入占总销售收入的比值）以及企业生产效率之间存在显著的正相关关系，研发投资是影响企业出口决策的重要因素，会对公司业绩提升起到促进作用；郑小碧（2019）以天生全球化企业为对象，研究发现主动创新的天生全球化企业能够快速拓展国际市场，而且企业拥有的技术创新能力能够通过提高海外市场盈利水平以及促进国际业务雇员增长，进而为天生全球化企业创造国际竞争优势。

第二，高层管理人员的社会资本对企业实施国际化战略的影响。高层梯队理论（Upper Echelons Theory）①认为，包括董事会成员、监事会成员以及高级管理人员在内的高管拥有的社会资本也是企业获取竞争优势的重要战略资源。尤其对于新兴经济体企业而言，国际化实践进程中面临经验不足、资源缺乏等后发劣势与现实挑战，高管的社会资本对于新兴经济体企业的国际化扩张会产生积极促进作用。Chen 等（2016）基于资源依赖理论（Resource Dependence Theory）②研究发现董事会的社会资本（董事会成员的国际化经验、行业经验以及任职期限）与企业国际化经营程度存在显著的正相关关系，意味着国际化扩张企业应当聘用具有更多国际化社会资本的董事，以便获得国际化经营所需的关键信息和宝贵资源；Nam 等（2018）检验了董事会成员在政府和跨国公司的工作经历，以及外籍董事比例对公司出口的影响。研究发现，董事会成员在政府和跨国公司的工作经历，以及外籍董事能够显著提高公司出口倾向；刘传志等（2017）研究发现国际化经营企业面临更加多元的文化、制度与市场竞争环境，有海外工作或教育背景的董事能够为企业提供国际化经营经验以及国际市场的专有知识，能够帮助企业从国际市场上识别和发现有价值的商业机会，并帮助企业识别和应对来自国际市场的潜在风险，进而提高企业国际化经营意愿；周泽将等（2017）认为海归背景董事具有较强的开拓国际市场意识，且在降低交易成本方面存在优势，能够有助于企业国际化经营水平的提升；钟熙等（2019）基于高层梯队理论研究发现 CEO 任期差距（即 CEO 任期与行业 CEO 平均任期之间差距）与企业国际化战略之间存在"U 形"相关关系，机制检验中发现，CEO 任期差距与 CEO 风险承担意愿的非线性变化，则是上述"U 形"相关关系产生的重要原因。此外，Chen 等（2016）以中国台湾上市公司为对象研究发现独立董事的行业经验、海外经历以及连锁董事

---

① 所谓"高层梯队理论"是指，由于企业内外环境的复杂性，管理者不可能对企业经营管理活动的所有方面全面认识，即使在管理者视野范围内的现象，管理者也只能进行选择性观察，因此，管理者的个人特质会对企业行为产生重要影响。这也意味着高层管理团队的认知能力、感知能力和价值观等心理结构决定了战略决策过程和对应的绩效结果。不过，高层管理团队的心理结构属于难以衡量的因素，既有文献普遍使用高管团队的人口背景特征（如年龄、任职经历、教育背景等）作为代理变量。

② 所谓资源依赖理论，是指一个组织最重要的存活目标，就是要想办法减低对外部关键资源供应组织的依赖程度，并且寻求一个可以影响这些供应组织之关键资源能够稳定掌握的方法。其主要代表著作是杰弗里·普费弗（Jeffrey Pfeffer）与萨兰奇克（Gerald Salancik）1978 年出版的《组织的外部控制》。

关系与企业国际化经营程度之间存在显著的正相关关系，但独立董事的任期与企业国际化经营程度之间存在"倒 U 形"曲线关系；Wang 等（2019）以中国 A 股上市公司为样本研究发现独立董事的政治关联关系与企业国际化经营程度存在显著的正相关关系，而且在中国西部地区、在高管缺乏政治关联关系的企业中以及在非国有企业中，独立董事的政治关联关系对企业国际化经营程度之间的正相关关系更加显著。

第三，风险资本介入对企业实施国际化战略的影响。企业国际化扩张是一项高风险性的经济活动，会面临诸多不确定性因素，因此，既有文献指出，风险资本是否介入企业也是影响企业国际化经营行为重要因素。Carpenter（2003）率先对风险资本介入如何影响企业国际化经营行为展开了研究，并以美国上市公司为对象研究发现尽管风险资本属于风险偏好者，但风险资本介入与企业海外营业收入之间却呈现显著的负相关关系。通过进一步分析发现，只有当风险投资机构拥有丰富的海外经验时，风险资本介入才会促使企业国际化经营水平的提升。相反，以 Guler 和 Guillen（2010）、Smolarski 和 Kut（2011）、Schertler 和 Tykvova（2011）以及 Woo（2020）等为代表的大量文献却普遍认为风险资本介入有助于提高企业国际化扩张意愿以及企业国际化经营程度。此外，以中国上市公司为对象，董静等（2017）研究发现风险资本介入与企业国际化广度（海外子公司数量）和企业国际化深度（海外销售额占总销售额的比值）之间均存在显著的正相关关系，而且，具有外资背景、行业专长高或采取联合投资策略的风险投资机构更加有利于创业企业在海外市场上的拓展和渗透；彭涛等（2020）研究发现境外风险投资机构介入企业能够显著提升企业国际化经营程度，而且随着企业国际化经营程度的增加，企业实现海外上市的可能性也会相应增加，意味着境外风险投资机构更倾向于通过促使企业加快国际化进程，进而实现企业海外上市后风险资本退出的目标。这也意味着境外风险投资机构对企业国际化扩张的积极影响不具有持续性，当企业顺利实现海外上市以后，风险资本对企业国际化经营的促进作用会显著减弱。

（三）自身能力

除了外部环境、资源条件等因素外，企业自身能力（如盈利能力、融资能力、供应商—客户关系等）也是影响企业国际化决策的不可忽视因素。

在盈利能力方面，宋铁波等（2017）研究发现企业实际经营业绩与其渴望的经营业绩之间的差距，会对企业国际化扩张意愿和国际化扩张速度产生重要影响。将上述差距进一步细分为期望落差（实际业绩小于期望业绩）与期望顺差（实际业绩大于期望业绩）后，作者发现，期望落差会激发企业通过国际化扩张谋求战略资源的意愿，但当期望落差超过某一拐点时，管理层出于留存资源、规避风险的动机会降低风险承担意愿，进而降低国际化扩张意愿，致使期望落差与企业国际化速度呈现"倒 U 形"相关关系；相反，期望顺差会削弱企业通过国际化扩张谋求战略资源的意愿，但当期望顺差超过某一拐点时，管理层出于化解冗余资源的考虑会产生尝试新的、高风险的经营活动的意愿，进而增加企业国际化扩张意愿，致使期望顺差与企业国际化速度呈现"U 形"相关关系；Jung 和 Bansal（2009）指出公司经营业绩能够影响管理层的风险承担意愿，因此也是影响公司国际化经营决策的关键因素。具体来说，公司相比历史业绩目标所形成的相对业绩，与企业国际化经营程度之间呈现"倒 U"形曲线关系；公司相比行业业绩目标所形成的相对业绩，与企业国际化经营程度之间呈现显著的正相关关系。

在融资能力方面，Kumarasamy 和 Singh（2018）指出融资能力是影响企业进入出口市场能力的重要因素；罗勇和张悦（2017）利用中国省级面板数据研究发现，融资能力是制约中国企业国际化经营的一块"绊脚石"，较高的外部融资成本提高了企业出口产品的单位平均成本，因此，在融资成本越大的省份，企业出口和对外投资意愿则越低；吕越和盛斌（2015）、慕绣如和李荣林（2016）均研究发现融资能力还会影响企业国际化经营方式。融资约束最低的企业更倾向于采取对外直接投资的方式参与国际市场，融资约束次之的企业更倾向于通过出口贸易参与国际化经营，融资约束最大的企业则更倾向于在国内市场经营。

在供应商—客户关系方面，Bradley 等（2006）研究发现与国内市场中跨国公司建立供应商关系的公司更有可能进入海外市场获取海外客户；Meyer 等（2015）、Zhang 等（2015）均研究发现企业与客户之间的关系，也是影响企业国际化经营水平的重要因素。

（四）金融市场中介机构

既有研究中探讨金融市场中介机构影响企业国际化经营动机以及国际化经营绩效的文献多集中在机构投资者层面。机构投资者常被视为企业重要的外部治理力量，不仅有较大动机监督企业内部管理者的行为，积极参与公司治理活动，还有可能会对企业战略决策产生影响（Fonseca 等，2019），为此，也有少量研究探讨了机构投资者持股对企业实施国际化战略的影响。薛求知和李茜（2010）研究发现机构投资者会基于获取超额短期收益、分散投资者风险和投资成本以及获得长期稳定投资收益等动机促使企业提高国际化经营水平；在此基础上，余耀东等（2013）研究发现机构投资者持股对企业国际化绩效的影响存在异质性。相比境内机构投资者，境外机构投资者（QFII）持股能够更加积极地促进企业国际化绩效的提升。而且，当企业董事会国际化程度较高、企业所在地资本市场国际化程度较高时，境外机构投资者持股对企业国际化绩效的提升效应更加显著。与之类似，Panicker 等（2019）以印度这一新兴经济体中的企业为样本，研究发现机构投资者持股能够显著提升企业跨国投资水平，对于抗压型机构投资者（如：共同基金），上述相关关系更加显著。

四、企业实施国际化战略的经济后果

全球经济一体化的持续推进促使越来越多企业通过实施国际化战略将企业的经营边界、贸易竞争环境延伸至海外市场，以在更大范围、更高层次上参与国际资本配置。但与中国企业如火如荼迈出国门参与国际化经营形成鲜明对比的是，大量中国企业在海外市场遭遇经营失败和破产风险，① 不禁引

---

① 中国企业在海外市场遭遇经营失败的典型案例包括：（1）中国航空油料集团有限公司于 1993 年在新加坡成立海外子公司中国航油（新加坡）股份有限公司，曾被视为中国企业积极响应国家"走出去"战略的典范，但因公司高管在高风险的石油衍生品期权和期货交易中出现决策失败，导致公司累积亏损超过 5.5 亿美元，不仅致使该公司于 2004 年 11 月 30 日向新加坡高等法院申请破产保护，还使该公司成为继巴林银行破产以来的最大投机丑闻事件；（2）上海汽车集团股份有限公司于 2004 年底，斥资 5 亿美元收购了韩国第五大汽车制造商双龙汽车 48.92% 的股权，次年通过证券市场增持双龙股份至 51.33%，成为双龙汽车绝对控股的大股东，意图借机提高自主研发能力并开拓韩国及欧美市场。但受限于上汽集团自身经营管理能力、危机处理能力以及中韩两国巨大的文化差异，加之国际金融危机的影响，上汽集团在韩国市场的国际化经营最后以损失 5 亿美元资金而告终；（3）中国投资有限责任公司成立于 2007 年 9 月底，是一家专门从事国家外汇资金多元化投资的企业，成立当年，该公司即斥资 30 亿美元外汇储备参股美国私募基金巨头黑石集团10% 的股份。然而，随着国际金融危机的爆发，黑石集团出现巨大业绩亏损。截至 2008 年底，中国投资有限责任公司在黑石集团的投资亏损累积达到 25 亿美元，超过初始投资额的三分之二。

发学术界对企业实施国际化战略经济后果的思考。不可否认，国际化战略为企业提供了新的发展机遇，帮助企业获得范围经济创造的收益，然而，国际化战略犹如一把"双刃剑"，在给企业带来发展机遇的同时，也增加了企业经营环境的复杂性与经营业绩的不确定性。大量文献从企业经营业绩、信息披露质量、融资能力、投资行为、治理能力以及资本市场信息中介等多个方面探讨了企业实施国际化战略在微观企业层面的经济后果。

（一）企业经营业绩

企业国际化经营的根本动机在于提升企业盈利能力，但国际化战略能否真实有效提升企业经营业绩，国内外学术界并未形成一致意见。

一方面，大量经典理论认为企业实施国际化战略与企业经营业绩之间存在正相关关系。以 Hymer(1976) 为代表的垄断优势理论认为国际市场在生产要素、专利技术、关税以及市场规模等方面的不完全性促使某些具有特定优势的企业能够通过国际化经营获得市场定价权，进而获得超额收益；以 Buckley 和 Casson(1976) 为代表的内部化理论从交易成本和市场效率的视角揭示了企业国际化经营与企业经营业绩之间的正相关关系，他们认为国际化经营企业可以通过并购、绿地投资等方式跨国建立内部中间产品市场，降低交易成本，进而增加公司的整体收益；以 Dunning(1977) 为代表的国际生产折衷理论认为，企业自身拥有的所有权优势、通过外部组织内部化所形成的成本和效率优势、在东道国市场所拥有的区位优势，都可以成为跨国经营企业获得超额收益的源泉，在促使企业国际化经营程度提升的同时促进企业经营业绩的增加。与此同时，Yildiz(2003)、Zhou 等(2007)、Pangarkar(2008)、Lin 等(2011)、Jana 等(2018)等文献也通过实证研究验证了企业实施国际化战略与企业经营业绩之间正相关关系的客观存在性。

但另一方面，也有大量研究认为企业实施国际化战略与企业经营业绩之间存在负相关关系。以中国家族企业为样本，Lu 等(2015)研究发现国际化战略能够增加家族企业的成长速度，但却降低了其盈利能力，出现这一现象的原因在于家族企业普遍缺乏与实施国际化战略相适宜的组织结构；范建亭和刘勇(2018)对比中国世界 500 强国家后发现，发达国家企业的国际化行为显著提升了经营业绩，中国企业则恰好相反。究其原因，中外企业在海外市场规模、客户群体、技术、品牌、管理以及资源配置能力等方面的差异，是导致上述现象产生的重要因素。中国企业国际化进程中普遍存在后发劣势，缺乏足够的国际化经验，加之海外市场的异质性和文化多样性等因素增加了国际化企业运营管理的难度，致使短期内中国企业的国际化扩张成本高于收益；以 2003—2005 年德国服务业企业为样本，Vogel 和 Wagner(2010)研究发现相比服务业中的非出口型企业，出口型企业的利润率更低。尽管作者也指出，这一结果可能是德国服务业中低利润企业自选择进入出口市场的结果，但并没有足够证据支持服务业企业的出口行为与利润率之间的正相关关系；Wu 等(2018)研究发现国际化经营与企业经营业绩之间的正相关关系仅出现在大型企业，对于中型企业，国际化经营与企业经营业绩之间无显著相关性，对于小型企业，国际化经营与企业经营业绩之间甚至存在负相关关系。

此外，也有学者研究发现企业实施国际化战略与企业经营业绩之间并不存在简单的线性相关关系，而是呈现非线性的相关关系。以中国建筑类企业为样本，Wang 等(2020)研究发现企业国际化经营程度与财务业绩之间存在"U 形"相关关系，业务多元化程度、经济风险和社会风险在上述相关关系中发挥了正向调节作用，而财务风险则在上述相关关系中发挥了负向调节作用，表明业务布局和风险管理是企业国际化进程中应当关注的重点因素；相反，以 Raquel 等(2017)、Alexander 和 Georgios(2017)等为代表的文献研究发现企业国际化扩张速度与企业经营业绩之间存在"倒 U 形"相关关系，即一定程度的国际化经营对于企业经营业绩具有促进作用，但当企业国际化经营产生的运营成本超过收益时，国际化经营程度的提升反而会对企业经营业绩产生负面影响。与此同时，Nguyen 等(2019)研究发现企业国际化经营程度与企业经营业绩之间存在"W 形"相关关系；Zhou(2018)研究发现中国企业国际化经营程度与财务业绩之间的相关关系在不同规模的企业之间存在异质性。对于小规模企业，国际化经营行为与财务业绩之间存在"W 形"相关关系，而对于大规模企业，国际化经营行为与财务业绩之间则存在"U 形"相关关系；进一步，还有文献指出企业国际化经营程度与企业经营业绩之间存在"S 形"(Contractor 等，2003；Xiao 等，2013；Olmos 和 Diez-Vial，2015；Huynh 等，2018)和"N 形"(Ruigrok 等，2007；Elango 等，2013；Powell 等，2014)等三次曲线关系。① 由此可见，企业实施国际化战略究竟如何影响企业短期经营

① "S 形"曲线关系即企业国际化经营程度与企业经营业绩之间存在"先下降、后上升、再下降"的波浪曲线关系；"N 形"曲线关系又称"倒 S 形"曲线关系，即企业国际化经营程度与企业经营业绩之间存在"先上升、后下降、再上升"的波浪曲线关系。

业绩存在非常大的不确定性。究其原因，陈立敏和王小瑕(2014)通过对既有文献使用 Meta 回归技术方法研究发现，国内外不同文献在研究对象样本特征、① 变量度量方法、② 数据处理方法③以及发文期刊水准等方面存在的较大差异，是导致上述异质性结果出现的主要原因。

(二) 企业信息披露质量

会计业绩是影响管理者信息披露意愿、披露行为以及披露质量的重要因素，而 Riano(2011)等文献指出企业进入海外市场加剧了经营业绩的波动性，因此，可以预期，企业实施国际化战略在影响企业会计业绩的同时，也会对企业信息披露质量产生重要影响。

总体来说，大量文献肯定了企业实施国际化战略在提升企业信息披露质量方面的积极作用。Suh(2017)以海外销售收入占总销售收入的比值以及海外销售收入增长率作为代理变量衡量企业国际化战略，研究发现随着企业国际化经营程度的增加，企业内部管理者与外部利益相关者之间的信息不对称问题减少，管理层盈余管理动机降低。企业国际化经营为境外投资者持股创造了机会，由此能够有效抑制企业的盈余管理活动。然而，当海外销售收入增长比率放缓时，管理层为规避业绩责任会增强盈余管理动机；王海林和王晓旭(2018)研究发现随着国际化程度的提高，企业会提高信息透明度并主动暴露更多或更严重的内部控制缺陷；Kim(2018)研究发现国际化战略能够有效提升企业会计业绩的价值相关性，对于国际化程度较高的企业披露的会计盈余公告，投资者会给予更加积极的市场反应。

但也有部分文献认为企业实施国际化战略加剧了企业盈余管理动机，降低了企业信息披露质量，提高了公司内外信息不对称程度。Chin 等(2009)以

---

　　①　主要表现为当样本企业来源国不同(来源于发达经济体或新兴经济体)、样本企业所处行业不同(属于制造业或非制造业)、样本企业规模不同(属于大型企业或中小型企业)、样本企业性质不同(属于上市公司或非上市公司)以及样本期间不同时，回归结果也会存在较大差异。

　　②　主要表现为对"企业国际化"以及"企业业绩"这两个变量采用不同的指标测量时，回归结果也会存在较大差异。

　　③　主要表现为当数据类型不同(属于面板数据或横截面数据)、回归模型不同(使用普通最小二乘法 OLS 模型、加权最小二乘法 WLS 模型、Logit 模型或其他模型)时，回归结果也会存在较大差异。

中国台湾上市公司为样本研究发现，企业国际化经营加剧了管理层的应计盈余管理行为，增强了管理层迎合分析师盈利预测的动机。Ki(2016)以企业海外销售收入占总销售收入的比值，以及企业海外资产占总资产的比值作为企业国际化经营的代理变量，研究发现存在海外扩张行为的公司具有较强的真实盈余管理动机；Hyunhee(2016)以韩国上市公司为样本，同样研究发现对于存在海外扩张行为的公司，管理层具有较强的真实盈余管理动机。上述差异化结论意味着企业国际化经营行为究竟如何影响企业信息披露质量以及信息透明度，仍然具有较大不确定性。

（三）企业融资能力

除了经营业绩与信息披露质量以外，企业实施国际化战略还能对企业的融资能力(如债券融资、债务融资以及股权融资等)产生影响。Reeb 等(2001)以美国企业为样本，研究发现国际化经营能够显著提高企业债券评级，并显著降低企业债务融资成本，意味着企业债券定价模型中应当充分考虑企业国际化战略这一因素，否则就可能导致潜在的遗漏变量问题；Gonenc 和 Haan (2014)研究发现在金融发展程度相对较高的发展中国家，当企业拥有更多的增长机会(意味着信息不对称程度较高)时，国际化经营程度越高的企业债务融资能力也越强；徐丽鹤等(2019)基于世界银行贷款数据研究发现，相比内销，开展出口贸易更有利于企业获得银行信贷融资或供应链信用融资，但出口贸易对于投资性融资(即通过固定资产投资获得的融资)无显著影响；Mihov 和 Naranjo(2019)研究发现国际市场分割以及国际市场的不完善性使得跨国企业在为客户提供多元化服务方面具有比较优势，提高了企业价值，致使国际多元化程度越高的公司权益资本成本越低。尽管上述文献肯定了企业实施国际化战略对企业融资能力的积极影响，但 Khaw(2019)也指出，相比国内企业，实施国际化战略的企业会减少长期债务数量，以降低代理问题并规避潜在的财务风险。

（四）企业投资行为

现阶段，专门探讨企业实施国际化战略如何影响企业投资行为的文献较少，少量文献主要集中在投资效率、风险承担、企业社会责任与研发创新等话题层面。

以中国台湾上市公司为样本，Lin 等（2019）研究发现国际化战略能够有效降低公司"投资—现金流"敏感性，意味着国际化战略具有较强的资源配置效应，在提升企业投资效率方面发挥了积极作用。但是，关于企业实施国际化战略如何影响管理层风险承担动机，学术界存在争议。许家云等（2015）研究发现企业出口行为能够通过国际化经营所引发的学习效应与规模经济效应进而提高企业的风险承担水平；但与之相反，Attig 等（2016）研究发现企业实施国际化战略也能在一定程度上降低管理层的风险承担水平。基于美国上市公司数据，Attig 等（2016）研究发现企业实施国际化战略能够有效抑制管理层的短视行为，强化管理层的风险规避动机，鼓励管理层通过积极承担社会责任进而缓解企业面临的诉讼风险并提高企业声誉，进而显著提升企业社会责任绩效。

在研发创新方面，曾萍和邓腾智（2012）研究发现企业制定并实施"走出去"战略，对于提升技术创新能力积极影响，尤其是企业与世界 500 强企业合作时，能够促进企业获得更多的发明专利；吴航等（2014）通过对中国四家规模以上制造业企业的案例研究发现，实施国际化战略能够为企业提供创新资源，并增强企业的机会识别和利用能力，进而提高创新绩效；崔静波等（2021）以中国企业为对象研究发现中国企业的管理者在国际化经营中具有获取、整合和利用国外市场知识方面的能力，而国际化经营企业从海外市场获取的知识对于促进企业创新投入与创新产出发挥了积极作用；此外，Chen 等（2018）、Roelfsema 和 Zhang（2018）、Yim（2019）等文献均从出口的视角验证了企业实施国际化战略与企业研发创新之间的正相关关系。

（五）企业治理能力

随着现代公司治理理论的日益完善，既有研究开始关注企业实施国际化战略对企业代理问题和治理能力的影响。Chiang 和 Ko（2009）以中国台湾上市公司为样本，研究发现相比本土经营企业，外部股东对存在国际化经营行为的企业监督成本更高，由此引发的代理问题也更严重，会对股东价值产生不利影响。而增加信息透明度则是降低代理成本、减少信息不对称并帮助企业提高外部融资能力的有效措施。以中国民营上市公司为对象，周建和张双鹏（2016）研究发现在实行国际化经营的民营企业中，拥有管理权的控股股东改变了原有的国际化下部分公司治理结构，表现为民营企业高管薪酬、董事长与总经理两职兼任趋势以及董事会中独立董事占比会随着企业国际化程度的提升而增加，这种治理结构安排为控股股东更多地侵占控制权以谋取私人利益创造了条件，可能导致其他中小股东的利益损失。相反，王新等（2014）研究发现中国大陆企业的贸易对象国主要是发达国家（地区），这些国家（地区）具有更加透明的信息环境，会对企业信息披露质量提出较高要求。出于市场竞争压力，加之为了符合贸易对象国政府和市场的严格监管要求，企业更有可能自愿性披露更多与企业经营活动相关的信息，从而表现为管理层与股东之间的代理成本降低。

（六）资本市场信息中介

既有研究普遍关注国际化经营行为对企业经营业绩的战略价值，但这种战略价值是否能够被资本市场信息中介识别，以及资本市场信息中介如何评级企业的国际化经营行为，是另一个重要且有趣的话题。

Luo 和 Zheng（2018）认为，分析师会对企业实施国际化战略的价值做出评价，并体现在分析师研究报告中，因此，分析师在研究报告中针对上市公司发布的评级和荐股结果能够较好反映企业国际化战略的外部市场反应。研究发现，随着企业国际化经营程度的增加，分析师会因为企业实施国际化战略而创造的市场发展机会而对上市公司给予积极评价；但当企业的国际化经营水平达到一定程度时，分析师也会因为企业实施国际化战略而引发的经营风险和不确定性而对上市公司给予消极评价，由此导致企业国际化战略与分析师评级结果之间呈现显著的"倒 U 形"曲线相关关系；以中国上市公司为样本，新夫等（2017）研究发现海外业务会提高企业盈余波动性，增加企业跨境经营风险，进而增加国内本土分析师盈余预测的难度，提高本土分析师盈余预测偏差。但是，海外分析师能够凭借自身信息优势和能力优势，提高对国际化经营企业盈利预测的准确度。

通过上述文献可以看出，企业实施国际化战略对于企业经营业绩、信息披露质量、融资能力、投资行为、治理能力以及分析师等资本市场信息中介的影响，存在较大不确定性，尤其当研究对象样本特征、样本区间、变量度量方法存在差异时，企业实施国际化战略在微观企业层面的经济后果可能就会存在较大差异。

第三节　管理层业绩预告相关文献

一、管理层业绩预告的含义

参照 King 等(1990)等文献，业绩预告是资本市场中针对上市公司制定的一项正式信息披露制度，是上市公司管理层在定期财务报告发布前针对下一业绩报告期公司经营业绩(净利润)做出的前瞻性预测，也是国内外资本市场中上市公司对外信息披露体系中的重要组成部分。业绩预告信息披露制度的出台旨在向债权人、投资者等公司外部利益相关者提示公司业绩相比上年同期的变动情况以及变动原因，引起会计信息使用者的特别关注，促使市场预期能够得到合理调整，进而避免定期财务报告集中公布后上市公司股票价格异常波动而对资本市场稳定所带来的不利影响。

业绩预告信息披露制度的实施，有效弥补了定期财务报告披露不及时的问题。相比内容繁杂且披露时间严重滞后于业绩报告期的定期财务报告，业绩预告具有披露内容聚焦、披露形式灵活等特点，能够早于定期财务报告披露日将上市公司外部利益相关最关注的经营成果信息及时传递给资本市场，避免外部利益相关者因与公司内部人之间存在信息不对称而做出错误的经济决策。

由于业绩预告的本质内容是管理层针对公司未来盈利状况做出的预测与估计，因此，在理论研究中，业绩预告通常与"管理层盈利预测(Management Earnings Forecast)""管理层盈利指导(Management Earnings Guidance)""预测性盈利信息(Forward-looking Earnings Informantion)""盈利预警(Earnings Warning)"等概念等同。不过，也有学者认为从预测时间上来看，部分公司盈利预测发布时间在业绩报告期之前，而部分公司盈利预测发布时间在业绩报告期之后、定期财务报告公告日之前，前者通常是在当期财务报告中披露年初至下一业绩报告期的盈利预测值，后者通常是专门发布临时公告披露年初至下一业绩报告期的盈利预测值，于是将前者定义为"管理层盈利预测"，将后者定义为"管理层盈利预告"。从我国资本市场业绩预告信息披露实践来看，政府监管部门并未从盈利预测信息的披露时间上将业绩预告进行分类，凡是在定期财务报告公告之前披露的盈利预测信息，均可以视为业绩预告。因此，本书参照 King 等（1990）等文献的定义以及中国资本市场实践经验，认为在定期财务报告公告之前披露的盈利预测信息，均属于业绩预告信息。

二、管理层业绩预告信息披露的影响因素

在世界各国资本市场中，管理层业绩预告都是上市公司信息披露体系中不可缺少的组成部分。尤其是在以美国为代表西方发达国家，管理层在定期财务报告正式披露前发布的业绩预告已经成为投资者、债权人、金融分析师、政府监管部门等外部利益者获取公司前瞻性盈余信息的重要来源，且成为揭示企业内幕交易和违规行为的重要手段，引起了资本市场的高度关注。然而，与定期财务报告不同，世界大多数国家证券监管部门并不强制要求所有上市公司均须披露业绩预告信息，反而在是否披露业绩预告方面赋予了上市公司较高的自由裁量权，允许上市公司自行决定是否披露、如何披露以及何时披露业绩预告信息。以中国为例，中国证监会对于在 A 股主板上市的公司，仅要求预计下一业绩报告期净利润出现亏损、扭亏为盈或相比上年同期变动幅度超过50%等情形时才必须披露业绩预告信息，否则即不强制要求上市公司披露业绩预告信息。可以认为，相比定期财务报告，业绩预告制度具有较高政策弹性。由于管理者的私人利益通常与公司经营业绩和市场业绩密切相关，而负面盈余信息的不恰当披露可能会向资本市场传递利空信号，进而对管理者私人利益产生不利影响，因此，并非所有上市公司的管理层都会积极、认真披露业绩预告信息，管理层甚至还会对利好盈余信息与利空盈余信息在披露意愿上存在选择性偏好。由此可以预期，在不同的场景下，管理层对业绩预告的披露意愿和披露质量可能存在较大差异，这也引发了学术界对管理层业绩预告（尤其是非强制性业绩预告）披露行为的探讨。通过归纳本书发现，既有研究基于资本市场交易假说、信息不对称假说、信号传递假说、诉讼成本假说、管理者报酬假说以及专有成本假说六个方面系统解释了可能影响管理层业绩预告披露意愿以及披露质量（业绩预告准确度、精确度）的若干因素。

(一)资本市场交易假说

资本市场交易假说(Capital Market Transaction Hypothesis)认为资本市场中外部融资、供应链交易等经济活动对企业前瞻性盈余信息的需求,是影响管理层自愿性业绩预告信息披露意愿的重要因素。

在融资交易方面,Jankensgard(2015)以2007—2012年间瑞典上市公司为对象,研究发现外部融资需求以及新增外部融资需求越多的企业,自愿性信息披露数量也越多,这一相关关系在融资约束较强的企业中更加显著;Mo和Kim(2016)研究发现企业在公开发行债券前会增加管理层盈利预测频次,而且对于信息不对称程度较高的企业,管理层自愿披露盈利预测信息的动机越强烈,进一步经济后果检验发现管理层增加自愿性盈利预测信息披露能够有效降低债券融资成本;车俊超和冯丽丽(2018)利用2010—2015年间中国A股上市公司数据研究发现上市公司股权再融资提高了管理层披露自愿性业绩预告的可能性,而且提高了管理层自愿性业绩预告披露频次。进一步分析发现当企业拥有更多投资机会时,上述相关关系更加显著;相反,当企业面临亏损时,上述相关关系会被显著削弱;况学文等(2019)研究发现激进的战略变革增加了企业在产品开发和市场开拓等方面资金投入,出于增加外部融资需求的考虑,管理层有较强动机通过增加自愿性盈余信息披露数量主动提供更多更全面的会计信息,以减少企业与外部资金提供者之间信息不对称,进而降低融资成本。

在供应链交易方面,Cornell和Shapiro(1987)、Dou等(2013)文献认为,与企业其他外部利益相关者类似,客户也存在获取企业经营信息的需求。客户通常需要根据其供应商制造的产品来决定自己的生产经营活动,因此,供应商的发展前景对于客户(尤其是高度依赖供应商产品的客户)而言至关重要,与供应商未来盈利状况相关的财务信息甚至被视为评价客户供应链中关系型投资价值的重要因素之一。考虑到客户既可能通过私下渠道获取供应商前瞻性财务信息,也可以通过公开渠道获取供应商前瞻性财务信息,由此导致客户究竟如何影响供应商企业前瞻性盈余信息披露行为,具有较大不确定性。赵秀云和单文涛(2018)、Crawford等(2020)文献研究发现,客户集中度这一反映企业对于主要客户依赖关系的指标,与管理层自愿性业绩预告披露意愿之间存在显著的负相关关系。具体来说,对于客户集中度较高的企业,大客户因与供应商关系密切，能够以较低成本获取供应商私有信息，进而降低了大客户对于供应商公开信息的披露需求。也即当供应商更倾向于同客户进行私下交流信息时，管理层自愿披露业绩预告的动机也会降低。尤其 Crawford 等(2020)还进一步研究发现，当供应商与客户之间存在关系型投资、客户获取供应商私有信息的成本较低以及客户转换供应商的成本较低时，客户集中度与管理层自愿性业绩预告披露行为的负相关关系会更加显著。上述研究结果意味着当外部利益相关者能够以更低成本获取企业私有信息时，管理层对于公开信息的披露意愿则会相应降低。

(二)信息不对称假说

信息不对称假说(Information Asymmetry Hypothesis)认为在所有权和经营权相分离的公司治理背景下，管理层为缓解公司内部管理层与外部利益相关者之间的信息不对称程度，对私有信息具有较强的披露意愿。在诸多私有信息中，旨在提前披露公司前瞻性盈余信息的业绩预告，则是一类颇具信息含量的私有信息来源。围绕信息不对称假说，既有文献基于经济政策不确定性、债权交易以及成本黏性等视角探讨了可能影响管理层自愿性业绩预告披露行为的部分因素。

在经济政策不确定性方面，Nagar 等(2019)研究发现经济政策不确定性越高，投资者之间的信息不对称程度越高。为应对经济政策不确定性对公司价值的不利影响，管理者会增加自愿性盈余信息披露频率与数量，以及时调整市场预期；周楷唐等(2017)、吴艳文等(2019)等以企业所在地区的官员变更作为政治不确定性的衡量指标，研究发现政治不确定性会影响市场参与者的风险预期，在此背景下管理层会将增加自愿性盈余信息披露作为降低企业内外信息不对称程度、增加投资者乐观预期的避险措施，而且，周楷唐等(2017)还研究发现管理层在政治不确定的环境下会自愿提供更加精确的业绩预告盈余信息。不过，也有文献指出，宏观经济政策的不确定性增加了管理层盈利预测难度，降低了管理层准确预测企业未来收益的能力，而不准确的盈利预测信息会对企业声誉产生不利影响，甚至还会加剧企业诉讼风险，因此，宏观经济环境的不确定性也有可能降低管理层自愿披露前瞻性盈余信息的意愿(Libby 和 Rennekamp，2012；操巍和谭怡，2018)。

在债权交易方面，Kim 等(2017)研究发现债权人使用信用违约掉期工具

（Credit Default Swaps）①会显著提升管理层自愿性业绩预告信息披露意愿。具体来说，信用违约掉期工具由于降低了债权人的信用风险敞口，进而降低了债权人对债务人的监督意愿，但反过来导致外部股东与内部管理者之间的信息不对称程度增加，促使管理层自愿性盈利预测披露意愿增强，盈利预测披露频次增加。

在成本黏性②方面，由于成本黏性在较大程度上反映了管理层对于企业未来经营业绩的乐观预期，而这种乐观预期会反映到管理层自愿性信息披露行为中，因此，近年来成本黏性也被逐渐被纳入到管理层业绩预告信息披露的研究框架中。一方面，当管理层对于企业未来经营业绩存在乐观预期时，成本黏性越大的企业更有意愿通过业绩预告披露更多好消息以增加市场乐观预期；另一方面，成本黏性增加了公司内部管理者与外部利益相关者之间的信息不对称程度，管理层会更有动机将增加业绩预告信息发布作为缓解公司内外信息不对称的重要途径。基于此，Han 等（2020）研究发现成本黏性越大的企业，管理层对于自愿性业绩预告的披露意愿越强，披露频次越高，而且披露的好消息数量也越多。此外，既有文献也指出，成本黏性越大的企业收益波动性越高，导致管理层盈利预测误差也越大。更大的盈利预测误差增加了投资者对于公司前瞻性盈余信息的需求，进而促使管理层增加自愿性盈余信息披露以满足投资者需求。然而，盈利预测误差会对管理层的声誉以及职业前景产生不利影响，致使管理层也会存在减少自愿性盈余信息披露的动机。因此，在成本黏性较大的企业中，管理层在披露自愿性盈余信息时，会面临成本与收益的权衡。Ciftci 和 Salama（2018）通过实证分析研究发现企业成本黏性越大，管理层前瞻性盈余信息的披露动机越强，表明在成本黏性较大的企业中，自愿性盈余信息披露的收益大于成本。

（三）信号传递假说

信号传递假说（Signaling Hypothesis）是财务学的经典理论，该假说认为公

---

①　信用违约掉期是一种场外信用风险缓释工具，具有保险属性，能够有效对冲债权人的信用风险敞口，降低债权人可能面临的违约损失。

②　所谓成本黏性，是指随着营业收入的增加，营业成本增加的幅度大于营业收入下降时成本减少的幅度，导致成本变动与业务量变动存在非线性关系。成本黏性反映了管理者对已有资源配置现状及动态调整的决策行为，是管理层考虑包含外部环境波动、行业属性以及内部资产特征等影响因素后的综合决策结果。

司内部信息可以通过一系列公司财务行为反映出来，如：股利分配（Bhatta-charya，1979；Cao 等，2017）、股票增发与股票回购（Karim 等，2001；Grullon 和 Michaely，2004）等，这些行为都可以成为反映公司经营业绩或市场价值发生变化的重要信息。Ross（1979）将信号传递假说引入到信息披露领域，认为自愿性信息披露行为也能够在一定程度上成为传递公司内部信息的信号。随后，大量学者基于信号传递理论，对管理层自愿披露业绩预告的动机进行了探讨。

张然和张鹏（2011）研究发现在法律和监管环境相对薄弱的中国资本市场，上市公司更倾向于在业绩预告中自愿披露好消息，因此，经营业绩越好的企业，自愿披露前瞻性盈利预测信息的意愿则越强；类似的，龙立和龚光明（2017）研究发现管理者会在预计公司未来业绩上升时将业绩预告作为展示公司未来发展前景、核心竞争能力以及管理者个人能力的重要途径；李晓溪等（2019）指出业绩预告信息披露具有较高信息含量，而且具有可鉴证性，上市公司有动机通过改善业绩预告信息披露质量，向资本市场传递与公司未来盈余有关的积极信号；Wasley（2006）研究发现管理层之所以自愿披露企业未来现金流预测信息，是为了向市场传递企业在资金、经营业绩以及盈余质量方面的积极信号。尤其当企业未来盈利能力不佳时，管理层积极披露企业在现金流方面的好消息能够有效缓解负面盈余信息的不利影响。以上文献均充分表明管理层对自愿性盈余信息的披露意愿能够在一定程度上成为反映企业盈利状况的信号。

此外，Trueman（1986）、张敦力等（2015）等文献指出资本市场上的信息不对称导致管理者能力难以被直接观察，但管理层业绩预告中却包含了能够反映管理者能力的信息。尤其张敦力等（2015）研究发现管理者能力越强，管理者自愿披露业绩预告的可能性越高，业绩预告的准确度也越高（主要表现为业绩预告修正次数较少以及盈利预测值相比实际值的误差较小），充分表明业绩预告信息披露能够在有效反映管理者能力水平方面发挥信号效应。

（四）诉讼成本假说

诉讼成本假说（Litigation Cost Hypothesis）认为在相对完善的法律治理体系下，管理层对会计信息的不真实、不完整、不合规以及不及时披露都会导致管理层面临较高法律诉讼风险。按照现行制度，如果企业经营业绩相比上年同期发生重大变动，但管理层并未及时履行业绩预告信息披露业务导致投资者、债权人等利益相关者做出错误决策时，企业后期被起诉的可能性会显著增加。而陷入诉讼案件会对管理层薪酬、职位晋升以及个人声誉产生非常不利影响（Aharony 等，2015），因此，理性的管理者会将自愿性业绩预告信息披露作为对冲其法律诉讼风险的有效措施。

围绕上述观点，Johnson 等（2002）以 1995 年美国私人证券诉讼法案改革为背景，研究发现随着该法案的颁布，管理层因不完全信息披露所引发的公司诉讼风险增加。管理层为了规避诉讼成本以及诉讼事件对其职业生涯的不利影响，会积极主动增加自愿性盈余和收入信息的披露数量；Cao 等（2011）研究发现当企业面临事前诉讼风险时，存在负面盈余信息的企业更有可能发布业绩预警信息，但对于存在好消息的企业，上述相关关系则并不显著。进一步研究发现，当企业存在负面盈余信息时，诉讼风险更高的企业往往会更早发布盈利预测信息，且盈利预测准确度也越高；相反，当企业存在好消息时，诉讼风险更高的企业往往会减少信息披露数量且降低盈利预测的准确度，验证了事前诉讼风险在促使管理层积极披露负面消息方面的积极影响；Bourveau 等（2017）研究发现美国《普通需求法》（Universal Demand Laws）的出台加剧了股东的法律诉讼风险以及企业经营环境的不确定性，而随着股东法律诉讼风险的增加，管理层会增加自愿性盈利预测披露频次。类似的，Naughton 等（2019）以 2010 年 6 月 24 日美国最高法院就莫里森起诉澳大利亚国民银行一案作出的裁决（简称 Morrison 裁决）作为自然实验，① 研究发现诉讼风险和诉讼成本与管理层自愿性业绩预告披露意愿之间存在显著的正相关关系。Morrison 裁决降低了在外国证券交易所发行股票企业的诉讼成本，由此导致受 Morrison 裁决影响的企业自愿性信息披露数量也出现了显著降低；此外，李晓溪等（2019）以中国 A 股上市公司为对象研究发现被沪深交易所发函

---

① 2010 年 3 月，三位在澳大利亚证券交易所购买了澳大利亚国民银行股票的澳大利亚公民在美国纽约对澳大利亚国民银行及其美国子公司 HomeSide Lending Inc. 提起集体诉讼，指控澳大利亚国民银行美国子公司 HomeSide 操纵会计信息，从美国向澳大利亚国民银行总部发送虚假财务数据，违背了《美国证券交易法》，损害了投资者利益。6 月 24 日，美国最高法院就上述诉讼作出裁决，认定证券不在美国全国性交易所交易以及买卖地不在美国的外国交易者不受美国证券集团诉讼的规制。这一裁决意味着美国法律并不保障在外国交易所购买股票的投资者的权益，也意味着在外国证券交易所发行股票数量越多的企业，面临的来自证券市场的诉讼成本则越低。

问询的公司为应对年报问询函导致的监管压力与增加的违规成本，会有动机提高业绩预告信息披露质量，表现为自愿性业绩预告披露意愿增加、业绩预告乐观偏差降低以及业绩预告偏差值减小。

不过，也有文献指出，诉讼风险的增加并不会增加管理层自愿性盈余信息披露意愿，相反，它还会降低管理层自愿性盈余信息披露水平。受企业经营环境中不确定性因素的影响，管理层披露的前瞻性盈余信息不可避免地会存在盈利预测偏差，当管理层因为企业实际经营业绩偏离管理层在业绩预告中披露的业绩时，管理层即会改变对业绩预告信息披露的态度和倾向，甚至降低自愿性盈余信息披露水平（Rogers 和 Van Buskirk，2009）。

(五) 管理者报酬假说

管理者报酬假说（Manager Compensation Hypothesis）认为在现代公司治理体系中，让管理层持有公司股票能够对管理层履行受托责任形成有效激励，降低管理层与股东之间的代理冲突，致使持有公司股票或股票期权的管理者基于企业价值最大化与自身财富最大化的双重目标，会对企业前瞻性盈余信息存在较强自愿披露动机。例如 Nagar 等（2003）研究发现高管股权激励能够激发管理层的自愿性盈利预测行为。高管股权激励程度越高，管理层通过及时发布盈利预测避免股票错误定价的动机越强烈；张然和张鹏（2011）研究发现 CEO 持股比例越高的企业，管理层自愿披露盈利预测信息的动机越强。积极披露盈利预测信息有助于降低公司内外信息不对称程度，及时调整投资者市场预期，从而实现股价上涨以及管理层私人利益增加。不过，值得注意的是，也有大量文献指出，管理层自身财富最大化的目标也会加剧管理层对于企业前瞻性盈余信息的策略性披露行为。

Brockman 等（2010）研究发现，高管在股票期权行权日后的持股动机不同时，对自愿性盈余信息的披露行为也会存在较大差异。具体来说，当高管期望在股票期权行权后售出公司股票，高管更有动机在股票期权行权前提高股票价格，相应的会在业绩预告中增加好消息披露频次和数量；相反，当高管期望在股票期权行权后持有公司股票，高管更有动机在股票期权行权前降低股票价格，相应的则会在业绩预告中增加坏消息披露频次和数量；张娆等（2017）研究发现当管理层持股数量变化时，管理层更有可能通过发布有偏差的盈利预测影响投资者的市场预期。当管理层有意愿增持或减持公司股票时，会策略性披露存在偏差的前瞻性盈余信息，以向市场传递错误的反映企业价值和未来发展前景的信号，进而实现股票价格操纵目的，有助于管理层以更高价格抛售公司股票或以更低价格增持公司股票；林钟高和常青（2019）研究发现高管持股比例越高的企业，管理层越倾向于在增持或减持公司股票时基于盈余操纵动机而对已披露的业绩预告内容进行修正。

（六）专有成本假说

专有成本假说（Proprietary Cost Hypothesis）认为管理层披露私有信息所引发的专有成本，也是影响管理层自愿性信息披露意愿的一个重要因素（Verrecchia，1983）。所谓专有成本，是指管理层因披露关键私有信息（如与企业专利权、技术、经营战略方针、并购重组交易等相关的信息）导致这一信息被竞争对手获取，而对企业市场竞争能力形成不利影响所产生的成本。信息披露的专有成本越高，管理层对此类信息披露意愿则越低。

围绕专有成本假说，Huang 等（2017）以美国进口关税税率的大幅度下降作为美国国内公司产品市场竞争加剧的外生冲击，研究发现产品市场竞争越大的企业，其业绩预告披露意愿越低。具体来说，关税下降通过降低贸易成本和服务成本提高了境外企业的产品进口数量，增加了美国本土企业的竞争压力。考虑到以业绩预告为代表的前瞻性盈余信息中往往包含了与公司未来经营状况、市场需求、经营成本等有关的私有信息，企业披露这些信息会有助于竞争对手及时调整竞争策略，从而对企业产品市场竞争能力产生不利影响，因此，企业处于专有成本的考虑会降低业绩预告披露意愿。但是，Verrecchia（1983）、Dontoh（1989）与 Wagenhofer（1990）均研究发现管理层在业绩预告中披露坏消息能够有效打击潜在竞争对手，降低竞争对手参与企业同业竞争的意愿，意味着从市场竞争的角度，业绩预告中的负面信息是一类专有成本较低的信息，管理层对该类信息具有较高披露意愿。此外，Park 等（2019）以美国上市公司为对象研究发现共同所有人①增强了公司盈利预测与资本支出预测动机，而信息披露专有成本的降低，是共同所有人增强公司自愿性信息披露动机的重要原因。进一步研究发现，共同所有人在增强公司自

---

① 所谓共同所有人，是指多家上市公司共同拥有同一个机构投资者作为股东，意味着不同公司之间因为共同拥有同一机构投资者而发生关联。

愿性信息披露动机的同时，增强了公司股票市场流动性。

三、管理层业绩预告信息披露的经济后果

业绩预告作为旨在缓解上市公司内部管理者与外部利益相关者之间信息不对称、调整投资者预期、降低定期财务报告披露后股票市场异常波动的信息披露制度设计，自诞生之日起即备受资本市场关注，是资本市场参与者获取上市公司前瞻性盈余信息的最重要渠道。但与此同时，业绩预告因精确度、准确度以及管理层策略性披露行为等问题导致其是否真正有助于公司外部利益相关者经济决策，也一直备受资本市场质疑。通过梳理既有文献、本书发现，大量学者围绕业绩预告的信息含量以及决策相关性对业绩预告披露后所引发的经济后果进行了研讨，为间接证明业绩预告信息披露机制在提高资源配置效率的有用性方面提供了充足证据。

(一)投资者市场反应

会计信息的决策有用观认为企业披露会计信息的目的在于向外部利益相关者提供对其决策有用的信息，在非完全有效市场中，投资者往往会根据上市公司公开披露的业绩预告中的盈余信息及时调整投资决策，因此，投资者的市场反应则是业绩预告信息披露的最直接经济后果。围绕这一话题，Lennox 和 Park(2006)研究发现管理层及时发布业绩预告盈余信息能够降低公司内外信息不对称程度，提高企业会计盈余与股票报酬之间的盈余反应系数(Earnings Response Coefficient)；杨德明和林斌(2006)、Bozanic 等(2018)等文献研究发现管理层披露的业绩预告能够引发显著的投资者市场反应，具体表现为业绩预告中披露的利好信息能够引发积极的投资者市场反应，披露的利空和中性消息则会引发消极的投资者市场反应；Shivakumar 等(2011)研究发现信贷市场对于管理层披露的前瞻性盈利预测信息能够产生强烈的市场反应，且市场反应程度强于年度定期财务报告；Das 等(2012)研究发现由于企业外部投资者与内部管理者之间存在信息不对称，导致投资者在业绩预告披露初期会对负面盈余信息存在过度反应，而对积极盈余信息存在反应不足。但随着信息不对称的缓解，无论企业是在业绩预告中披露了负面盈余信息还是正

面盈余信息，股价也会随后逐渐上升；Ng 等(2013)研究发现提供更加可靠的前瞻性盈余信息是缓解管理层业绩预告披露后市场反应不足的重要途径；此外，王玉涛和宋云玲(2018)研究发现业绩预告的乐观偏差会引发消极的投资者市场反应，说明投资者能够在一定程度上识别管理层业绩预告中存在的乐观偏差。

(二)融资成本

基于资本市场交易假说，大量文献探讨了管理层披露业绩预告信息对企业融资成本的积极影响。Baginski 和 Rakow(2012)研究发现管理层自愿性盈余信息披露能够有效降低企业权益资本成本，而且当管理层盈利预测披露频次较高时，上述相关关系更加显著；2005 年美国证券交易委员会颁布了一项证券发行改革议案(《Securities Offering Reform》)，放宽了上市公司在股票增发前的信息披露要求。以此为背景，Shroff 等(2013)研究发现增加自愿性盈余信息披露有助于降低公司信息不对称以及股权融资成本；与此同时，Cheynel(2013)、Cao 等(2017)等文献也验证了自愿性信息披露在降低资本成本方面的促进作用。

但值得注意的是，也有文献指出管理层业绩预告中披露的前瞻性盈余信息的方向才是影响企业融资成本的关键因素。Kim 和 Shi(2011)研究发现，管理层盈利预测中披露的坏消息能够显著提高权益资本成本，但披露的好消息却没有显著降低权益资本成本，意味着投资者可能普遍认为管理层业绩预告中披露的好消息的可信度低于坏消息；Kitagawa 和 Shuto(2019)研究发现管理层业绩预告中披露的盈余信息能够影响公司债券融资成本。具体表现为，当业绩预告中披露净利润增长的好消息时，公司发行债券的收益率利差会显著下降，尤其对于违约风险较高的公司，上述相关关系更加显著，表明管理层披露的业绩预告信息对于债券投资者具有有用性。

此外，管理层业绩预告的准确度也是影响企业融资成本的重要因素之一。Demerjian 等(2020)指出债权人通常根据债务人的前瞻性盈余信息判断其未来价值与债务违约风险，因此，债务人前瞻性盈余信息的准确性至关重要。作者研究发现，债务人以前年度盈利预测准确度越高，其债务融资成本则越低。

(三)资本市场信息中介

管理层通过业绩预告披露的前瞻性盈余信息不仅备受债权人与投资者关注,也是分析师和审计师等资本市场信息中介评估企业价值、评价企业重大错报风险时的重要信息来源,为此,大量文献探讨了管理层披露业绩预告信息对资本市场信息中介的潜在影响,证明了业绩预告信息披露对于资本市场的有效性。

在分析师方面,Hamrouni 等(2017)以美国上市公司为样本研究发现卖方金融分析师会密切关注管理层自愿披露的非强制性信息,因此,管理层披露的自愿性信息越多,分析师对上市公司的关注程度也越高。王玉涛和王彦超(2012)研究发现业绩预告的披露形式、精确度等特征会对分析师预测行为产生重要影响。相比发布定性业绩预告的企业,发布定量业绩预告的企业、发布区间形式业绩预告但区间宽度较小的企业其分析师跟踪数量较多,分析师盈利预测误差和分歧度也较小。

在审计师方面,廖义刚和邓贤琨(2017)研究发现企业前期已披露的业绩预告盈余信息相比企业实际经营业绩误差较大时,企业当期审计费用会显著增加,当期获得非标准无保留审计意见的可能性也会增加,意味着管理层盈利预测误差能够向审计师传递企业潜在重大错报风险的警示信息;类似地,曾琦等(2018)认为管理层业绩预告准确度可以用于衡量企业会计诚信度,而会计诚信能够降低企业盈余管理等机会主义行为发生的概率、降低审计师评估的重大错报风险,帮助企业向审计师和资本市场传递企业盈余信息可靠的信号,进而降低会计师事务所对企业的审计收费定价;张艺琼等(2018)研究发现管理层披露的业绩预告盈余信息能够对企业审计结果产生显著影响,主要表现为:在中国资本市场业绩预告信息披露制度背景下,业绩波动较大(净利润相比上年同期增减变动幅度超过50%)和有可能亏损的上市公司被强制要求按规定及时披露业绩预告,而此类企业普遍存在经营风险较大、盈余稳定性差、重大错报风险高等现实性问题,致使企业被外部审计机构出具非标准无保留审计意见的可能性增加;但是,准确度较高的管理层业绩预告信息能够有助于审计师了解企业风险,进而提高审计师出具标准无保留审计意见的可能性;此外,还发现管理层正式披露业绩预告信息后,又对前期已披露业绩预告内容进行修正的行为,会降低审计师出具标准无保留审计意见的可能性。

四、管理层业绩预告的策略性披露行为

尽管世界各国资本市场都对业绩预告的信息披露规则做出了详细规定，但不可否认的是，业绩预告中披露的前瞻性盈利预测信息本质上属于管理层基于部分历史财务信息、当前经营状况、企业战略目标以及自身经验判断而做出的预测和估计，预测结果具有较强主观性和不确定性。加之世界上绝大多数国家并不强制要求所有上市公司都必须严格披露业绩预告信息，而是赋予了管理层较多自由裁量权，由此导致管理层在考虑是否披露业绩预告信息、如何披露业绩预告信息时会进行利益权衡，业绩预告信息披露决策通常符合管理层与控股股东自身利益最大化的原则（Verrecchia，2001；Ferreira 和 Rezende，2007）。既有文献研究发现，当管理层存在自利动机时，管理层有可能通过人为操纵业绩预告披露内容、披露质量以及披露时间等方式对业绩预告盈利预测信息实施策略性披露。

一方面，自利的管理者存在人为操纵业绩预告披露内容以及披露质量的动机。李欢和罗婷（2016）研究发现高管试图通过策略性披露业绩预告进而影响股票价格，以增加股票投资收益。具体表现为当高管计划买入公司股票时，会在业绩预告中披露更多坏消息，以降低股票认购成本；当高管计划卖出公司股票时，会在业绩预告中披露更多好消息，以提高股票资本利得；鲁桂华等（2017）研究发现大股东减持公司股票前管理层自愿发布利好业绩预告的概率更高。尤其在大股东减持年度，管理层自愿发布利好业绩预告的频次显著增加。经济后果检验发现大股东减持前管理层自愿发布利好业绩预告能够引发显著的股票市场超额回报，意味着这种信息披露行为更大概率上是配合大股东损害中小股东利益的盈余信息操纵行为，违背了信息披露的公平、公开和公正原则；许静静（2020）研究发现，对于存在控股股东股权质押行为的企业，管理层更倾向于以精确度较低、内容较模糊的方式发布更加乐观的业绩预告，以降低股价暴跌风险；但作者也发现，存在控股股东股权质押的企业日后实际净利润低于业绩预告中净利润预测值的可能性较高，验证了股权质押企业的策略性信息披露动机；类似的，钱爱民和张晨宇（2018）研究发现大股东股权质押期间，上市公司为规避股价暴跌所引发的控制权转移风险，会

在业绩预告中策略性地增加好消息披露数量而减少坏消息披露数量，意味着在信息不对称的环境中，管理层出于自身利益的考虑会在大股东股权质押期间隐瞒对公司股价不利的坏消息；此外，Chen 等（2020）以美国上市公司为对象，研究发现资本市场放松卖空管制以后，相比非卖空试点公司，卖空试点公司在长期盈利预测中披露的好消息数量显著增加，坏消息数量则未发生明显变化，而且作者通过实证检验发现在长期盈利预测中增加好消息披露是管理层打击卖空交易者的有效措施；Li 和 Zhang（2015）、黄超（2019）等研究发现资本市场放松卖空管制有助于负面信息更及时地融入股价，加大了股价下跌的风险，管理层为了规避股价暴跌对自身私人利益的不利影响，更有动机通过模糊披露（如降低负面信息盈利预测的精确度、准确度以及可读性等）的方式降低负面盈余信息的披露质量。

另一方面，自利的管理者还存在通过人为操纵业绩预告披露时间进而操纵投资者注意力的动机。张馨艺等（2012）研究发现中国 A 股上市公司对于前瞻性盈余信息存在择时披露行为，具体表现为管理层更倾向于在交易日披露好消息，而在休息日披露坏消息。当高管持股比例较高时，管理层对于前瞻性盈余信息的择时披露行为会更加显著；基于管理者行为理论以及有限注意力理论，Jackson 等（2015）研究发现管理层更倾向于选择在证券交易所闭市以后以及周五发布利空的业绩预告信息，也更倾向于选择在证券交易开市期间以及周一至周四期间发布利好业绩预告信息，以减弱利空盈余信息释放所引发的短期消极市场反应，并增强投资者对于公司利好盈余信息的市场反应。不过，作者也发现，随着管理层面临的诉讼风险增加，上述择时披露行为发生的概率会显著降低；张丽霞（2016）研究发现由于投资者对正负盈余预告信息的市场反应具有非对称性，因此，相比利好业绩预告信息，管理层更倾向于对利空业绩预告信息进行择时披露；徐高彦等（2017）则以股票市场价格波动为基础，研究发现上市公司管理层会利用股票市场的高频波动来选择盈余预告信息披露的时机，具体表现为管理层更倾向于在股票市场行情处于上升期时披露坏消息，在股票市场行情处于下降期时披露好消息，以规避负面盈余信息披露对公司股票价格的不利影响；李思静等（2020）研究发现管理层对于利好盈余信息和利空盈余信息在披露时间上存在差别。相比周一至周四，周五和双休日时投资者将更多精力投入到闲暇而非工作中的时间，由此致使管理层更倾向于在周五或双休日发布利空业绩预告信息，以减弱负面信息释放所引发的短期消极市场反应。

第四节　文献评述

通过本书前述文献综述可以看出，随着经济全球化的持续推进，国际化战略已经逐渐成为企业战略架构中的重要组成部分，与企业国际化战略动因、经济后果相关的研究也已经成为学术界关注的焦点。早期学者将国际化经营视为具有某些特定优势或垄断优势的企业通过市场多元化谋求超额收益的行为，但大量以发展中国家和新兴经济体企业为对象的研究发现，发达国家企业与发展中国家企业的国际化经营动机存在巨大差异。相比发达国家企业以输出所有权优势为主要动机的国际化经营行为，新兴经济体企业更倾向于基于"资产寻求"与"机会寻求"动机而实施国际化战略，这种差异致使不同类型的企业参与国际市场竞争时，会面临截然不同的市场环境、客户群体、文化习俗以及系统性风险要素，进而导致截然不同的经济后果。

在企业实施国际化战略可能引发的经济后果方面，已有文献主要基于各国资本市场，关注了国际化经营对于企业经营业绩、信息披露质量、融资能力、投资行为、治理能力以及分析师等资本市场信息中介的影响，但并未得出相对统一的结论。本书发现，尽管理论上而言，企业国际化经营这一公司层面的战略模式所引发的不确定性经济后果需要通过会计盈余信息的方式传递给企业外部利益相关者，以降低利益相关者对于公司盈利能力、市场价值以及持续经营能力的担忧，缓解因企业内外信息不对称所引发的利益相关者逆向选择问题，但是，在新兴市场中，企业实施国际化战略究竟能否影响管理层的会计信息披露行为，既有研究并未给出明确解答。

在世界各国资本市场中，定期财务报告是资本市场利益相关者获取公司内部信息的最主要渠道，但随着经济社会的发展，主要反映历史财务信息、且披露时间相对滞后的定期财务报告已经无法满足经济决策对于会计信息的需求，致使具前瞻性、预测性和及时性的管理层业绩预告成为备受投资者、金融分析师、政府部门等资本市场利益相关者关注的上市公司会计信息披露方式，以及各国上市公司信息披露体系中的重要组成部分，这也致使与管理层业绩预告信息披露行为(如：业绩预告信息披露意愿、信息披露质量以及策略性信息披露行为)相关的研究逐渐成为公司财务领域的热门话题。与新兴经济体企业的国际化战略动因理论类似,中国上市公司的业绩预告信息披露制度具有鲜明特色。具体来说,不同于西方国家,我国证券监管部门针对上市公司实行"半强制性业绩预告信息披露制度",在此制度背景下,当上市公司预测下一个业绩报告期经营业绩将会发生重大变动时,须按规定强制对外披露业绩预告,否则即由上市公司自愿决定是否披露业绩预告。由此可见,我国更具制度刚性的上市公司业绩预告信息披露制度在提示上市公司重大业绩变动风险、提高会计信息有用性方面发挥了独特功能,这种兼具强制披露与自愿披露特征的业绩预告信息披露制度为深层次剖析管理层的会计信息披露动机与行为提供了良好的研究场景。

现阶段,大量文献基于资本市场交易假说、信息不对称假说、信号传递假说、诉讼成本假说、管理者报酬假说以及专有成本假说等六个方面,系统解释了可能影响管理层业绩预告披露意愿、披露质量(准确度、精确度、及时性)以及披露策略(负面信息隐瞒、延时披露、择时披露)的若干因素。本书发现:第一,在不同的研究场景下,管理层对于前瞻性盈余信息的披露动机、披露行为以及披露策略可能会存在较大差异。总体而言,在理性经济人假设①下,业绩预告信息披露决策通常是管理层进行利益权衡后的结果,符合管理层以及控股股东自身利益最大化的原则;第二,对于中国 A 股资本市场中日益频繁出现的上市公司业绩预告修正行为,既有研究并未就管理层的业绩预告修正动因进行深入探讨,管理层业绩预告修正行为所蕴含的经济含义有待进一步求证;第三,既有研究在探讨管理层业绩预告披露行为的影响因素时,基本都默认企业战略选择是同质的,鲜有文献关注企业战略特征对管理层业绩预告信息披露行为的影响。考虑到战略模式是影响企业资源配置、财务决策、盈利能力、信息披露环境、信息透明度以及管理者利益的重要因素,会对管理层披露企业私有信息的动机产生直接影响,因此,深入探讨企业战略模式选择对于管理层业绩预告信息披露行为的影响,对于丰富和完善上市公司信息披露治理体系具有现实意义。

然而,公司战略领域的既有文献普遍只是"粗线条"地定量描绘了企业总

---

① 所谓理性经济人假设,是指西方经济学家认为,每一个从事经济活动的个体都是利己的,所采取的经济行为都是力图以最小的经济代价获取最大的经济利益。

体战略模式可能引发的若干经济后果,鲜有文献聚焦某一类公司层面的具体战略模式对管理层会计信息披露行为的影响。事实上,基于中国上市公司业绩预告信息披露实践,本书观察到,企业国际化经营所引发的经营风险与环境不确定性正在成为上市公司经营业绩发生重大变动的重要原因,① 鉴于此,本书预期,企业实施国际化战略可能是影响管理层业绩预告信息披露行为的重要但却被相对忽视的因素。

基于现有理论,本书推断,国际化经营对于中国企业而言犹如一把"双刃剑",在给企业带来发展机遇的同时,也增加了企业面临的各类风险,加剧了企业经营环境的不确定性程度以及企业内外信息的不对称程度,因此,有可能在一定程度上诱发管理层的会计信息披露动机。但是,中国企业实施国际化战略所引发的不确定性经济后果究竟如何影响管理层的业绩预告信息披露行为,其中的影响机制是什么,仍有待进一步深入研究。具体来说,在信息不对称假说以及代理成本假说下,企业国际化经营所引发的不确定性经济后果是否会改变管理层对于盈利预测信息以及负面盈利预测信息的披露意愿,是否会加剧管理层对已披露业绩预告的修正行为,以及如何影响管理层业绩预告信息披露质量,均有待理论分析与实证检验。但不可否认的是,以中国这一具有代表性的新兴经济体国家作为研究对象,探讨企业实施国际化战略对于管理层业绩预告信息披露行为的影响,既是对国际化战略在微观企业层面经济后果研究的进一步延伸,又是对管理层会计信息披露行为影响因素研究框架的有益补充,对于深入理解国际化战略在微观企业层面的信息治理效应具有重要意义。

---

① 详见上市公司业绩预告公告中的"业绩变动原因说明"段,可通过国泰安 CSMAR 数据库查阅。此处数据在本书导论部分已进行了详细说明。

第二章

制度背景与实践特征

第一节 制度背景

一、中国企业国际化经营制度背景

中国企业的国际化经营起源于20世纪70年代末期,1979年11月,北京友谊商业服务总公司与日本东京丸一商事株式会社合资创办的"京和株式会社"在东京开业,这是新中国在海外直接投资设立的第一家非进口贸易型企业,正式拉开了中国企业迈出国门进行国际化经营的序幕。既有文献认为,中国企业的国际化经营伴随着新中国各个发展时期经济政策,历经了四个发展时期。

第一阶段:国际化经营萌芽阶段(1979—1983年)。改革开放以前,受对外政策、国际市场环境以及企业自身发展水平等多方面因素影响,尚无中国企业进入海外市场进行跨国经营。1978年党的十一届三中全会提出的改革开放政策,则为中国企业的国际化经营创造了政策条件。1979年7月1日第五届全国人民代表大会第二次会议审议通过了《中华人民共和国中外合资经营企业法》,鼓励合营企业向中国境外销售产品以及在中国境外设立分支机构,为中国企业国际化经营奠定了法律基础与司法保障;1979年8月13日,国务院颁发了《关于大力发展对外贸易增加外汇收入若干问题的规定》,主要内容是扩大地方与企业的对外贸易权限,鼓励企业增加出口贸易,办好特区出口。但在20世纪80年代初期,受外汇短缺等因素限制,中国企业的国际化经营受到了政府的严格监管,只有极少数具备外贸经营权的进出口企业以及各省市的国际经济技术合作机构才有资格开展出口贸易以及对外投资活动,而且对外投资规模非常小,几乎每一笔对外投资项目都要经过国务院审批,投资区域主要集中于周边邻近国家。在这一阶段,我国主要依靠低廉的原材料价格和劳动力成本优势,通过引进外商投资的方式生产出口低技术附加值的初级产品,目的主要在于增加外汇储备,并充分利用外资进口发达国家先进的生产技术与设备。国泰安 CSMAR 数据库显示,1979年中国各类企业出口贸易总额为211.7亿元,1983年出口贸易总额为438.3万元,年涨幅约20%;

1983 年初级产品出口额占出口贸易总额的比值高达 21.64%。因此，可以认为，在我国由计划经济向市场经济转型的初期，国际化经营仅仅处于一种萌芽和低端发展状态，并非企业的主要经济活动形态。

第二阶段：国际化经营起步阶段（1984—1991 年）。随着我国对外开放程度的提高，一方面中国企业接触海外市场的机会逐渐增多，另一方面政府对企业国际化经营的管制政策也逐渐放宽。1984 年 5 月国务院授权原对外贸易经济合作部出台了《关于在境外开办非贸易性合资经营企业的审批程序权限和原则的通知》，1985 年 7 月又颁布了《关于在境外开设非贸易性合资经营企业的审批程序和管理办法》，鼓励国内拥有资金来源、具有一定技术水平和业务专长且具有境外合作对象的实体企业、事业单位到国外举办合资经营企业，以实现充分利用国外资源、引进先进技术、扩大出口创汇的发展目标。同时，原对外贸易经济合作部下放以及简化了大量跨国经营业务的审批权限，如：经批准已经开业的合资经营企业如需在境外设立分支机构或子公司，审批权限下放至各省、直辖市、自治区或国务院各部委；中方投资额在 100 万美元以下，符合当前到境外投资的方针，资金、市场等不需要国家综合平衡解决的，审批权限下放至国务院各部委以及省、自治区、直辖市及计划单列市人民政府指定的综合管理部门。在上述政策的支持下，中国企业出口贸易额和对外直接投资额呈现不断上升的态势。国泰安 CSMAR 数据库显示，截至 1991 年底，中国各类企业出口贸易总额达 3827.1 亿元，相比 1979 年（211.7 亿元）增长 1707.79%，相比 1983 年（438.3 亿元）年涨幅高达 31%；1991 年初级产品出口占出口贸易总额的比值为 11.24%，相比 1983 年已经呈现大幅度下降的趋势。在这一阶段，以中国海洋运输集团公司、中国化工进出口总公司、首都钢铁集团公司等为代表的一大批交通运输、化工能源等领域的优秀中国企业开始迈出国门，参与国际市场竞争。

第三阶段：国际化经营稳步发展阶段（1992—2001 年）。1992 年邓小平同志南巡讲话以后，中国经济体制改革与改革开放进入新的发展阶段。1993 年国务院授权原对外贸易经济合作部颁布了《境外投资企业的审批程序和管理办法》，明确了对外贸易经济合作部、国务院各部委、各省、自治区、直辖市以及计划单列市等政府部分在企业境外投资活动中承担的审批责任和权限；1994 年《中华人民共和国对外贸易法》正式颁布，从对外贸易经营许可、货物进出口与技术进出口规则、国际服务贸易规则、对外贸易秩序维护、对外贸易促进措施以及法律责任等方面为扩大对外开放、发展对外贸易、维护对外贸易秩序提供了法律保障。此后，中国企业国际化经营进入稳步发展阶段。1997年亚洲金融危机爆发，为了扩大出口贸易，国家层面提出了鼓励企业开展境外加工装配业务的国际化经营战略，外经贸部、国家经贸委、财政部等国家部委还于1999年2月14日颁布《关于鼓励企业开展境外带料加工装配业务的意见》，提出了支持我国企业以境外加工贸易方式"走出去"的具体政策措施。面对经济全球化的浪潮，2000年3月全国人大九届三次会议期间，"走出去"战略正式作为新时期国家经济发展战略被正式提出；2001年党中央国务院在制定"十五"规划时，首次在五年规划中提出了"走出去"战略，鼓励企业积极开拓国际市场和利用国外资源扩大国际经济技术合作，以增加我国经济发展的动力和后劲。国泰安CSMAR数据库显示，截至2001年底，中国各类企业出口贸易总额达22024.44亿元，相比1992年（4676.29亿元）增长370.98%，年涨幅接近19%；2001年初级产品出口占出口贸易总额的比值不到5%，表明中国企业的出口贸易质量得到了较大提升。

第四阶段：国际化经营加速发展阶段（2002年至今）。随着2001年12月11日中国加入世界贸易组织，中国企业的贸易自由化和便利化程度不断提升，融入国际市场的脚步不断加快。随后，2002年党的十六大工作报告、2007年党的十七大工作报告中都曾明确提出，坚持对外开放的基本国策，把"引进来"和"走出去"更好结合起来，扩大开放领域，优化开放结构，提高开放质量；创新对外投资和合作方式，支持企业在研发、生产、销售等方面开展国际化经营，加快培育我国的跨国公司和国际知名品牌。2008年金融危机以后，随着近年来全球制造业生产成本的上涨以及世界经济格局的变化，中国经济面临从高速发展向高质量发展的结构转型。为转换经济增长动力，构建世界各国合作共赢的新型发展模式，"一带一路"倡议为国内企业打开了低成本投资海外市场的渠道，进一步促进了中国企业优质资源在全球范围的流动。为进一步加快贸易自由化进程，2013年9月起，我国还分多个批次批准了18个自贸试验区，在区域内准许外国商品豁免关税自由进出，2017年党的十九大报告中还指出，赋予自由贸易试验区更大改革自主权，探索建设自由贸易港，这一系列举措都为企业国际化经营创造了便利条件。致使在这一阶段，集体企业和民营企业逐渐成为国际化经营的市场主体。国泰安CSMAR数据库显示，2003年中国各类集体企业和民营企业出口贸易总额为327.6亿美元，占我国当年出口贸易总额(3256.3亿美元)的10%；2018年中国各类集体企业和私营企业出口贸易总额为11941.27亿美元，占我国当年出口贸易总额(22001.76亿美元)的54%以上，意味着民营企业的国际市场竞争能力不断增强。与此同时，截至2018年底，中国各类企业出口贸易总额达164127.81亿元，相比2002年(26947.87亿元)增长509.06%，年涨幅达12%；2018年初级产品出口占出口贸易总额的比值仅为2.71%。此外，据2002—2018年度中国对外直接投资统计公报①数据显示，2018年中国各类企业新增对外直接投资总额高达1430.4亿美元，相比2002年(27亿美元)增长近5200%，年涨幅超过28%；截止2018年底，中国累积在境外设立对外直接投资企业4.3万家，分布全球188个国家和地区，涉及租赁和商业服务、批发和零售、金融、信息传输/软件和信息技术服务、制造、采矿等18个行业领域。由此可见，在此阶段，中国企业出口贸易增长比率趋于平缓，但对外直接投资呈现快速扩张的态势，中国企业逐渐实现以出口贸易为战略重点的国际化经营模式转变为以对外直接投资为战略重点的国际化经营模式。中国企业通过近四十年的海外实践与摸索，积累了大量宝贵的国际化经营经验，提高了企业参与国际市场竞争的能力。

二、中国企业业绩预告信息披露制度背景

(一) 已上市企业的业绩预告信息披露制度

业绩预告信息披露制度最先起源于以美国为代表的发达西方资本主义国家。以美国为例，从20世纪40年代开始，美国以"预先警示"为特征的预测性信息披露制度就开始逐渐建立起来，其间经历了禁止预测性信息披露(1972年以前)、允许自愿披露预测性信息(1972—1979年)以及鼓励自愿披露预测性信息(1979年以后)三个阶段，到20世纪末期美国的预测性信息披露制度已经相对完善。尤其在1995年，美国还配套颁布了预测性信息披露免责制度(又称"信息安全港制度")，降低了预测性信息披露者潜在的诉讼风险，提高了上市公司管理层提前披露前瞻性盈利预测信息的意愿。相比而言，我国上

---

① 详见网站 http：//hzs. mofcom. gov. cn/article/date/201512/20151201223578. shtml.

市公司业绩预告信息披露制度起步较晚，而且经历了一个相对漫长的发展与完善阶段。

自 1990 年 12 月我国资本市场诞生以来，上市公司信息披露问题一直是证券监管部门关注的焦点，上市公司信息披露质量的优劣，将直接影响到公司外部利益相关者的经济决策，影响投资者利益以及资本市场健康稳定发展，因此，如何完善上市公司信息披露体系，是我国资本市场发展进程中的重要议题。尽管定期财务报告是世界各国上市公司最正式且最重要的信息披露渠道，但定期财务报告存在内容繁杂、仅反映历史财务信息且披露时间滞后等问题，削弱了会计信息的决策相关性与有用性。业绩预告信息披露制度的出台，则有效弥补了定期财务报告的固有缺陷。上市公司通过在对外披露定期财务报告前提前披露企业未来盈余信息，能够及时调整外部利益相关者对企业的盈利预期，进而提高资本市场定价效率以及资源配置效率。

1993 年国务院发布的《股票发行与交易管理暂行条例》（国务院令第 112号），可以视为业绩预告制度起源的雏形。该条例第六十条指出：当上市公司发生可能对上市公司股票的市场价格产生较大影响、而投资人尚未得知的重大事件时，上市公司应当立即将有关该重大事件的报告提交证券交易场所和证监会，并向社会公布，说明事件的实质。而公司"发生重大经营性或者非经营性亏损"则属于该条款列举的 13 类重大事件之一。然而，由于政府监管层面并未出台与之相对应的配套实施细则，导致在随后较长一段时间内中国资本市场并未将该条例作为一项正式的上市公司业绩预告信息披露制度进行有效贯彻实施。

业绩预告制度的正式建立可以追溯到 1998 年。通过归纳，本书认为中国企业业绩预告信息披露制度经历了如下发展阶段。

1. 第一阶段：建立年度财务报告预亏制度

1998 年 12 月 9 日中国证监会发布的文件《关于做好上市公司 1998 年度报告有关问题的通知》（证监上字〔1998〕148 号）明确规定，对于三年连续亏损或1998 年当年出现重大亏损的上市公司，应当根据《股票发行与交易管理暂行条例》第六十条的规定，在年报公布前及时履行信息披露义务，将公司的三年连续预计亏损或当年预计亏损信息刊登在证监会指定的全国性报刊上。该规定延续至 1999 年，旨在促使业绩发生重大亏损的上市公司及时释放业绩亏损信息和经营风险信息，抑制管理层对负面信息的隐瞒动机和策略性披露行为，避免公司外部利益相关者因信息不对称而做出错误决策，降低业绩亏损公司定期财务报告披露后引发的资本市场异常波动。

2000 年 12 月 28 日，上海证券交易所和深圳证券交易所分别发布文件《上海证券交易所关于落实上市公司 2000 年年度报告有关工作的通知》《深圳证券交易所关于做好上市公司 2000 年年度报告工作的通知》，要求上市公司如果预计 2000 年度将出现亏损，应当在 2000 年会计年度结束后两个月内刊登预亏公告；如果预计出现连续三年亏损的，上市公司应在 2000 年会计年度结束后两个月内发布三次提示公告，可以视为是对年度财务报告预亏制度的进一步细化。

2. 第二阶段：建立中期财务报告预亏制度

2001 年 7 月 3 日，上海证券交易所和深圳证券交易所分别发布文件《上海证券交易所关于落实上市公司 2001 年中期报告工作的通知》《深圳证券交易所关于做好 2001 年中期报告工作的通知》，明确要求如果预计 2001 年中期将出现亏损或者盈利水平出现大幅下降的上市公司，应当在 7 月 31 日前及时刊登预亏公告或业绩预警公告。自此，上市公司中期财务报告预亏制度正式建立，除了年度业绩以外，中期业绩报告也被纳入上市公司业绩预告信息披露框架中。不过值得注意的是，尽管本次规定将盈利水平出现大幅下降的公司也纳入到了强制性业绩预告的范畴，但本次规定并未对"盈利水平大幅下降"的标准给出解释，因此，此阶段的业绩预告仍然以发布"预亏"信息作为业绩预告信息披露的重点内容。

3. 第三阶段：建立年度财务报告预警制度

2001 年 12 月 20 日上海证券交易所和深圳证券交易所分别发布文件《上海证券交易所关于做好上市公司 2001 年年度报告有关工作通知》《深圳证券交易所关于做好上市公司 2001 年年度报告有关工作通知》，将与业绩预告相关的信息披露制度进一步细化，要求 2001 年会计年度结束后，预计发生亏损或业绩大幅下降(一般指本年利润总额与上年同期相比下降 50% 以上)的上市公司，应当在相应年度结束后 30 个工作日内发布业绩预警公告；预计年度业绩大幅上升(一般指本年利润总额与上年同期相比上升 50% 以上)的上市公司，也应在相应年度结束后 30 个工作日内刊登相关提示性公告。自此，上市公司不仅需要针对业绩亏损情况在定期公告发布前刊发预警公告，还需要针对业绩大幅度增减变动情况刊发提示性公告，这意味着我国上市公司"预亏"型业绩预告制度正式转变成"预警"型业绩制度。

4. 第四阶段：建立中期财务报告预警制度

2002年3月28日上海证券交易所和深圳证券交易所分别发布文件《上海证券交易所关于做好上市公司2002年第一季度季度报告工作的通知》《深圳证券交易所关于做好上市公司2002年第一季度季度报告工作的通知》，要求上市公司预计2002年中期可能发生亏损或者盈利水平较去年中期出现大幅增长或下滑(净利润增减50%或以上)的，应对此作出专门说明，比较基础较小的公司(一般指去年中期每股收益绝对值低于0.03元的公司)可以豁免此项规定。

2002年7月19日中国证监会发布《公开发行证券的公司信息披露内容与格式准则第3号——半年度报告》，对上市公司业绩预告信息披露规范进行了修订。该准则第三十五条指出，"公司管理层如果预测下一报告期的经营成果可能为亏损或者与上年同期相比发生大幅度变动，应当予以警示"。随后，上海证券交易所在《关于做好上市公司2002年半年度报告工作的通知》中对该准则的规定内容进行了细化，一是将经营成果的大幅度变动明确为"净利润或扣除非经常性损益后的净利润与上年同期相比上升或下降50%或50%以上"，二是要求上市公司须在当期财务报告的"管理层讨论与分析"中对公司下一期业绩变动情况予以警示，以提高业绩预告信息披露的及时性。自此，我国上市公司中期财务报告预警制度正式建立。

5. 第五阶段：建立季度财务报告预警制度

2002年6月28日上海证券交易所和深圳证券交易所分别发布文件《上海证券交易所关于做好上市公司2002年半年度报告工作的通知》《深圳证券交易所关于做好上市公司2002年半年度报告工作的通知》，要求上市公司如若预测第三季度经营成果可能为亏损或者与上年同期相比发生大幅度变动(一般指净利润或扣除非经常性损益后的净利润与上年同期相比上升或下降50%及以上)，应在中期财务报告的"管理层讨论与分析"中予以警示。自此，季度盈余信息也被纳入业绩预警范畴。

6. 第六阶段：建立业绩预告修正制度

业绩预告是管理层基于部分历史财务信息、当前经营状况以及自身经验而对公司未来业绩做出的预测和估计，预测结果具有较强主观性且未经过注册会计师审计，导致业绩预告中披露的净利润相比公司实际经营业绩可能存在较大偏差。为了避免误差过大的业绩预告盈余信息对信息使用者经济决策的不利影响，业绩预告修正制度于2005年正式建立，2005年12月29日沪深证券交易所分别发布《关于做好2005年年度报告工作的通知》，要求沪深两市上市公司如若预计2005年度业绩与已披露的业绩预告差异较大的，应当及时披露业绩预告修正公告，而且修正公告时间披露时间最迟不得晚于2006年1月25日。自此，业绩预告修正公告则发挥了对前期已披露业绩预告中不真实或不准确盈利预测信息的纠偏功能。已披露业绩预告内容与企业实际业绩差异较大是管理层需要发布业绩预告修正公告的客观原因，但是，沪深两市交易所对于"差异较大"的解释存在一定差异。而且，深圳证券交易所还针对主板、中小企业板和创业板上市公司制定了略有差别的业绩预告修正制度，具体如下。

2005年上海证券交易所发布《上市公司日常信息披露工作备忘录——第三十号上市公司业绩预告更正公告》，将"差异较大"界定为三种情形：（1）预告盈亏性质、方向错误。具体表现为：先预盈，实际亏损；先预亏，实际盈利；先预减，实际亏损；先预减，实际增长；先预增，实际下降或亏损；（2）预告金额或差异幅度较大，具体表现为：披露具体盈利预测金额的，实际业绩相比前期盈利预测值差异超过上年净利润金额50%的；披露"以上"的，默认为上浮不超过50%，但实际业绩如超出此限制条件的；披露区间的，默认区间（上下限之间不应超过50%）上下浮动20%，但实际业绩超出上下浮动区间的；披露"左右"的，默认上下浮动20%，但实际业绩超出此上下浮动区间的；（3）已披露的业绩预告内容不明确或者附加了条件，而实际业绩出现盈亏或与去年相比出现大幅变动的。此外，上海证券交易所还于2017年1月15日发布《上市公司信息披露监管问答》，规定如果实际业绩与预告的业绩相比差异超过预告业绩20%的，也需要披露业绩预告更正公告，这一规定对上市公司业绩预告修正行为提出了更加严格的要求。

深圳证券交易所发布的《主板信息披露业务备忘录第1号——定期报告披露相关事宜》一文中，将"差异较大"界定为三种情形：（1）最新预计的业绩或财务状况变动方向与已披露的业绩预告的变动方向不一致。具体表现为：原预计亏损、最新预计盈利；原预计扭亏为盈、最新预计继续亏损；原预计净利润同比上升、最新预计净利润同比下降；原预计净利润同比下降、最新预计净利润同比上升；原预计净资产为负值、最新预计净资产不低于零值；原预计年度营业收入低于 1000 万元、最新预计年度营业收入不低于 1000 万元；(2)最新预计的业绩变动方向虽与已披露的业绩预告一致，但业绩变动幅度超出已预告变动范围，且与原预告变动范围的上限或下限相比差异达到±50%以上；(3)最新预计的业绩变动方向虽与已披露的业绩预告一致，但盈亏金额与原先预计金额存在较大差异，最新预计盈亏金额比此前预告盈亏金额同向变动达到 50%以上。

深圳证券交易所发布的《创业板信息披露业务备忘录第 11 号——业绩预告、业绩快报及其修正》一文中，将"差异较大"界定为三种情形：(1)最新预计的业绩变动方向与已披露的业绩预告不一致；(2)最新预计的业绩变动方向虽与已披露的业绩预告一致，但变动幅度或者盈亏金额超出原先预计范围的 20%或者以上；(3)预计盈亏性质发生变化。相比而言，深圳证券交易所发布的《中小企业板信息披露业务备忘录第 1 号：业绩预告、业绩快报及其修正》，对"差异较大"界定相对模糊，导致中小板企业在实际操作中通常参照创业板企业业绩预告修正的相关规定界定自身是否存在已披露业绩预告盈余信息与实际经营业绩预"差异较大"的情形。

中国上市公司业绩预告修正制度建立以来，证券监管部门对该制度的实施情况给予了高度关注。中国证监会、沪深两市证券交易所多次针对上市公司业绩预告修正行为的合理性、准确性、及时性等问题下发监管函和问询函，在必要的时候甚至针对业绩预告修正问题给予多家上市公司行政处罚①。

7. 第七阶段：业绩预告制度逐步完善阶段

截止 2002 年底，我国上市公司年度、中期以及季度财务报告预警制度已经相继建立，紧接着，沪深证券交易所与中国证监会又对相关披露规则进行了进一步修订与完善，主要表现为：

---

① 例如：2017 年 9 月 20 日，上海证券交易所向莲花健康(600186)出具纪律处分决定书，主要原因是该公司业绩预告不准确，2016 年度经审计的净利润与业绩预告披露的净利润存在巨大差异，且修正公告披露严重不及时；同日，勤上股份(002638)受到深圳证券交易所公开谴责处分，原因是该公司因补提大额资产减值准备导致 2016 年经审计的净利润与业绩预告、业绩快报中披露的净利润存在较大差异，且该公司未在规定期限内对业绩预告和业绩快报作出修正；2017 年 8 月 3 日深圳证券交易所向盛运股份(300090)出具监管函，主要原因是该公司前期披露的业绩预告不准确且修正不及时；2014 年 6 月 3 日，深圳证券交易所向湘鄂情(002306)出具监管函，主要原因是该公司业绩预告不准确且修正频繁。

第一，明确强调允许上市公司以独立形式(临时公告形式)发布业绩预告。《上海证券交易所关于做好上市公司 2002 年年度报告工作的通知》中指出，如若上市公司预测 2002 年全年经营成果为亏损或者与上年同期相比发生大幅度变动，但未按规定在 2002 年第三季度财务报告的"经营情况阐述与分析"中予以警示的，或者实际情况与已披露的预测不符的，应当第一时间发布相关提示性公告。这就意味着符合强制性业绩预告信息披露条件，但未在定期财务报告中就下一期业绩变动情况作出说明的公司，须以临时报告的形式单独发布相关提示性公告。

第二，将"扭亏为盈"纳入强制性业绩预告范畴。2004 年 9 月 27 日沪深证券交易所分别发布《关于做好 2004 年第三季度报告工作的通知》，将"上市公司当年相比上年同期净利润发生大幅度变动的情形"重新界定为"上升或下降 50%以上，或由亏损变为盈利"，这就意味着企业如若经营业绩相比上年同期发生了"扭亏为盈"，也应当就相关情况进行业绩预警，并对业绩变动原因进行说明。

第三，专门发布工作指引，规范了上市公司业绩预告信息披露。2006 年 7 月 10 日，深圳证券交易所发布《上市公司信息披露工作指引第 1 号——业绩预告、业绩快报》，对深交所上市公司应强制披露业绩预告的各种情况进行了进一步说明，对"业绩出现大幅变动"的标准进行了界定，而且发布了《上市公司业绩预告格式指引》与《上市公司业绩预告修正公告格式指引》，在较大程度上促进了各上市公司业绩预告及业绩预告修正公告披露格式的统一，同年，深圳证券交易所又发布《中小企业板信息披露业务备忘录第 1 号：业绩预告、业绩快报及其修正》，针对中小企业板上市公司业绩预告信息披露提出了比主板上市公司更加严格的要求，并规定中小企业板上市公司，应在 4 月 15 日前披露第一季度业绩预告，在 7 月 15 日之前披露半年度业绩预告，在 10 月 15 日之前披露前三季度业绩预告，在次年 1 月 31 日之前披露本年度业绩预告，这一披露时间规定一直沿用至今。

第四，取消对上海证券交易所上市公司季度、中期业绩预告的强制性要求。2006 年 5 月上海证券交易所修订《上海证券交易所股票上市规则》，仅强制要求年度经营业绩出现"净利润为负数、业绩大幅变动"等情形的上市公司需要按时披露业绩预告信息，不再强制要求上市公司针对季度和中期业绩变动情况披露业绩预告公告，意味着上海证券交易所对场内上市公司的业绩预告强制披露要求进一步放宽。同样，这一披露规定一直沿用至今。

第五，调整中小板上市公司业绩预告信息披露制规则。2008 年 12 月 23 日深圳证券交易所发布《中小企业板信息披露业务备忘录第 1 号：业绩预告、业绩快报及其修正》，要求自 2009 年起，中小板上市公司应在第一季度报告、半年度报告和第三季度报告中针对年初至下一报告期末的经营业绩进行业绩预告，这也意味着从 2009 年起，无论管理层预计中小板上市公司相比上年同期发生何种形式变化，均需针对全年、半年度以及前三季度经营业绩进行业绩预告，这一规定一直沿用至 2018 年。深圳证券交易所于 2019 年 3 月 26 日发布《关于<中小企业板信息披露业务备忘录第 1 号：业绩预告、业绩快报及其修正>等规则的修订说明》，明确规定从 2019 年起，仅当公司预计出现净利润为负值、净利润与上年同期相比上升或者下降 50% 以上、实现扭亏为盈等情形之一时，才需要披露第一季度、半年度、前三季度或全年度业绩预告。修订后中小板企业应披露业绩预告的情况与《深圳证券交易所股票上市规则》中的相关规定趋于一致，不再要求全部中小板上市公司披露业绩预告①。

第六，建立创业板上市公司业绩预告信息披露制度。2009 年 10 月 23 日创业板在深圳证券交易所成立，为配合创业板上市公司业绩预告信息披露活动，深圳证券交易所于 2009 年 6 月 6 日发布《深圳证券交易所创业板股票上市规则》，规定上市公司预计全年、半年度、前三季度经营业绩出现"净利润为负数、业绩大幅变动"等情形时，需要按规定及时进行业绩预告；2012 年 1 月，深圳证券交易所发布《创业板信息披露业务备忘录第 11 号——业绩预告、业绩快报及其修正》，规定上市公司应当根据不同情况在业绩预告中披露年初至下一报告期末净利润及与上年同期相比的预计变动范围，这就意味着从 2012 年起，无论管理层预计创业板上市公司相比上年同期经营业绩（净利润）发生何种形式变化，均需针对全年、前三季度、半年度以及第一季度经营业绩进行业绩预告。此外，深交所发布的《创业板信息披露业务备忘录第 11

---

①　事实上，自 2008 年 12 月 23 日深圳证券交易所发布《中小企业板信息披露业务备忘录第 1 号：业绩预告、业绩快报及其修正》（简称《1 号备忘录》）后，长达数十年间（2009—2018 年）《1 号备忘录》《深圳证券交易所股票上市规则》等制度要求的应披露业绩预告的中小板企业范围与实际操作不尽相同，实际操作中深圳交易所要求所有中小板企业自 2009 年起均须针对全年、半年度以及前三季度经营业绩进行业绩预告。

号——业绩预告、业绩快报及其修正》还针对创业板上市公司业绩预告信息披露的及时性问题，提出了比其他板块上市公司更加严格的要求，规定上市公司年度报告预约披露时间在 3 月 31 日之前的，应当最晚在披露年度报告的同时，披露下一年度第一季度业绩预告；年度报告预约披露时间在 4 月份的，应当在 4 月 10 日之前披露第一季度业绩预告；同时，应当在 7 月 15 日之前披露半年度业绩预告，在 10 月 15 日之前披露第三季度业绩预告，在次年 1 月 31 日之前披露年度业绩预告。上市公司如若未在当期财务报告中对下一业绩报告期进行盈利预测的，应当及时以临时报告的形式披露业绩预告。同样，这一规则一直沿用至今。①

第七，高度关注业绩预告信息披露质量。随着年度、半年度以及季度业绩预告制度的相继建立，证券监管部门开始关注业绩预告信息披露质量，降低不精确和不准确业绩预告盈余信息对企业外部利益相关者的不利影响。

2008 年深圳证券交易所发布《中小企业板信息披露业务备忘录第 1 号：业绩预告、业绩快报及其修正》，对预测性信息的披露方式进行了规定，具体为：(1)公司预计年初至下一报告期末净利润为正值且不属于扭亏为盈情形的，应在业绩预告中披露年初至下一报告期末净利润与上年同期相比的预计变动范围。公司能够明确预计业绩变动方向的，披露的业绩变动范围上下限差异不得超过 50%，并鼓励公司以不超过 30% 的幅度披露；公司预计业绩既可能同比增长、也可能同比卜降的，应同时披露同比增长的最大幅度和同比下降的最大幅度，但披露的增长幅度和下降幅度都不得超过 30%；(2)公司预计年初至下一报告期末净利润为负值或实现扭亏为盈的，应在业绩预告中披露盈亏金额的预计范围，并鼓励公司以不超过 500 万元的幅度披露盈亏金额的预计范围；(3)因存在不确定因素可能影响业绩预告准确性的，公司应在业绩预告中做出声明，并披露不确定因素的具体情况及其影响程度。

2012 年 1 月深圳证券交易所发布《创业板信息披露业务备忘录第 11 号——业绩预告、业绩快报及其修正》，同样对创业板企业前瞻性盈利预测信息的披露质量问题进行了规定，具体为：(1)公司预计年初至下一报告期末净

---

① 与中小板企业类似，自 2010 年 1 月深圳证券交易所发布《创业板信息披露业务备忘录第 11 号—业绩预告、业绩快报及其修正》(简称《11 号备忘录》)后，《11 号备忘录》与《深圳证券交易所创业板股票上市规则》在创业板企业业绩预告披露规则上存在不一致的情况，而且这种不一致至今一直存在。

利润为正值，且上年同期也为正值的，应在业绩预告中披露年初至下一报告期末净利润及与上年同期相比的预计变动范围，披露的业绩预告变动范围上下限差异不得超过30%；（2）公司预计年初至下一报告期末亏损或与上年同期相比实现扭亏为盈的，应在业绩预告中披露盈亏金额的预计范围，应以不超过500万元的幅度披露盈亏金额。

(二)已上市企业业绩预告信息披露制度现状

通过上述分析可以看出，我国资本市场中上市公司业绩预告信息披露制度具有较强的"半强制性披露"特征，也即：证券监管部门仅强制要求符合某些特定条件的上市公司在发布当期财务报告前披露业绩预告信息，对于未出现规定情形的公司，证券监管部门则不作业绩预告强制披露要求，可由企业自行决定是否对外自愿披露。2007年以后，我国上市公司半强制性业绩预告信息披露制度逐渐趋于完善，但沪深两市证券交易所针对不同板块的上市公司在业绩预告信息披露要求方面存在一定差异，接下来，本书针对2007—2018年间我国沪深两市主板、中小板以及创业板企业的业绩预告信息披露规则总结如下，具体见表2-1。

表2-1 2007—2018年间上市公司业绩预告信息披露规则汇总表

公司类型	2007—2008年	2009—2011年	2012—2018年
上海证券交易所上市企业	仅强制要求年度经营业绩出现"净利润为负数、业绩大幅变动"等情形的上市公司需要按时披露业绩预告，不强制要求上市公司针对季度和中期业绩变动情况披露业绩预告		
深圳证券交易所上市企业—主板	仅强制要求年度经营业绩出现"净利润为负数、业绩大幅变动"等情形的上市公司需要按时披露业绩预告，不强制要求上市公司针对季度和中期业绩变动情况披露业绩预告	从2009年起，仅强制要求年度、半年度以及前三季度经营业绩出现"净利润为负数、业绩大幅变动"等情形的上市公司需要按时披露业绩预告，不强制要求上市公司针对第一季度业绩变动情况披露业绩预告	

续表

公司类型	2007—2008 年	2009—2011 年	2012—2018 年
深圳证券交易所上市企业—中小板	仅强制要求年度经营业绩出现"净利润为负数、业绩大幅变动"等情形的上市公司需要按时披露业绩预告，不强制要求上市公司针对季度和中期业绩变动情况披露业绩预告	从 2009 年起，无论管理层预计中小板上市公司相比上年同期发生何种变化，均需针对全年、半年度以及前三季度经营业绩进行行业绩预告，但不强制要求上市公司针对第一季度业绩变动情况披露业绩预告	
深圳证券交易所上市企业—创业板	—	仅强制要求年度、半年度以及前三季度经营业绩出现"净利润为负数、业绩大幅变动"等情形的上市公司需要按时披露业绩预告，不强制要求上市公司针对第一季度业绩变动情况披露业绩预告	从 2012 年起，无论管理层预计创业板上市公司相比上年同期发生何种变化，均需针对第一季度、半年度、前三季度以及全年经营业绩进行行业绩预告

(三) 新上市企业的业绩预告信息披露制度

在建立和完善已上市公司业绩预告信息披露制度的同时，证券监管部门同时建立并实施了新上市公司(首次公开发行公司)的业绩预告信息披露制度。1993 年 4 月 22 日，国务院发布的《股票发行与交易管理暂行条例》(国务院令第 112 号)强制要求股票发行公司在招股说明书及上市公告书中载明"公司近期发展规划和经注册会计师审核并出具审核意见的公司下一年的盈利预测文件"，在此后较长时期，盈利预测信息属于新上市公司的强制性信息披露事项。

1997 年 1 月 7 日中国证监会发布《公开发行股票公司信息披露的内容与格

式准则第一号——招股说明书的内容与格式》(证监〔1997〕2 号),将盈利预测信息列入招股说明书正文中的"第 19 项"内容,对盈利预测的内容、盈利预测的期间以及盈利预测的数据分析提出了详细要求,并指出"如果发行人或其财务顾问或其承销商认为提供盈利预测数据将有助于投资人对发行人及其所发行的股票做出正确判断,且发行人确信有能力对最近的未来期间的盈利情况做出比较切合实际的预测,则发行人可在招股说明书中提供盈利预测数据"。从该准则的监管要求可以看出,证券监管部门似乎不再强制要求新上市企业披露盈利预测信息。而且,该准则还指出,鉴于盈利预测所依据的种种假设的不确定性,提供盈利预测的发行人应提醒投资者进行投资判断时不应过于依赖盈利预测信息。由此可见,随着《公开发行股票公司信息披露的内容与格式准则第一号——招股说明书的内容与格式》(证监〔1997〕2 号)的发布,证券监管部门事实上降低了对新上市企业的业绩预告强制性披露要求。

随后,中国证监会于 2000 年 9 月 22 日发布文件《关于拟发行股票公司聘用审计机构等问题的通知》(证监发行字〔2000〕131 号)指出,"如果发行人认为提供盈利预测数据将有助于投资人对公司及其所发行的股票做出正确判断,且发行人确信有能力对最近的未来期间的盈利情况作出比较切合实际的预测,则发行人可以在招股说明书中提供盈利预测数据。公司的董事应对盈利预测的结果负责。盈利预测结果完不成的,按相关的规定处理",这就意味着国家证券监管部门不再强制要求首次公开发行公司披露盈利预测信息,而是对首次公开发行公司的业绩预告披露质量(盈利预测准确度)提出了更高要求。2003 年 3 月 24 日证监会发布修订后的《公开发行证券的公司信息披露内容与格式准则第 1 号——招股说明书》(证监发行字〔2003〕26 号),进一步明确不再强制要求新上市企业披露盈利预测信息,但与此同时,进一步强调了新上市企业在自愿披露盈利预测信息时所应承担的主体责任。自此,我国新上市企业的盈利预测信息转变成自愿性披露信息。

为进一步规范新上市企业的盈利预测行为,深圳证券交易所在其发布的《中小企业板信息披露业务备忘录第 1 号:业绩预告、业绩快报及其修正》以及《创业板信息披露业务备忘录第 11 号——业绩预告、业绩快报及其修正》中都明确要求,新上市公司如若未在招股说明书、上市公告书等发行上市公开信息披露文件中对年初至下一报告期末的业绩进行预告,而董事会在公司上市后预计年初至下一报告期末将出现应当予以预告情形的，应在知悉后的第一时间披露业绩预告。这一系列披露制度的完善意味着中国新上市企业的业绩预告披露行为进入了规范化运行轨道。

第二节 实 践 特 征

一、中国企业实施国际化战略的实践特征

上市公司作为我国市场经济体系中最具竞争优势的主体，通常是国家各项经济发展政策的先行者，为此，本书重点关注中国 A 股上市公司实施国际化战略的实践特征。考虑到财政部和中国证监会要求上市公司自 2007 年 1 月 1 日起执行新的企业会计准则，其中收入的确认和计量方法发生了较大变化，而既有文献普遍使用企业海外营业收入占总营业收入的比值（Geringer 和 Beamish，1989；Hitt 等，2006）以及企业海外子公司数量占总子公司数量的比值（Daniels 和 Bracker，1989；Hu 等，1992；Dunning，1993；Sullivan，1994）衡量企业国际化经营程度，因此，本书选择以 2007—2018 年作为样本期间，对我国 A 股上市公司近十余年的国际化经营情况进行了统计。相关统计数据均来源于国泰安 CSMAR 数据库，初始样本共包含 3635 家公司的 29993 个公司—年度观测值，剔除了 583 个金融保险类样本公司后，最终剩余 3562 家公司的 29410 个公司—年度观测值。

表 2-2 报告了 2007—2018 年间中国非金融保险类 A 股上市公司国际化经营程度（年平均值）的逐年变化趋势。可以看出，2007—2018 年间中国 A 股上市公司"海外营业收入""海外营业收入占总营业收入的比值""海外子公司数量"以及"海外子公司数量占总子公司数量的比值"均呈现逐年稳步上升的趋势，一方面表明海外营业收入正在逐渐成为企业收入结构中的重要组成部分，另一方面也表明通过建立海外子公司等方式拓展海外市场正在逐渐成为企业实施国际化战略的重要途径。由此可见，国际化经营正在逐渐成为影响上市公司收入结构与组织架构的重要因素。

表 2-2　　2007—2018 年间中国 A 股上市公司国际化经营程度的逐年变化趋势

年份	海外营业收入	总营业收入	海外营业收入占总营业收入比值	海外子公司数量	总子公司数量	海外子公司占总子公司数量比值
2007	5.62	20.76	8.09%	0.41	10.24	3.22%
2008	8.03	20.82	11.13%	0.64	11.70	3.81%
2009	8.22	20.75	11.29%	0.60	12.07	4.50%
2010	8.74	20.84	10.76%	0.70	12.43	5.18%
2011	9.93	21.01	11.81%	0.79	12.98	5.92%
2012	10.31	21.11	12.31%	1.00	13.68	7.02%
2013	10.60	21.23	12.00%	1.16	14.61	8.05%
2014	10.73	21.27	13.48%	1.45	16.12	8.80%
2015	10.92	21.28	12.66%	1.74	18.36	9.05%
2016	11.33	21.36	13.10%	2.08	20.63	9.64%
2017	11.73	21.45	13.54%	2.43	23.08	10.72%
2018	12.06	21.54	13.98%	2.78	25.39	11.14%

注：上表中各指标均为年平均值，海外营业收入与总营业收入均是对原数据经过对数化处理后的结果。

接下来，表 2-3 报告了 2007—2018 年间中国 A 股上市公司国际化经营程度的分行业统计结果（剔除了金融保险类样本公司）。可以看出，中国 A 股上市公司国际化经营行为在不同行业之间表现出明显的异质性。就"海外营业收入绝对数"而言，排名前五的行业依次是制造业（C）、采矿业（B）、文化、体育和娱乐业（R）、科学研究和技术服务业（M）以及农、林、牧、渔业（A）；就"海外营业收入占总营业收入的比值"而言，排名前五的行业依次是制造业（C）、采矿业（B）、居民服务、修理和其他服务业（O）、农、林、牧、渔业（A）以及文化、体育和娱乐业（R）；就"海外子公司数量"而言，排名前五的行业依次是房地产业（K）、科学研究和技术服务业（M）、交通运输、仓储和邮政业(G)、采矿业(B)以及建筑业(E);就"海外子公司数量占总子公司数量的比值"而言,排名前五的行业依次是采矿业(B)、信息传输、软件和信息技术服务业(I)、制造业(C)、居民服务、修理和其他服务业(O)以及交通运输、仓储和邮政业(G)。上述结果表明我国A股上市公司中实施国际化战略的企业主要集中分布在制造业、采矿业、文化、体育和娱乐业、科学研究和技术服务业、农、林、牧、渔业、居民服务、修理和其他服务业、房地产业、交通运输、仓储和邮政业等传统行业,劳动密集型行业中的企业仍然是我国企业参与国际市场竞争的主体,资本密集型企业与技术密集型企业国际化经营程度较低,这也意味着我国企业出口产品的附加值普遍较低,参与国际市场竞争的能力有较大提升空间。

表2-3　　2007—2018年间中国A股上市公司国际化经营程度的分行业统计结果

行业	海外营业收入	总营业收入	海外营业收入占总营业收入比值	海外子公司数量	总子公司数量	海外子公司占总子公司数量比值
A	6.10	20.35	9.33%	0.10	13.10	0.75%
B	6.90	21.70	10.65%	0.83	8.29	11.20%
C	10.71	20.52	15.34%	0.56	7.25	7.41%
D	0.61	21.24	0.12%	0.10	10.64	0.47%
E	5.73	21.56	4.12%	0.83	12.20	5.70%
F	3.46	21.47	5.16%	0.34	17.09	1.87%
G	4.27	21.14	5.90%	1.27	13.55	7.26%
H	0.00	19.77	0.00%	0.00	8.63	0.00%
I	3.24	19.78	3.23%	0.58	6.81	9.15%
K	1.54	20.35	6.75%	1.98	19.04	2.28%
L	4.92	20.43	3.69%	0.83	16.87	3.59%
M	6.35	20.16	6.22%	1.39	9.43	6.02%
N	3.08	20.42	1.04%	0.29	18.54	1.27%
O	5.46	20.39	10.05%	0.77	15.00	7.28%
P	0.00	21.00	0.00%	0.46	35.46	3.78%
Q	0.00	20.15	0.00%	0.50	22.25	0.96%

续表

行业	海外营业收入	总营业收入	海外营业收入占总营业收入比值	海外子公司数量	总子公司数量	海外子公司占总子公司数量比值
R	6.82	20.80	8.22%	0.41	26.67	2.67%
S	4.20	20.32	3.71%	0.64	14.79	3.18%

注：本书参照中国证监会 2012 年发布的《上市公司行业分类指引(2012 年修订)》对样本公司进行行业分类，其中 A 代表农、林、牧、渔业，B 代表采矿业，C 代表制造业，D 电力、热力、燃气及水生产和供应业，E 代表建筑业，F 代表批发和零售业，G 代表交通运输、仓储和邮政业，H 代表住宿和餐饮业，I 代表信息传输、软件和信息技术服务业；K 代表房地产业；L 代表租赁和商务服务业；M 代表科学研究和技术服务业；N 代表水利、环境和公共设施管理业；O 代表居民服务、修理和其他服务业；P 代表教育业；Q 代表卫生和社会工作业；R 代表文化、体育和娱乐业；S 代表综合业。此外，上表中各指标均为整个样本期内每个行业的平均值，海外营业收入与总营业收入均是对原数据经过对数化处理后的结果。

二、中国企业管理层业绩预告信息披露的实践特征

(一)管理层业绩预告披露情况统计

截至 2006 年底，我国 A 股资本市场已经初步建立了上市公司"半强制性"业绩预告信息披露制度。为进一步考察业绩预告信息披露制度在我国资本市场的贯彻执行情况，本书从国泰安 CSMAR 数据库以及锐思 RESSET 金融研究数据库中获取了 2007—2018 年间 A 股上市公司业绩预告信息披露数据，以详细观察近十余年来 A 股上市公司业绩预告信息披露的实践特征。经统计，2007—2018 年间中国 A 股上市公司对外披露业绩预告 70741 次，剔除了缺乏实质性内容的无效业绩预告样本 294 份，最终得到有效业绩预告 70447 份。①

---

① 这 70447 份业绩预告既包含管理层在当期财务报告中针对下一业报报告期经营业绩做出的预测，也包含管理层以临时公告形式针对下一业报报告期经营业绩所发布的盈利预测。

参照本书前述表 2-1 中总结的沪深两市各板块上市公司的业绩预告信息披露规则，本书手工识别出强制性披露的业绩预告 53813 份，自愿性披露的业绩预告 16634 份，可以看出，管理层自愿披露的业绩预告占管理层业绩预告披露总数的比重为 23.62%。

接下来，本书对业绩预告内容进行进一步识别。由于上市公司业绩预告公告的核心内容在于管理层预测的盈利信息，因此，业绩预告公告从内容上可以划分为"利好信息""利空信息"以及"不确定性信息"三类。本书参照我国上市公司业绩预告信息披露惯例，以及钱爱明和张晨宇(2018)等文献的做法，将"业绩出现亏损、净利润相比上年同期下降"等情况视为坏消息。若管理层业绩预告中预测的企业下一业绩报告期经营业绩(净利润)属于上述情形之一，则认为管理层披露的业绩预告信息属于利空信息；① 相反，若管理层业绩预告中预测企业下一业绩报告期经营业绩(净利润)将出现"继续盈利、扭亏为盈、净利润相比上年同期上升"等情形，则认为管理层披露的业绩预告信息属于利好信息；② 对于无法判定为利空信息或利好信息的业绩预告内容，则认为管理层披露的业绩预告信息属于不确定性信息。③

表 2-4 报告了 2007—2018 年间中国 A 股上市公司管理层业绩预告信息披露行为的逐年变化趋势。其中，PanelA 属于强制性业绩预告披露行为，可以看出，上市公司披露的强制性业绩预告信息呈逐年递增趋势，尤其在 2009 年和 2012 年有两个明显的跳跃点，这是因为在上述时间点深圳证券交易所相继扩大了中小板上市公司和创业板上市公司的强制性业绩预告信息披露范围(具体披露规则见本书表 2-1)；在 A 股上市公司披露的强制性业绩预告信息中，

---

① 在国泰安 CSMAR 数据库和万得 Wind 数据库中，"预减""大降""略减""略降""首亏""预亏""转亏"等业绩预告类型属于本书所界定的利空信息。

② 在国泰安 CSMAR 数据库和万得 Wind 数据库中，"预增""大增""略增""扭亏""续盈"等业绩预告类型属于本书所界定的利好信息。

③ 以日海通讯(002313)为例，该公司于 2016 年 8 月 29 日发布 2016 年半年度财务报告，其中董事会报告中指出，公司预计 2016 年 1—9 月经营业绩存在不确定性，预计 2016 年 1—9 月归属于上市公司股东的净利润变动幅度为-8000 万元至 3000 万元，该公司上年同期归属于上市公司股东的净利润为 -1433.91 万元。通过该业绩预告内容难以准确判断该公司 1—9 月经营业绩相比上年同期究竟是上升还是下降，也难以判断该公司 1—9 月究竟是盈利还是亏损，因此，该份业绩预告内容应当划分为"不确定性信息"。在国泰安 CS-MAR 数据库和万得 Wind 数据库中，"不确定"等业绩预告类型属于本书所界定的不确定性信息。

利空信息占比约为 34.68%，表明上市公司在强制性业绩预告中披露了更多好消息；此外，不确定性信息占比不到 0.5%，表明强制性业绩预告信息披露的制度刚性促使管理层尽可能减少预测结果具有较高不确定性的业绩预告披露数量；紧接着，PanelB 报告了上市公司的自愿性业绩预告披露行为，可以看出，上市公司披露的自愿性业绩预告信息同样呈逐年递增趋势。不过，自愿性业绩预告披露数量远低于强制性业绩预告披露数量，表明现阶段我国资本市场业绩预告信息披露制度仍然以强制性披露为主，政府这只"有形的手"在上市公司业绩预告信息披露行为中发挥了较强干预作用。此外，本书发现，在 A 股上市公司披露的自愿性业绩预告信息中，利空信息占比约为 41.54%，高于强制性业绩预告中的利空信息占比，表明管理层在自愿披露前瞻性盈余信息时，并没有明显的掩饰利空盈余信息的倾向。不过值得注意的是，在 A 股上市公司披露的自愿性业绩预告盈余信息中，不确定性信息占比达 2.47%，远高于强制性业绩预告中的不确定性信息占比，表明部分上市公司自愿性业绩预告信息披露质量有待进一步提高。

表 2-4　2007—2018 年间中国 A 股上市公司业绩预告披露行为逐年变化趋势

Panel A 强制性业绩预告披露行为			
年份	总披露次数	利好信息	利空信息	不确定性信息
---	---	---	---	---
2007	784	633	151	0
2008	761	473	288	0
2009	2161	1254	907	0
2010	2824	2160	663	1
2011	3447	2441	1001	5
2012	5089	2790	2293	6
2013	5247	3132	2101	14
2014	5488	3434	2021	33
2015	6252	3779	2433	40
2016	6560	4554	1963	43
2017	7443	5395	2003	45
2018	7757	4864	2836	57
合计	53813	34909	18660	244

续表

Panel B 自愿性业绩预告披露行为			
年份	总披露次数	利好信息	利空信息	不确定性信息
2007	1785	1200	526	59
2008	2137	1332	791	14
2009	891	321	560	10
2010	831	607	219	5
2011	1091	699	383	9
2012	1011	334	663	14
2013	1183	584	581	18
2014	1301	615	653	33
2015	1473	659	770	44
2016	1518	779	673	66
2017	1800	1203	515	82
2018	1613	981	575	57
合计	16634	9314	6909	411

此外，本书还进一步区分行业类别对2007—2018年间中国A股上市公司管理层业绩预告信息披露行为进行了统计，表2-5报告了统计结果。可以看出，中国A股上市公司业绩预告信息披露行为在不同行业之间也表现出较大差异。就管理层自愿披露业绩预告的意愿而言，自愿性业绩预告披露数量占比排名前五的行业依次是金融业（J）、综合业（S）、教育业（P）、采矿业（B）以及居民服务、修理和其他服务业（O）；就管理层业绩预告披露内容而言，业绩预告中"利空信息"披露程度较高的前五名行业依次是住宿和餐饮业（H）、教育业（P）、农、林、牧、渔业（A）、采矿业（B）以及综合业（S），业绩预告中"不确定性信息"披露程度较高的前五名行业依次是金融业（J）、教育业（P）、卫生和社会工作业（Q）、科学研究和技术服务业（M）以及采矿业（B）。根据本书前述文献综述可以预期，不同行业上市公司在资本市场交易活动、经营业绩、经营风险以及管理层信息披露动机等方面的差异，可能是导致不同行业上市公司业绩预告信息披露行为表现出异质性特征的重要原因。上述结果也同时表明在后续回归分析中需要控制行业特征对管理层业绩预告披露

行为的潜在影响。

表2-5　　2007—2018年间中国A股上市公司业绩预告披露行为的分行业统计结果

行业	强制性业绩预告披露数量	自愿性业绩预告披露数量	自愿性业绩预告披露占比	利空信息披露数量	利好信息披露数量	不确定性信息披露数量	利空信息披露数量占比	不确定性信息披露数量占比
A	1005	338	25.17%	647	679	17	48.18%	1.27%
B	839	614	42.26%	677	749	27	46.59%	1.86%
C	38252	10656	21.79%	17795	30715	398	36.38%	0.81%
D	973	627	39.19%	714	863	23	44.63%	1.44%
E	1191	347	22.56%	414	1116	8	26.92%	0.52%
F	1685	780	31.64%	821	1617	27	33.31%	1.10%
G	695	466	40.14%	416	735	10	35.83%	0.86%
H	219	81	27.00%	159	137	4	53.00%	1.33%
I	4354	580	11.76%	1691	3206	37	34.27%	0.75%
J	270	213	44.10%	118	321	44	24.43%	9.11%
K	1606	997	38.30%	1148	1439	16	44.10%	0.61%
L	608	168	21.65%	231	538	7	29.77%	0.90%
M	497	65	11.57%	127	423	12	22.60%	2.14%
N	513	175	25.44%	242	442	4	35.17%	0.58%
O	46	33	41.77%	25	54	0	31.65%	0.00%
P	15	11	42.31%	13	12	1	50.00%	3.85%
Q	117	21	15.22%	12	123	3	8.70%	2.17%
R	526	149	22.07%	179	492	4	26.52%	0.59%
S	402	313	43.78%	325	377	13	45.45%	1.82%

注：本表中行业分类方法与表2-3相同。

(二)管理层业绩预告修正情况统计

自2005年起沪深证券交易所强制要求上市公司就已披露的业绩预告中相

比全年实际经营业绩差异较大的内容发布修正公告以来，业绩预告修正公告逐渐成为上市公司业绩预告信息披露体系中的重要组成部分，致使业绩预告修正行为成为中国资本市场中不可忽视的问题。为进一步观察中国 A 股上市公司业绩预告修正行为的实践特征，本书从上海证券交易所、深圳证券交易所以及巨潮资讯网中手工整理了 2007—2018 年间中国 A 股上市公司发布的业绩预告修正(更正)公告，剔除了不涉及"净利润""归属于上市公司股东的净利润""归属于母公司所有者的净利润""基本每股收益"等会计盈余指标修正的公告样本后发现，2007—2018 年间 1532 家中国 A 股上市公司累积对外发布有实质性内容的业绩预告修正(更正)公告 5398 份 。

表 2-6 报告了 2007—2018 年间中国 A 股上市公司管理层业绩预告修正行为的逐年变化趋势。可以看出，尽管样本期间中国 A 股上市公司发布的业绩预告修正公告数量以及发布业绩预告修正公告的上市公司数量均呈逐年递增趋势，但每家公司每年平均发布业绩预告修正公告的次数相对稳定，平均值约为 1.28 次，表明在发布业绩预告修正公告的上市公司中，占比约 70% 以上的上市公司每年仅发布一次业绩预告修正公告；此外，本书还进一步区分"业绩预告向上修正"以及"业绩预告向下修正"两种情形①，统计发现总体而言，样本期间上市公司业绩预告向下修正次数(3019 次)高于业绩预告向上修正次数(2379 次)，表明中国上市公司更倾向于通过发布修正公告将前期已披露业绩预告中高估的盈利预测值进行向下调整与修正，以规避潜在的投资者诉讼风险与政府监管风险。

表 2-6　　2007—2018 年间中国 A 股上市公司业绩预告修正行为逐年变化趋势

年份	发布的修正公告数量	发布修正公告的公司数量	每家公司平均修正次数	向上修正次数	向下修正次数
2007	220	188	1.17	149	71
2008	314	247	1.27	96	218

①　所谓"业绩预告向上修正"是指业绩预告修正公告中预估的净利润高于前期已披露的业绩预告中预估的净利润；所谓"业绩预告向下修正"是指业绩预告修正公告中预估的净利润低于前期已披露的业绩预告中预估的净利润。

续表

年份	发布的修正公告数量	发布修正公告的公司数量	每家公司平均修正次数	向上修正次数	向下修正次数
2009	320	247	1.30	208	112
2010	339	270	1.26	209	130
2011	427	333	1.28	176	251
2012	493	387	1.27	177	316
2013	482	376	1.28	186	296
2014	445	337	1.32	188	257
2015	563	443	1.27	226	337
2016	522	404	1.29	282	240
2017	558	456	1.22	242	316
2018	715	532	1.34	240	475
合计	5398	4220	1.28	2379	3019

接下来，本书分行业类别对 2007—2018 年间中国 A 股上市公司管理层业绩预告修正行为进行了统计，表 2-7 报告了统计结果。可以看出，"上市公司业绩预告修正公告披露数量占上市公司业绩预告总披露数量的比值"均值为 7.66%，该比值排名前五名的行业依次是农、林、牧、渔业(A)、租赁和商务服务业(L)、住宿和餐饮业(H)、制造业(C)以及建筑业(E)，均高于样本均值；从修正方向上来看，样本总体业绩预告向下修正比例(55.93%)高于向上修正比例(44.07%)，且业绩预告向下修正比例排名前五的行业分别是居民服务、修理和其他服务业(O)、卫生和社会工作业(Q)、文化、体育和娱乐业(R)、水利、环境和公共设施管理业(N)以及金融业(J)，意味着这些行业的企业存在较高的高估盈利预测值的倾向。上述结果也同时表明管理层对已披露业绩预告内容的修正行为在不同行业之间表现出异质性，在后续回归分析中同样需要控制行业特征对管理层业绩预告修正行为的潜在影响。

表 2-7　　**2007—2018 年间中国 A 股上市公司业绩预告修正行为分行业统计结果**

行业	发布的修正公告数量	发布的业绩预告数量	修正公告占业绩预告的比值	向上修正次数	向上修正比例	向下修正次数	向下修正比例
A	168	1343	12.51%	73	43.45%	95	56.55%
B	74	1453	5.09%	38	51.35%	36	48.65%
C	4101	48908	8.39%	1775	43.28%	2326	56.72%
D	90	1600	5.63%	48	53.33%	42	46.67%
E	122	1538	7.93%	48	39.34%	74	60.66%
F	142	2465	5.76%	63	44.37%	79	55.63%
G	61	1161	5.25%	29	47.54%	32	52.46%
H	28	300	9.33%	13	46.43%	15	53.57%
I	246	4934	4.99%	101	41.06%	145	58.94%
J	11	483	2.28%	4	36.36%	7	63.64%
K	148	2603	5.69%	92	62.16%	56	37.84%
L	76	776	9.79%	41	53.95%	35	46.05%
M	28	562	4.98%	12	42.86%	16	57.14%
N	26	688	3.78%	9	34.62%	17	65.38%
O	4	79	5.06%	1	25.00%	3	75.00%
P	1	26	3.85%	1	100.00%	0	0.00%
Q	4	138	2.90%	1	25.00%	3	75.00%
R	27	675	4.00%	8	29.63%	19	70.37%
S	41	715	5.73%	22	53.66%	19	46.34%
合计	5398	70447	7.66%	2379	44.07%	3019	55.93%

注：本表中行业分类方法与表 2-3 相同。

本 章 小 结

不同于西方发达国家，政府这只"有形的手"在我国市场资源配置中发挥了极其重要的作用，致使国际化经营以及管理层业绩预告均具有鲜明的中国特色。为深入了解相关制度，本书对中国企业开展国际化经营的制度背景以及中国上市公司业绩预告信息披露制度的起源与发展进行了归纳总结，以凸显本书研究的实践意义。

在制度背景分析的基础上，本书以 2007—2018 年作为样本期间，对中国 A 股上市公司实施国际化战略的实践特征以及披露管理层业绩预告的实践特征进行了统计分析，结果发现：

第一，2007—2018 年间中国 A 股上市公司"海外营业收入""海外营业收入占总营业收入的比值""海外子公司数量"以及"海外子公司数量占总子公司数量的比值"均呈现逐年稳步上升的趋势，这意味着：（1）相比非国际化经营企业，国际化经营企业的收入结构发生了较大变化，海外营业收入逐渐成为国际化经营企业收入结构中的重要组成部分；（2）相比非国际化经营企业，国际化经营企业的组织架构发生了较大改变，通过建立海外子公司等方式拓展海外市场逐渐成为企业实施国际化战略的重要途径；（3）随着国际化经营企业的收入结构以及组织架构的重大变化，国际化经营企业的经营模式、经营风险、盈利能力以及会计信息可比性将与非国际化经营企业产生显著差异，这就意味着，企业实施国际化战略可能在较大程度上加剧了企业内外信息不对称程度。因此，一方面，企业国际化经营所引发的不确定性后果需要通过会计盈余信息的方式传递给企业外部利益相关者；另一方面，外部利益相关者也会对国际化经营企业的高质量会计信息披露行为提出迫切需求，因此，企业实施国际化战略与管理层的会计信息披露行为之间存在客观必然的联系。

第二，区分行业特征后，本书发现，我国 A 股上市公司中实施国际化战略的企业主要集中分布在制造业、采矿业、文化、体育和娱乐业、科学研究和技术服务业、农、林、牧、渔业、居民服务、修理和其他服务业、房地产业、交通运输、仓储和邮政业等传统行业，劳动密集型行业中的企业仍然是我国企业参与国际市场竞争的主体，资本密集型企业与技术密集型企业国际化经营程度较低，这也意味着我国企业出口产品的附加值普遍较低，参与国际市场竞争的能力有较大提升空间。

第三，2007—2018 年间中国 A 股上市公司对外披露业绩预告 70741 次，剔除了缺乏实质性内容的无效业绩预告样本 294 份，最终得到有效业绩预告 70447 份。经手工识别后，本书发现其中包含强制性披露的业绩预告 53813

份，自愿性披露的业绩预告 16634 份，意味着在现阶段，中国 A 股上市公司对外披露的业绩预告中，为满足证券监管部门的监管要求而强制性披露的业绩预告占据了较大比例，管理层自愿披露业绩预告的意愿较低。

第四，进一步识别管理层业绩预告内容后，本书发现，在 A 股上市公司披露的强制性业绩预告信息中，利空信息占比约为 34.68%，表明上市公司在强制性业绩预告中披露了更多好消息；在 A 股上市公司披露的自愿性业绩预告信息中，利空信息占比约为 41.54%，高于强制性业绩预告中的利空信息占比，表明管理层在自愿披露前瞻性盈余信息时，并没有明显的掩饰利空盈余信息的倾向。不过，在 A 股上市公司披露的自愿性业绩预告信息中，不确定性信息占比达 2.47%，远高于强制性业绩预告中的不确定性信息占比（0.5%），表明部分上市公司自愿性业绩预告信息披露质量有待进一步提高。

第五，样本期间中国 A 股上市公司发布的业绩预告修正公告数量以及发布业绩预告修正公告的上市公司数量均呈逐年递增趋势，但每家公司每年平均发布业绩预告修正公告的次数相对稳定，平均值约为 1.28 次。进一步区分"业绩预告向上修正"以及"业绩预告向下修正"两种情形后发现，总体而言，样本期间上市公司业绩预告向下修正次数高于业绩预告向上修正次数，表明中国上市公司更倾向于通过发布修正公告将前期已披露业绩预告中高估的盈利预测值进行向下调整与修正，以规避潜在的投资者诉讼风险与政府监管风险。

第六，区分行业特征后，本书发现，管理层业绩预告披露行为与修正行为在不同行业之间表现出较大差异，本书推测，不同行业上市公司在资本市场交易活动、经营业绩、经营风险以及管理层信息披露动机等方面的差异，可能是导致不同行业上市公司业绩预告信息披露行为表现出异质性特征的重要原因。

第三章

企业国际化战略与管理层自愿性业绩预告

第一节 问题提出

随着经济全球化的持续推进与我国改革开放的不断深化，越来越多中国企业积极响应国家"走出去"战略，通过开拓海外市场以在更大的地缘空间上实现规模经济与可持续发展。国泰安 CSMAR 数据库资料显示，截至 2018 年底，我国 A 股上市公司海外营业收入占总营业收入的比值高达 14%，表明积极融入全球价值链、参与国际市场竞争正在成为中国企业新的发展战略模式，由此导致国际化战略逐渐成为中国企业战略架构中的重要组成部分，成为影响宏观经济发展和微观企业行为的不可忽视因素。近年来，经济学和管理学宏微观领域的学者针对企业实施国际化战略的经济后果展开了深入探讨。大量文献围绕出口贸易、对外直接投资等国际化经营行为，在宏观层面检验了企业国际化经营对于区域经济增长（Aditya 和 Acharyya，2013；张小宇等，2019）、产业结构转型升级（周茂等，2016）以及地区全要素生产率（吕大国和耿强，2015）等的影响，在微观层面检验了企业国际化经营与企业经营业绩（范建亭和刘勇，2018）、会计盈余质量（Kim，2018）、投融资行为（Lin 等，2019；Mihov 和 Naranjo，2019）、研发创新（Roelfsema 和 Zhang，2018）以及分析师盈利预测行为（Luo 和 Zheng，2018）等之间的相关关系。研究总体发现，国际化战略犹如一把"双刃剑"。尤其对于小微企业而言，在给企业带来发展机遇的同时，也增加了企业面临的各类风险要素，加剧了企业经营业绩的不确定性程度（Hennart，2007；Lavie 和 Miller，2008；Riano，2011；林素燕和程惠芳，2017）。然而，企业国际化战略上述收益效应与风险效应共存的特质所引发的不确定性经济后果如何以会计盈余信息的方式及时传递给外部利益相关者，鲜有文献给予充分回应。事实上，公司战略管理领域的少量文献研究发现公司总体战略模式是影响管理层前瞻性会计信息披露行为的重要因素（况学文等，2019；张艺琼等，2019；王玉涛和段梦然，2017），但更进一步，公司层面的某一类具体战略模式（如：跨国经营战略模式）如何影响管理层的前瞻性会计信息披露行为，尚无文献给出明确解答。鉴于此，本书尝试以管理层业绩预告这类既能提示企业业绩重大变动风险，又能在较大程度上反映管理层策略性会计信息披露动机的前瞻性盈余信息作为切入点，探讨企业国际化战略背景下管理层对于自愿性盈利预测信息的披露意愿与披露策略,为深入理解国际化战略在微观企业层面的信息治理效应提供理论支撑和经验证据。

在所有权与经营权相分离的公司治理体系中,高质量的信息披露是缓解公司内部管理者与外部利益相关者信息不对称、提高资本配置效率的重要途径,也是资本市场健康稳定发展的客观需要(Healy 和 Palepu,2001;Beyer等,2010)。相比定期财务报告等相对滞后的历史会计信息,以管理层业绩预告为代表的前瞻性盈利预测信息被视为是披露更及时、且更有助于利益相关者经济决策的会计信息来源。所谓管理层业绩预告,是指在定期财务报告发布前,管理者向外界传递公司未来盈余信息、解释业绩变动原因并提示业绩重大变动风险的一种前瞻性会计盈余信息披露形式,其目的在于针对公司重大业绩变动情况及时警示投资者,有助于投资者能够在上市公司定期财务报告披露前即可一定程度上获悉公司盈余状况,降低定期报告集中披露后的股价异常波动风险。现阶段,我国上市公司业绩预告实行半强制性披露要求,即证券监管部门仅强制要求某些符合条件的上市公司提前披露业绩预告信息,对于未出现规定情形的公司,证券监管部门则不作业绩预告强制披露要求,可由企业自行决定是否对外自愿披露。由此可见,中国上市公司对外披露的业绩预告按照制度属性可以划分为强制性业绩预告与自愿性业绩预告。由于企业前瞻性盈利预测信息通常具有较大不确定性,因此管理层对于是否披露业绩预告以及如何披露业绩预告(尤其是自愿性业绩预告)具有较大的自由裁量权,管理层通常会在权衡成本收益、自身利益的基础上策略性地做出业绩预告信息披露决策,这也使得管理层业绩预告是一种更能反映管理层与大股东信息披露动机以及公司治理能力优劣的会计信息披露行为。

理论研究方面,既有文献基于信息不对称理论、信号传递理论以及代理成本理论对可能影响管理层自愿披露业绩预告的动因进行了深入探讨。一方面,资本市场交易假说、信息不对称假说、信号传递假说以及诉讼成本假说认为信息不对称程度较高的企业往往会面临较高的委托代理成本、信息监督成本、融资成本、融资约束以及法律诉讼风险(Balakrishnan 等,2014;Lang和 Maffett,2011),会对管理者顺利履行受托责任目标以及职业晋升产生不利影响,因此,管理层出于降低信息不对称、改善委托代理关系、防范外部利益相关者逆向选择行为、传递积极信号的动机会主动预测并及时报告公司业绩变动情况,增加自愿性业绩预告的披露数量;但另一方面,代理成本假说认为当管理层自利动机(如:因为增持或减持公司股票而进行市值管理时、存在过度投资行为时)较强、对公司未来业绩存在刻意隐瞒、延时披露、择时披露或策略性披露动机时,也会降低业绩预告披露意愿。此外,当信息披露所引发的专有成本较高时,管理层也会显著降低对私有信息的披露意愿(Park等,2019)。由此可以推断,管理层的业绩预告披露决策(尤其是非强制性业绩预告披露决策)通常是符合管理层与控股股东利益最大化的选择。当企业面临的经营环境以及寻租套利环境不同时,管理层对于自愿性业绩预告的披露意愿也会存在较大差异。而既有文献也进一步指出,战略模式作为影响企业资源配置、财务决策、盈利能力、核心竞争能力以及企业价值的重要因素,可能会对管理层自愿性业绩预告披露意愿以及策略性披露行为产生不可忽视的影响(况学文等,2019),但总体而言,现有研究在探讨管理层业绩预告披露动机时,基本都默认公司战略选择是同质的,鲜有文献关注公司战略特征对管理层自愿性会计盈余信息披露行为的影响。

基于上述分析,以企业国际化战略为例深入研究公司层面的跨国经营战略模式对管理层自愿性业绩预告披露行为的影响,对于深刻理解国际化战略在微观企业层面的信息治理效应具有实践意义。但值得注意的是,企业实施国际化战略加剧了企业经营环境与经营业务的复杂性、风险性以及未来经营收益的预测难度,由此导致在信息不对称理论以及代理成本理论框架下,企业实施国际化战略究竟如何影响管理层对于自愿性盈利预测信息、负面盈利预测信息的披露意愿以及披露策略,具有较高不确定性。为此,本书拟以2007—2018年间中国A股上市公司为样本,重点解决如下三方面的问题:第一,企业实施国际化战略如何影响管理层对于自愿性业绩预告的披露意愿以及披露频次。本书之所以关注管理层的自愿性业绩预告披露行为而不关注强制性业绩预告披露行为,是因为强制性业绩预告信息披露具有制度硬约束,会对分析管理层的信息披露动机产生干扰,而自愿性业绩预告能够更加"干净"地反映企业国际化战略背景下的管理层会计信息披露意愿;第二,企业实施国际化战略如何影响管理层对于自愿性负面业绩预告的披露意愿以及披露频次,并有效识别国际化战略背景下管理层对于负面盈利预测信息所实施的披露策略与具体披露行为;第三,对于实施国际化战略的企业而言,管理层增加自愿性业绩预告信息披露可能引发何种经济后果。

91

相比前人研究，本书的增量贡献在于：首先，作为可能影响管理层自愿性业绩预告披露行为的重要因素，企业国际化经营这一公司层面的战略模式并未引起学术界广泛关注，相关实证研究偏少。但近年来，以况学文等（2019）、张艺琼等（2019）为代表的少量研究发现公司战略激进程度、战略变革幅度都是影响管理层自愿性盈利预测信息披露行为的重要因素，表明企业战略模式应该纳入管理层会计信息披露行为的理论框架中。在此基础上，本书首次从企业国际化战略的视角拓展了管理层业绩预告信息披露领域的相关研究，厘清了企业国际化战略影响管理层自愿性业绩预告披露行为的路径与机制。其次，本书充分验证了企业国际化战略这一市场多元化战略模式对于管理层前瞻性盈利预测信息披露、前瞻性负面盈利预测信息披露的治理效应，充分肯定了企业国际化战略对于管理层会计信息披露的促进作用，丰富了企业国际化战略经济后果方面的研究。最后，本书从自愿性业绩预告信息披露的视角，为如何提高国际化经营企业的信息透明度、缓解国际化经营企业的信息不对称问题、抑制管理层自利动机和机会主义行为提供了可借鉴的方案。

第二节　理论分析与研究假设

一、企业国际化战略与管理层自愿披露业绩预告的意愿

2001 年党中央国务院在制定"十五"规划时，首次提出了"走出去"战略。随后，中国经济开始高度融入全球体系，越来越多中国企业主动参与国际经济技术合作与竞争，企业出口贸易额、对外直接投资额以及海外经营机构数量呈现不断增长态势（金灿荣和董春岭，2011）。战略管理学派将企业这种跨越国境在海外市场提供产品和服务的行为称作国际化战略。毋庸置疑，国际市场的不完全性使得实施国际化战略的企业能够将剩余制造能力和服务能力输出到海外市场，帮助企业在更大的地缘空间上提高产品与市场的多元化程度，在更广阔的国际市场中发挥比较优势，提升资源配置效率和创新能力，增加收益来源，以缓解企业因国内市场需求不足所引发的经营困境问题，为

企业实现可持续发展提供内生增长动力。然而,既有研究也指出,国际化战略并不一定是符合企业价值最大化的战略选择,相反,国际化经营行为同样可能会给企业带来负面影响。一方面,根据 Porter 提出的战略管理理论,国际化战略事实上也是一种偏离行业常规战略模式的差异化战略,本国市场的行业经验与经营模式难以为实施国际化战略的企业提供决策参考,加剧了企业海外经营时的复杂性。而且,海外市场竞争环境的多变性以及海外市场客户需求的多样性使得实施国际化战略的企业需要面临东道国市场在交易规则、文化背景、法律体系、税收政策、政治制度以及客户偏好等方面与本国市场的巨大差异,这也加剧了企业海外经营失败风险与破产重组风险。另一方面,于伟等(2008)、Chiang 和 Ko(2009)等研究发现企业实施国际化战略可能是基于管理层私人利益的次优选择,复杂的国际化经营活动与内部控制环境反而为管理层的道德风险和逆向选择行为创造了便利条件,增加了企业信息不对称程度和代理成本。由此可见,实施国际化战略是一种机遇与挑战共存的企业经营发展理念,也是能够充分影响企业价值与管理层私人利益的企业战略模式。

公司战略管理领域的相关文献表明,管理层作为企业战略的执行者,其自愿性会计信息披露(Bentley-Goode 等,2019;王玉涛和段梦然,2019)、盈余管理(孙健等,2016)、税收规避(袁蓉丽等,2019)、在职消费(王化成等,2019)等财务行为将在很大程度上受到企业战略模式的影响。研究发现,激进、偏离行业常规战略的战略模式会降低企业会计信息可比性(张先治等,2018)、增加企业业绩波动性(Tang 等,2011)以及企业内外信息不对称程度(Bentley 等,2013),进而诱发管理层机会主义动机和信息披露违规行为;但是,激进的战略模式也会增加公司经营风险和诉讼风险(刘名旭和李来儿,2019;王化成等,2018),增加企业外部融资需求以及融资成本,进而促使管理层增加自愿性信息披露以降低信息风险与经营不确定性(李从刚和许荣,2019;况学文等,2019)。由此可见,在不同的动机驱使下,同一战略模式可能会对管理层财务行为产生截然不同的影响。但基于理性经理人假设,总体上,这些行为特征的变化都是管理层进行利益权衡后的结果,符合管理层自身利益最大化的原则(Verrecchia,2001;Ferreira 和 Rezende,2007)。考虑到国际化战略本质上也属于偏离行业常规战略的差异化战略,会给企业经营业绩、市场价值以及管理层私人利益带来不确定性,而我国颇具特色的半强制性业绩预告披露制度在业绩预告信息披露方面赋予了管理层较多自由裁量权，管理层可以根据企业经营业绩、市场价值的变化预期，并且权衡自愿性会计信息披露的收益与成本后相机决定是否披露，以及如何披露前瞻性盈利预测信息，因此，本书推断，企业实施国际化战略在对企业经营业绩、市场价值以及管理层私人利益产生影响的同时，也会对管理层的业绩预告（尤其是自愿性业绩预告）披露决策产生重要影响。

　　除了公司财务特征和治理能力外，既有文献基于信息不对称理论、信号传递理论以及委托—代理理论，从公司经营业绩与经营风险（Penman，1980）、控制权转移风险（Bourveau 和 Schoenfeld，2017）、信息不对称问题（周楷唐等，2017）、法律诉讼风险（Skinner，1994）、外部融资需求（Jankensgard，2015）以及管理层薪酬激励（Kim 等，2019）等多个视角探讨了管理层通过增加自愿性盈利预测信息披露进而缓解信息不对称风险以及代理成本的作用机理。而本书发现，企业实施国际化战略同样会对企业经营业绩与经营风险、企业内外信息不对称程度、企业在海外市场面临的法律诉讼风险以及企业面临的外部融资需求产生影响，因此，本书从如下四个方面探讨企业国际化战略与管理层自愿性业绩预告披露行为之间的相关关系。

　　首先，企业实施国际化战略加剧了企业经营风险，增加了企业未来收益的不确定性程度。尽管具有市场多元化特征的国际化战略有助于企业通过跨区域经营分散非系统风险，但复杂的海外市场环境又会给企业带来新的风险要素，包括汇率变动引发的外币资产减值风险（Capel，1997），与东道国语言、习俗、文化、消费偏好等方面的冲突引发的文化风险（Li 和 Guisinger，1992），与东道国产业保护政策相冲突引发的政策风险（聂名华，2009），与东道国法律冲突引发的法律诉讼风险（Alibux，2007）、以及东道国贸易保护行为引发的技术壁垒和贸易壁垒风险（Hu 等，2019）等，这些风险都属于系统性风险，会伴随着企业国际化经营的进程而始终存在，并对公司经营业绩产生消极影响。由此，既有文献研究发现，国际化战略并不一定能够增加企业经营收益，反而有可能加剧经营收益的波动性（Reeb 等，1998；Riano，2011），降低了包括投资者、债权人、供应商、客户、政府监管部门等在内的利益相关者对企业未来收益的可预测程度。加之中国企业对外投资项目的成功率偏低，海外经营绩效存在较大不确定性（田曦和王晓敏，2019），因此，中国企业的国际化经营行为本身未必能向市场传递积极的信号。然而，相比公司外部利益相关者，控股股东和管理层掌握了更多与公司经营有关的私有信息。在此背景下，如果管理层不积极披露业绩预告信息，则会向市场传递公司经营业绩不及预期的消极信号（况学文等，2019），导致外部股东、债权人以及存在专用性资产投资的供应商或客户等利益相关者因无法准确评估企业盈利能力、市场价值以及持续经营能力而对企业持悲观态度，引发产品市场与资本市场消极情绪。事实上，Penman（1980）也研究发现，获利能力较强的公司更愿意主动披露业绩预告信息，而获利能力较差的公司则不愿意主动披露业绩预告信息，致使管理层是否披露业绩预告在一定程度上成为反映企业是否存在重大经营风险的指标。因此，基于 Ross（1979）提出的信号传递理论，本书推测，对于实施国际化战略的企业，管理层为了规避来自海外市场的各类风险或不确定性因素对于企业外部利益相关者合理评估企业价值的不利影响，缓解海外市场的不确定性所引发的投资者逆向选择与公司股价异常波动问题，降低管理层履约失败风险，管理层会将积极披露前瞻性盈利预测信息作为改善公司信息环境、提高股票流动性、合规履行受托责任的措施，进而主动增加自愿性业绩预告披露意愿和数量。

其次，企业实施国际化战略增加了经济业务的复杂度，提高了企业内外信息不对称程度。相比战略定位于本国市场的企业，外部利益相关者对于国际化经营企业需要付诸更多信息解读成本，主要表现为：第一，实施国际化战略意味着企业资源配置多元化程度的提升，企业的经营方式、营销模式、交易成本以及风险应对措施将与本国市场截然不同，对于缺乏相应东道国企业经营管理经验的利益相关者，将难以对国际化经营企业的发展前景做出合理评估（新夫等，2017）。第二，为了有效开拓海外市场，实施国际化战略的企业需要增加更多海外专用资产投资和研发创新投资，以提升产品和服务质量。然而，海外专用资产投资和研发创新投资都是公司特有的、不易与其他公司作比较的投资行为，具有投资周期长、短期回报率低、投资失败风险高等特征，其投资价值和投资风险难以被合理度量，进而大大提升了公司被错误定价的可能性（Aboody 和 Lev，2000；Barth 等，2001）。第三，实施国际化战略还容易加剧公司代理问题以及内部控制缺陷。于伟等（2008）、Chiang 和 Ko（2009）等学者研究发现实施国际化战略的企业往往具有更加复杂的经营环境、更加多元化的经营模式以及更加冗长的内部决策链条，这事实上为管理层的道德风险、逆向选择行为创造了便利条件；王海林和王晓旭（2018）研究

95

发现，随着企业国际化程度的提升，企业原有的内部控制体系不能完全适应和满足国际化战略的需求，导致企业内部控制缺陷频发、内部控制质量下降。由此可见，国际化战略促使企业经营模式、投资绩效、治理体系以及信息环境发生巨大变化，并引发严重的公司内外信息不对称问题。事实上，Bentley等（2013）也指出，战略越激进的公司信息不对称问题越严重。而不对称的信息环境会对公司股票流动性、融资能力、融资成本（Barry 和 Brown，1985；Beyer 等，2010）以及管理者薪酬（Aboody 和 Kasznik，2000）产生不利影响，也会在较大程度上增加管理层的履职成本以及履职失败风险。因此，理性的管理者为了规避信息不对称可能引发的负面效应，会更倾向于积极主动增加自愿性信息披露数量，以降低外部利益相关者的逆向选择行为。由此本书推测，对于实施国际化战略的企业而言，管理层出于成本收益的综合考虑，会更有动机自愿披露业绩预告盈余信息，以缓解国际化经营行为本身可能引发的信息不对称问题。

再次，企业实施国际化战略加剧了企业在海外市场遭遇的法律诉讼风险，增加了外部利益相关者对于企业或有事项的不确定性程度以及可持续经营能力的担忧。据国泰安 CSMAR 数据库统计，2007—2018 年间，我国内地出口贸易中前十位境外输出地分别是美国、中国香港、日本、韩国、德国、荷兰、印度、英国、越南和新加坡，合计占我国内地出口贸易总额的 45% 以上，表明我国企业的国际化经营市场主要为当今世界的发达国家或地区。这些国家或地区往往有着更加严格、健全的法律监管和市场监督体系，会对海外供应商的市场准入标准、产品质量标准、环境安全标准、经营合规性、持续经营能力以及会计信息披露行为提出更高要求，也会因此加剧中国企业在海外市场遭遇的法律诉讼风险、经营失败风险甚至破产重组风险，致使外部利益相关者对于国际化经营企业的持续经营能力往往存在较大质疑。而既有文献研究发现，当企业遭遇法律诉讼事件时，管理层增加自愿性盈利预测信息披露，一方面是及时调整投资者市场预期、降低投资者风险感知以及缓解企业内外信息不对称的有效措施（王新等，2014；Naughton 等，2019）；另一方面也是及时披露或有事项与重大风险事项，降低企业因不真实、不完整、不合规以及不及时的会计信息披露所引发的法律诉讼风险的重要渠道（Johnson 等，2002；Field 等，2005）。尤其当管理层预期公司面临的诉讼成本较高时，其虚假性、乐观性、误导性会计信息披露行为以及真实盈余管理行为会显著减少

（Huang 等，2020），相反，其合规履行管理层受托责任、降低投资者恐慌情绪、缓解企业内外信息不对称并释放积极信号等动机下的自愿性业绩预告披露行为会显著增加（Cao 等，2011；Naughton 等，2019；Houston 等，2019）。而且，提前释放前瞻性盈余信息，尤其是负面业绩预告信息，有助于企业向海外客户提示供应链交易中潜在的风险因素，进而帮助海外客户及时调整采购决策、供应链投资决策以及风险应对措施，防范企业法律诉讼风险的进一步增加。Field 等（2005）则进一步通过实证检验发现自愿性会计信息披露确实能够在一定程度上减少企业后续诉讼事件发生的可能性。由此，本书推断，考虑到来自海外市场更高的监管压力以及法律违规成本，当国际化经营企业存在可能导致经营业绩发生较大波动的不确定性事项（如：海外诉讼事件引发的或有事项）时，即使中国证券监管部门并未强制要求披露业绩预告，管理层也有较高动机自愿披露业绩预告，以缓解海外法律诉讼风险所引发的外部利益相关者对于企业可持续经营能力不确定性的担忧。①

最后，企业实施国际化战略增强了企业外部融资需求。既有文献研究发现，实施国际化战略的企业存在较高的现金流储备需求，主要表现为：第一，企业选择进入海外市场并建立海外市场的运营网络往往需要支付更多与固定资产投资、研发创新以及销售管理相关的费用，这种与实施国际化战略密切相关的支出往往属于沉没成本，在短期内不会产生明显的现金收益，因此，当企业缺少冗余资金用于支付相关沉没成本时，则需要借助外部融资渠道（李雪玉，2016）；第二，随着商业信用付款模式在供应链交易中的普遍流行，国际化经营企业往往会面临更高的商业信用逾期或无法收回风险。近年来，海外客户延期支付货款、拒绝支付货款或通过伪造信用证、开具空头支票等方式骗取出口商的信任的事件时有发生，使得企业正常经营活动面临资金链短缺风险。为此，国际化经营企业需要增加与贸易结算相关的外部融资和担保行为。由此可见，企业实施国际化战略增强了企业外部融资需求，而反过来，企业外部融资能力和融资约束程度又是影响企业国际化经营绩效的不可忽视

---

① 在实践层面，国务院国资委还于 2013 年专门发文《关于加强中央企业国际化经营中法律风险防范的指导意见》（国资发法规〔2013〕237 号），要求中央企业高度重视国际化经营中的法律风险防范工作，其中，督促中央企业境外子公司做好信息披露工作即为国资委重点强调的法律风险防范措施。

因素(罗勇和张悦，2017；Maes 等，2019)。融资领域的文献则指出，债务人的经营业绩、业绩稳定性与其债务违约风险高度相关，致使债权人会密切关注债务人的业绩波动变化情况并适时调整债务契约条款，由此导致外部融资需求越强的企业越有动机自愿披露盈余预测信息以减少债权人和债务人之间的信息不对称程度(张然和张鹏，2011)，而自愿性信息披露越多，企业的融资成本也越低(He 等，2019)，进一步说明在外部融资动机驱使下，管理层存在较强的自愿性会计信息披露意愿。Jankensgard(2015)则实证检验了企业融资需求与管理层自愿性会计信息披露之间的正相关关系。因此，本书推测，企业实施国际化战略加剧了企业外部融资需求。企业在业绩不确定性程度以及信息不对称程度较高的国际化经营环境中，为了提高外部融资能力并降低融资成本，会积极主动披露业绩预告信息，增加自愿性业绩预告披露数量。

综上所述，本书认为，无论是从及时披露企业经营风险以及海外诉讼风险、缓解企业内外信息不对称的角度，还是从降低债权人不确定性、缓解债权人与债务人之间的代理冲突、提高企业外部融资能力的角度，管理层积极主动增加自愿性业绩预告披露都是国际化经营企业的最优信息披露决策。为此，本书提出假设1：

H1：企业实施国际化战略能够提升管理层自愿披露业绩预告的意愿。企业国际化经营程度越高，管理层自愿性业绩预告披露意愿越强，自愿性业绩预告披露频次也越高。

二、企业国际化战略与管理层自愿披露负面业绩预告的意愿

本书认为企业实施国际化战略能够提升管理层对于自愿性业绩预告的披露意愿。但既有文献指出，管理层在披露业绩预告信息时存在选择性偏好，即管理层更愿意在业绩预告中披露好消息，并减少坏消息披露(Penman，1980)。尤其当企业存在控制权转移风险(钱爱民和张晨宇，2018)、大股东存在减持公司股票等自利行为(鲁桂华等，2017)以及管理层存在盈余操纵动机(Li 和 Zhang，2015)时，这种披露盈利预测信息时"报喜不报忧"的选择性偏好会更加明显，导致资本市场利益相关者对上市公司业绩预告的真实性及信

息含量存在质疑。由此，Cohen 等（2018）等学者研究发现相比好消息，资本市场利益相关者会将业绩预告中的坏消息视为更加可靠的公司信息来源，充分肯定了负面信息在管理层自愿性信息披露体系中的不可替代作用。鉴于此，进一步识别企业国际化战略背景下管理层对于负面盈利预测信息的披露意愿，对于完善本书的逻辑框架具有重要作用。

现阶段，我国上市公司披露的业绩预告按照净利润变动方向可以大致分为九种类型，包括：首亏、续亏、预减、略减、预增、略增、续盈、扭亏以及不确定。① 其中前四种业绩预告类型意味着管理层预计公司发生亏损，或继续亏损，或相比上年同期净利润出现下降，均属于管理层披露的坏消息。诚然，管理层在业绩预告中披露坏消息会引起公司股票价格的剧烈波动（Skinner，1994），但管理层自愿披露坏消息对企业的影响并不是总是负面的，例如：Dayanandan 等（2017）指出，管理层自愿披露的业绩预警信息能够通过降低公司内外信息不对称程度进而提高公司股票市场流动性并降低资本成本；Skinner（1994）研究发现管理层提前披露坏消息可以降低公司后期被起诉的可能性；Das 等（2012）研究发现在业绩预告中披露负面盈余信息的企业虽然短期内因信息不对称会导致股价下跌，但随着信息不对称的缓解，企业后期股价也会逐渐恢复上涨。由此可见，并非所有管理者都会对负面信息采取隐瞒、延迟披露等策略性披露行为。相反，Clinch 等（2019）等研究发现卖空威胁会促使上市公司管理层更加积极且及时披露负面业绩消息，以规避潜在的诉讼风险和声誉成本；Baginski 等（2018）研究发现较高的管理层解聘补偿金会降低管理层的解聘风险，进而促使管理层敢于披露负面业绩信息。通过上述分析可以看出，管理层对业绩预告中负面盈余信息的披露意愿，同样是管理层进行利益权衡后的结果，符合管理层自身利益最大化的原则。

因此，基于前述研究基础，本书推断，企业实施国际化战略同样会促使

---

① 参照 Wind 数据库中的解释，"首亏"是指公司上年盈利但本年亏损；"续亏"是指公司上年亏损且本年继续亏损；"预减"是指公司净利润相比上年同期下降 50%以上；"略减"是指公司净利润相比上年同期下降 50%以内；"预增"是指公司净利润相比上年同期上升 50%以上；"略增"是指公司净利润相比上年同期上升 50%以内；"续盈"是指公司上年盈利且本年继续盈利；"扭亏"是指公司上年亏损但本年盈利；"不确定"是指管理层未明确预计净利润变动方向。

管理层在业绩预告中自愿披露更多负面盈利预测信息。具体来说，第一，企业实施国际化战略加剧了企业经营风险，而提前披露坏消息有助于外部利益相关者及时了解企业国际化经营行为可能引发的短期负面效应，并通过及时锁定盈利损失范围进而降低企业外部利益相关者的风险感知程度。此外，在不确定性较高的国际化经营环境中，及时有效的负面信息披露能够向外界传递公司会计信息稳健、管理者诚实可信、企业风险可控的积极信号，降低外部利益相关者对于国际化经营企业可持续经营能力的担忧。第二，企业实施国际化战略增加了经营环境、经济业务的复杂度，而提前披露坏消息能够有效降低公司内外信息不对称程度，促使不同风险偏好的利益相关者能够根据自身的风险态度分类做出正确的经济决策，以减少外部利益相关者逆向选择行为对企业价值的损害。第三，企业实施国际化战略加剧了企业在海外市场遭遇的法律诉讼事件以及诉讼成本，而 Huang 等（2020）等文献研究发现对于诉讼风险越高的公司而言，管理层发布乐观性、误导性盈余信息的可能性越低，这就意味着诉讼风险较高的公司更有可能积极发布负面盈利预测信息。事实上，提前披露负面盈利预测消息有助于展示管理层的诉讼风险应对能力，并有助于管理层规避因不完全履行会计信息披露义务所引发的信息披露违规风险，降低后续诉讼事件发生的可能性。

综上所述，本书认为实施国际化战略的企业本身已经面临了较高经营风险、诉讼风险以及信息不对称问题，在此种经营环境中，如果管理层刻意隐瞒负面盈利预测消息，待定期报告正式披露后，被管理层隐瞒的负面信息会更加剧烈地反映到股票价格中，短期内加剧股价暴跌风险，致使管理层不仅面临更大的诉讼成本与声誉损失，还会对管理层薪酬以及职业前景产生不利影响（黄超，2019）。相反，对于国际化经营企业而言，管理层若积极披露坏消息，不仅能向资本市场释放企业会计信息透明、可信度高、风险可控以及治理水平完善的信号，还有助于管理层通过及时说明企业业绩下滑的原因进而规避自身责任。因此，本书推断，积极主动增加负面盈利预测信息披露数量是国际化经营企业的最优业绩预告披露决策。为此，本书提出假设2：

H2：企业实施国际化战略能够提升管理层自愿披露负面业绩预告的意愿。企业国际化经营程度越高，管理层自愿性业绩预告中的坏消息披露频次也越高。

第三节　研究设计

一、样本选取与数据来源

由于我国上市公司业绩预告信息披露制度自 2007 年起逐步趋于稳定，且财政部和证监会要求上市公司自 2007 年 1 月 1 日起执行新的企业会计准则，因此，为确保政策一致性以及会计信息可比性，本书选择 2007—2018 年间中国 A 股上市公司作为初始研究样本，共包含 3635 家公司的 29993 个观测值。为提高数据有效性，本书剔除了 412 个公司上市以前年度的样本、571 个金融保险类公司样本、1380 个 ST、* ST 公司样本以及 1870 个关键变量数据缺失的样本。同时，考虑到本书重点关注自愿性业绩预告披露情况，而深圳证券交易所自 2009 年起强制要求中小板上市公司无论未来业绩如何变动，均需在第一季度报告、半年度报告和第三季度报告中披露对年初至下一报告期末的业绩预告；自 2012 年起强制要求创业板上市公司无论未来业绩如何变动，均需在第一季度报告、半年度报告和第三季度报告中披露对年初至下一报告期末的业绩预告，① 鉴于此，本书整体剔除 2009 年后(含 2009 年)中小板公司样本以及 2012 年后(含 2012 年)创业板公司样本以排除强制性业绩预告的制度刚性对管理层信息披露意愿的干扰，合计 9634 个样本，最终本书得到 2249 家公司的 16126 个"公司—年度"观测值。

本书实证研究中所需要的与度量"企业国际化战略"相关的数据来源于国泰安 CSMAR 数据库以及上市公司年报信息。具体来说，根据上市公司财务报告附注中披露的分部报告(分地区报告)数据，手工整理了涉及中国内地(大陆)以外国家和地区(包含港澳台地区)的营业收入数据；根据上市公司财务报告附注中披露的关联公司文件，筛选出海外子公司名录，据此手工整理出海

---

① 具体内容见《中小企业板信息披露业务备忘录第 1 号：业绩预告、业绩快报及其修正(2008 年修订)》《创业板信息披露业务备忘录第 11 号——业绩预告、业绩快报及其修正(2012 年发布)》等文件。

外子公司数量数据；根据上市公司财务报告附注中披露的前五大客户信息，筛选出海外客户名录，据此手工整理出前五大客户中海外客户销售收入数据。

本书实证研究中所需要的与管理层业绩预告相关的数据主要来源于国泰安 CSMAR 数据库，并与锐思 RESSET 金融研究数据库中的业绩预告信息披露数据进行了交叉复核，以提高原始数据的准确度。经统计，2007—2018 年间中国 A 股上市公司对外披露业绩预告 70741 次，剔除了缺乏实质性内容的无效业绩预告样本 294 份，最终得到有效业绩预告 70447 份，其中包含强制性披露的业绩预告 53813 份，自愿性披露的业绩预告 16634 份，[1] 可以看出，管理层自愿披露的业绩预告占管理层业绩预告披露总数的比重为 23.62%。实证研究中所需其他财务数据均来源于国泰安 CSMAR 数据库与锐思 RESSET 数据库，并对所有连续变量进行了 1%和 99%分位上的缩尾处理以避免极端值的可能影响。

二、模型设计与变量定义

为验证本书提出的假设，且考虑到"管理层自愿性业绩预告披露意愿"属于取值为 0 或 1 的离散变量，因此，本书使用混合 Logit 回归模型检验企业实施国际化战略对管理层自愿性业绩预告披露意愿的影响；与此同时，考虑到"管理层自愿性业绩预告披露频次"和"管理层自愿性业绩预告中负面信息披露频次"属于取值大于或等于零的整数型离散变量，变量数据具有排序特征，其取值大小能够有序反映管理层对于自愿性业绩预告的披露程度，取值越大表明管理层对于自愿性业绩预告的披露频次越高，在自愿性业绩预告中披露坏消息的频次也越高，因此，本书参照毛新述和孟杰（2013）等文献的做法，使用有序 Logit 回归模型（Ordered Logit Model）检验企业实施国际化战略对管理层

---

[1] 我国上市公司业绩预告存在强制性披露和自愿性披露两种模式，符合某些条件的公司必须强制披露业绩预告信息，不符合条件的公司则可以自愿选择是否披露业绩预告。根据 2007—2018 年中国证监会、上海证券交易所和深圳证券交易所所颁布的业绩预告信息披露制度（具体规则见本书表 2-1），本书将中小板公司 2009—2018 年期间针对半年度、前三季度和年度经营业绩披露的业绩预告，创业板公司 2012—2018 年期间针对第一季度、半年度、前三季度以及全年经营业绩披露的业绩预告，以及其他样本公司预计未来经营业绩将出现"亏损、扭亏为盈、净利润相比上年同期增减变动幅度超过 50%"等情形而披露的业绩预告视为强制性披露的业绩预告，不属于上述情形的即为自愿性披露的业绩预告。

自愿性业绩预告披露频次以及自愿性业绩预告中坏消息披露频次的影响，具体见模型（3-1）、模型（3-2）、模型（3-3）。

$$MF\_Dum_{i,t} = \beta_0 + \beta_1 International_{i,t} + \beta_2 Size_{i,t} + \beta_3 Leverage_{i,t} + \beta_4 Roa_{i,t} + \beta_5 Growth_{i,t}$$
$$+ \beta_6 Loss_{i,t} + \beta_7 Shold_{i,t} + \beta_8 Mhold_{i,t} + \beta_9 Board_{i,t} + \beta_{10} Dual_{i,t} + \beta_{11} Age_{i,t}$$
$$+ \beta_{12} Big4_{i,t} + \beta_{13} Soe_{i,t} + Industry_{i,t} + Year_{i,t} + \varepsilon_{i,t}$$
$$(3\text{-}1)$$

$$MF\_Freq_{i,t} = \beta_0 + \beta_1 International_{i,t} + \beta_2 Size_{i,t} + \beta_3 Leverage_{i,t} + \beta_4 Roa_{i,t} + \beta_5 Growth_{i,t}$$
$$+ \beta_6 Loss_{i,t} + \beta_7 Shold_{i,t} + \beta_8 Mhold_{i,t} + \beta_9 Board_{i,t} + \beta_{10} Dual_{i,t} + \beta_{11} Age_{i,t}$$
$$+ \beta_{12} Big4_{i,t} + \beta_{13} Soe_{i,t} + Industry_{i,t} + Year_{i,t} + \varepsilon_{i,t}$$
$$(3\text{-}2)$$

$$MF\_Bad_{i,t} = \beta_0 + \beta_1 International_{i,t} + \beta_2 Size_{i,t} + \beta_3 Leverage_{i,t} + \beta_4 Roa_{i,t} + \beta_5 Growth_{i,t}$$
$$+ \beta_6 Loss_{i,t} + \beta_7 Shold_{i,t} + \beta_8 Mhold_{i,t} + \beta_9 Board_{i,t} + \beta_{10} Dual_{i,t} + \beta_{11} Age_{i,t}$$
$$+ \beta_{12} Big4_{i,t} + \beta_{13} Soe_{i,t} + Industry_{i,t} + Year_{i,t} + \varepsilon_{i,t}$$
$$(3\text{-}3)$$

上述模型中，模型（3-1）的被解释变量 MF_Dum 为衡量管理层自愿性业绩预告披露意愿的哑变量。如果上市公司所处资本市场板块以及所预估的当年净利润变动情况并非属于业绩预告强制披露范畴，但管理层仍然针对公司当年第一季度、半年、第三季度或年度业绩自愿披露了业绩预告，MF_Dum 取 1，否则取 0；模型（3-2）的被解释变量 MF_Freq 为衡量管理层自愿性业绩预告披露频次的计数变量。如果管理层就同一报告期多次披露了业绩预告，多次披露行为仅视为一次，因此，同一会计年度内 MF_Freq 最大值为 4，最小值为 0；模型（3-3）的被解释变量 MF_Bad 为衡量管理层自愿性业绩预告中坏消息披露频次的计数变量。本书参照上市公司业绩预告信息披露惯例，以及钱爱明和张晨宇（2018）等文献的做法，将"业绩出现亏损、净利润相比上年同期下降"等情况视为坏消息。若管理层业绩预告中预测的公司会计业绩（净利润）属于上述情形之一，则认为管理层披露的业绩预告盈余信息属于坏消息，否则即为好消息。对于管理层就同一业绩报告期多次披露业绩预告的公司样本，本书仅保留最后一次预测值，并根据最后一次业绩预告中披露的净利润判断好坏属性。同理，同一会计年度内 MF_Bad 最大值为 4，最小值为 0。

上述模型中，解释变量 International 为衡量企业实施国际化战略的连续变量。既有文献普遍使用三类指标衡量企业国际化战略，具体为：（1）企业海外营业收入占总营业收入的比值（Geringer 和 Beamish，1989；Hitt 等，2006），该指标从企业经营成果的视角度量企业国际化战略以及国际化经营行为，能够很好地反映企业实施国际化战略的财务绩效，也是现有研究中最广泛使用的用于衡量企业国际化战略的代理变量；（2）企业海外子公司数量占总子公司数量的比值、企业海外子公司雇员人数占总雇员人数的比值以及企业海外资产价值占总资产价值的比值（Daniels 和 Bracker，1989；Hu 等，1992；Dunning，1993；Sullivan，1994），该类指标从企业组织结构和资源要素投入的视角度量企业国际化经营行为；（3）海外研发支出密度（Sullivan，1994），即企业海外研发支出占总资产的比值，该指标是从企业实现国际化经营的路径衡量企业国际化战略。尽管基于不同的视角，企业国际化战略的度量方法可能千差万别，但 Sullivan（1994）也曾指出，事实上，企业国际化战略的各种代理变量之间具有高度相关性。鉴于此，基于企业会计档案数据的可获得性，本书参照 Geringer 和 Beamish（1989）等文献的做法，使用"企业海外营业收入占总营业收入的比值"衡量企业国际化战略以及国际化经营程度。显然，International数值越大，表明企业海外营业收入在总营业收入中的占比越高，也即：企业国际化经营程度越高。稳健性检验中，本书还使用"企业海外子公司数量占总子公司数量的比值"以及"企业海外客户集中度"等变量作为替代变量衡量企业国际化经营程度。

另外，参照 Nguyen 等（2019）等的做法，本书还从上市公司财务特征、经营业绩、公司治理以及产权性质等视角控制了若干可能影响管理层自愿性业绩预告披露行为的因素。其中，财务特征变量和经营业绩变量包括：资产规模 Size、资产负债率 Leverage、总资产收益率 Roa、营业收入增长率 Growth 以及衡量经营业绩下滑的哑变量 Loss，这些变量不仅能够反映公司财务状况与经营成果，还能在一定程度上作为传递管理者能力信号的变量（张然和张鹏，2011）；公司治理变量包括：股权集中度 Shold、高管持股比例 Mhold、董事会规模 Board、衡量上市公司两职兼任的哑变量 Dual、公司上市年限 Age 以及衡量审计师类型的哑变量 Big4。显然，健全的公司治理机制能够有效约束管理层的机会主义动机与行为，促使管理层的私人利益与外部股东利益趋于一致，进而对管理层的自愿性会计信息披露行为产生影响；此外，本书还控制了产权性质 Soe，以观察中国资本市场中管理层自愿性业绩预告披露行为在国有企业和非国有企业之间的差异。上述变量的具体定义和具体度量方法见表 3-1。与此同时，为排除潜在影响，模型(3-1)至模型(3-3)中还控制了行业固定效应与年度固定效应。本书预期，如果假设 1 和假设 2 能够得到验证，上述模型中 International 的回归系数 β_1 均应显著大于零。

表 3-1　　　　　　　　变量定义及说明

变量符号	变量名称	具体度量方法
Size	资产规模	公司当年年末总资产取自然对数
Leverage	资产负债率	公司年末总负债与年末总资产的比值
Roa	资产收益率	公司当年净利润与年末总资产的比值
Growth	营业收入增长率	公司当年营业收入相比上年营业收入增长的比率
Loss	业绩下滑哑变量	公司当年净利润小于上年净利润时取 1，否则取 0
Shold	股权集中度	第一大股东持股比例与第二至第十大股东持股比例的比值
Mhold	高管持股比例	公司年末高管持股数量与总股数的比值
Board	董事会规模	公司董事会人数取自然对数
Dual	两职兼任哑变量	公司董事长和总经理由同一人兼任时取 1，否则取 0
Age	公司上市年限	公司上市年限加 1 取自然对数
Big4	审计师类型	公司当年被国际四大会计师事务所出具审计报告时取 1，否则取 0
Soe	产权性质	公司实际控制人为国有单位时取 1，否则取 0

第四节　实证结果分析

一、描述性统计

表 3-2 列示了主要变量的描述性统计结果。可以看出：第一，MF_Dum 均值为 0.429，中位数为 0，意味着样本期内约 42.9% 的公司管理层自愿披露了

业绩预告，半数以上的公司并未自愿披露业绩预告，这一统计结果与钱爱民和张晨宇(2018)等文献基本一致，表明我国上市公司自愿性业绩预告披露动机总体不强；第二，MF_Freq 均值为 0.682，表明样本公司自愿性业绩预告披露频次为 0.682 次，而存在自愿性业绩预告披露行为的公司对外披露自愿性业绩预告公告的平均次数为 1.590 次(0.682/0.429＝1.590)；MF_Freq 均值低于 1，中位数为 0，与我国上市公司自愿性业绩预告披露动机不强有关；MF_Bad 均值为 0.270，表明样本公司自愿性业绩预告中披露坏消息的频次为 0.270 次，坏消息披露数量在管理层自愿性业绩预告披露数量中的占比约为 40%(0.270/0.682＝0.3959)。第三，International 均值为 0.096，中位数为 0，这意味着样本公司海外营业收入占总营业收入的比值不超过 10%，且半数以上样本公司无海外经营业务发生，[①] 表明我国上市公司国际化经营程度总体较低，以出口为代表的国际化经营业务有较大上升空间。控制变量描述性统计结果与现有文献基本一致，表明本书数据来源合理，不再一一赘述。

表 3-2　　　　　　　　　　　　主要变量描述性统计结果

变量	样本量	平均值	中位数	最大值	最小值	标准差
MF_Dum	16126	0.429	0.000	1.000	0.000	0.495
MF_Freq	16126	0.682	0.000	4.000	0.000	0.935
MF_Bad	16126	0.270	0.000	4.000	0.000	0.632
International	16126	0.096	0.000	0.873	0.000	0.186
Size	16126	22.330	22.180	26.250	19.500	1.385
Leverage	16126	0.496	0.505	0.922	0.060	0.202
Roa	16126	0.034	0.031	0.190	−0.198	0.056
Growth	16126	0.187	0.102	3.741	−0.634	0.531

---

　① 事实上，经统计，本书的 16126 个公司样本中，存在海外营业收入的样本数为 7459 个，占比达 46.25%，接近 50%。

变量	样本量	平均值	中位数	最大值	最小值	标准差
Loss	16126	0.406	0.000	1.000	0.000	0.491
Shold	16126	4.173	2.002	32.130	0.278	5.583
Mhold	16126	0.018	0.000	0.502	0.000	0.072
Board	16126	2.290	2.303	2.773	1.792	0.184
Dual	16126	0.161	0.000	1.000	0.000	0.368
Age	16126	2.456	2.708	3.258	0.000	0.696
Big4	16126	0.080	0.000	1.000	0.000	0.272
Soe	16126	0.602	1.000	1.000	0.000	0.490

二、相关系数检验

为验证企业实施国际化战略与管理层自愿性业绩预告信息披露行为之间的统计相关性，本书进行了皮尔森相关系数检验(Pearson Correlation Coefficient Test，以下简称 Pearson 相关系数检验)。表 3-3 报告了统计结果，可以看出，International 与 MF_Dum、MF_Freq 以及 MF_Bad 均在 1%水平上显著正相关，相关系数分别为 0.038、0.048 以及 0.026，初步说明企业国际化经营程度越高，管理层自愿性业绩预告披露意愿越强、自愿性业绩预告披露频次越高，而且自愿性业绩预告中披露的负面消息也越多，该结论初步验证了假设 1 和假设 2。不过，Pearson 相关系数统计仅仅反映了两个变量在数量关系上的相关联程度，没有考虑其他变量对上述关系的潜在影响，因此，需要通过多元回归模型进一步验证变量间的相关关系。除此之外，通过表 3-3 可以看出，MF_Dum、MF_Freq 以及 MF_Bad 与其他控制变量之间均存在显著的相关关系，表明在多元回归分析中有必要控制这些变量的影响；控制变量间相关系数的绝对值普遍低于 0.5，排除了模型(3-1)至模型(3-3)潜在的多重共线性问题。

Pearson 相关系数检验表

表 3-3

变量	MF_Dum	MF_Freq	MF_Bad	International	Size	Leverage	Roa	Growth
MF_Dum	1							
MF_Freq	0.842***	1						
MF_Bad	0.492***	0.543***	1					
International	0.038***	0.048***	0.026***	1				
Size	-0.058***	-0.069***	-0.087***	-0.015*	1			
Leverage	0.049***	0.033***	0.072***	-0.030***	0.388***	1		
Roa	-0.096***	-0.051***	-0.325***	-0.027***	0.059***	-0.379***	1	
Growth	0.059***	0.060***	-0.102***	-0.011	0.041***	0.033***	0.179***	1
Loss	-0.015*	-0.021***	0.277***	0.037***	-0.064***	0.055***	-0.416***	-0.254***
Shold	-0.022***	-0.025***	0.030***	-0.020**	0.046***	0.073***	-0.059***	-0.046***
Mhold	0.002	0.017**	-0.028***	0.086***	-0.156***	-0.204***	0.121***	0.035***
Board	-0.004	0.010	-0.013	-0.018**	0.230***	0.109***	0.024***	-0.018**
Dual	0.005	0.006	-0.010	0.045***	-0.107***	-0.095***	0.026***	0.009
Age	0.001	-0.081***	0.018**	-0.089***	0.168***	0.234***	-0.181***	-0.013
Big4	-0.053***	-0.035***	-0.034***	-0.005	0.381***	0.068***	0.066***	-0.008
Soe	-0.031***	-0.037***	0.019**	-0.067***	0.243***	0.173***	-0.078***	-0.061***

续表

变量	Loss	Shold	Mhold	Board	Dual	Age	Big4
Loss	1						
Shold	0.052***	1					
Mhold	-0.030***	-0.128***	1				
Board	-0.013	-0.015*	-0.097***	1			
Dual	-0.004	-0.099***	0.331***	-0.142***	1		
Age	0.040***	0.070***	-0.463***	-0.016**	-0.129***	1	
Big4	-0.034***	-0.011	-0.054***	0.105***	-0.046***	-0.023***	1
Soe	0.00200	0.204***	-0.296***	0.210***	-0.237***	0.221***	0.106***

注：上表中***、**和*分别表示在1%、5%和10%水平上显著。

三、单变量差异性检验

表3-4报告了单变量差异性检验结果，以更加直观地观察管理层自愿性业绩预告披露行为在不同国际化经营程度的企业之间是否存在显著差异。其中，Panel A按照企业是否存在海外营业收入，区分企业是否实施了国际化战略。通过组间差异 t 检验结果可以看出，对于实施了国际化战略的企业，其管理层自愿性业绩预告披露意愿(MF_Dum)和管理层自愿性业绩预告披露频次(MF_Freq)均在1%水平上显著高于未实施国际化战略的企业，初步说明企业实施国际化战略确实能够在一定程度上提升管理层自愿性业绩预告披露意愿和披露频次。不过，变量 MF_Bad 的组间差异并不显著，这个结果可能与企业国际化战略的衡量方式有关。考虑到按照企业是否存在海外营业收入衡量企业国际化战略，可能存在一定局限性。因此，本书进一步按照企业国际化经营程度对样本总体进行组间差异检验。具体来说，Panel B按照同一行业、同一年度内样本公司 International 的平均值将样本总体划分为国际化经营程度较高组和国际化经营程度较低组。通过组间差异 t 检验结果可以看出，对于国际化经营程度较高的企业，其管理层自愿性业绩预告披露意愿(MF_Dum)、管理层自愿性业绩预告披露频次(MF_Freq)以及管理层自愿性业绩预告中的坏消息披露频次(MF_Bad)均在1%水平上显著高于国际化经营程度较低的企业，表明对于国际化经营程度越高的企业，管理层自愿性业绩预告披露意愿越强烈，且管理层在业绩预告中对外披露的负面信息也越多。Panel A 与 Panel B 的检验结果直观显示了本书研究假设在统计数据上的客观存在性，初步验证了本书提出的假设。

表 3-4　　　　　　　　　　　　**单变量差异性检验结果**

	未实施国际化战略的企业			实施了国际化战略的企业		
变量	样本量	均值	中位值	样本量	均值	中位值
MF_Dum	8667	0.418	0.000	7459	0.441 ***	0.000 ***
MF_Freq	8667	0.664	0.000	7459	0.703 ***	0.000 ***
MF_Bad	8667	0.271	0.000	7459	0.268	0.000

Panel A：未实施国际化战略的企业与实施了国际化战略的企业差异性检验

Panel B：国际化经营程度较低组与国际化经营程度较高组差异性检验

变量	国际化经营程度较低组			国际化经营程度较高组		
	样本量	均值	中位值	样本量	均值	中位值
MF_Dum	12172	0.419	0.000	3954	0.460***	0.000***
MF_Freq	12172	0.663	0.000	3954	0.743***	0.000***
MF_Bad	12172	0.260	0.000	3954	0.300***	0.000***

四、基本回归

表3-5报告了本书的主回归结果。其中，列(1)和列(4)报告了企业实施国际化战略(International)对管理层自愿性业绩预告披露意愿(MF_Dum)影响的混合 Logit 模型回归结果。通过列(1)可以看出，在未添加控制变量的情况下，International 与 MF_Dum 在1%显著性水平上正相关；通过列(4)可以看出，在添加控制变量以后，International 依然与 MF_Dum 在1%显著性水平上正相关，且模型拟合优度 Pseudo R^2 较列(1)有所提高，表明模型(1)设定合理、回归结果稳定，这也意味着企业实施国际化战略有助于提升管理层自愿性业绩预告披露意愿。企业国际化经营程度越高，管理层自愿性业绩预告的披露意愿越强烈。此外，通过计算列(4)的经济显著性结果发现，International 每增加一个标准差(0.186)，管理层自愿披露业绩预告的可能性将平均增加14.78%(0.186×0.341/0.429 = 0.1478)。[1]

表3-5列(4)的控制变量回归结果显示，资产规模越大、经营业绩越好、股权集中度越高的企业，管理层自愿性业绩预告披露意愿越低。相反，负债比例越高、营业收入增长越迅速、上市时间越长的企业，管理层自愿性业绩预告披露意愿越高。此外，公司当年净利润相比上年是否出现下滑、公司年度审计报告是否由全球四大会计师事务所出具以及公司实际控制人是否属于国有单位，均是影响管理层自愿性业绩预告披露意愿的重要因素。控制变量

[1] 实证研究中除了需要关注统计显著性，还需要关注经济显著性，即：解释变量每变动一个标准差引起被解释变量变化值相对于被解释变量均值的变化程度。经济显著性以统计显著性为基础，用于评估统计结果的经济意义以及回归模型中变量的解释力。

回归结果表明管理层对业绩预告的自愿性披露动机在不同的场景下会表现出明显的异质性，这也进一步表明管理层对业绩预告的披露意愿是权衡多方利益权衡后的结果。

接下来，表 3-5 列(2)和列(5)报告了企业实施国际化战略(International)对管理层自愿性业绩预告披露频次(MF_Freq)影响的混合 Ologit 模型回归结果。通过列(2)可以看出，在未添加控制变量的情况下，International 与 MF_Freq 在 1% 显著性水平上正相关；通过列(5)可以看出，在添加控制变量以后，International 依然与 MF_Freq 在 1% 显著性水平上正相关，且模型整体拟合优度 Pseudo R^2 较列(2)有所提高，表明企业实施国际化战略有助于提高管理层自愿性业绩预告披露频次。企业国际化经营程度越高，管理层越愿意自愿披露更多业绩预告信息，以降低公司外部利益相关者对公司经营成果的不确定性程度。列(5)中控制变量的回归结果与列(4)基本一致，验证了模型的可靠性。上述回归结果联合支持了假设 1。此外，通过计算列(5)的经济显著性结果发现，International 每增加一个标准差(0.186)，管理层自愿披露业绩预告的频次将平均增加 0.10 次($0.186 \times 0.384/0.682 = 0.1047$)。

最后，表 3-5 列(3)和列(6)报告了企业实施国际化战略(International)如何影响管理层自愿性业绩预告中坏消息披露频次(MF_Bad)的混合 Ologit 模型回归结果。通过列(3)可以看出，在未添加控制变量的情况下，International 与 MF_Bad 在 5% 显著性水平上正相关；通过列(6)可以看出，在添加控制变量以后，International 依然与 MF_Bad 在 5% 显著性水平上正相关，且模型整体拟合优度值 Pseudo R^2 较列(3)有较大提高，表明实施国际化战略的企业并非只是自愿披露了更多好消息，相反，实施国际化战略有助于促使管理层在自愿性业绩预告中披露更多负面消息。企业国际化经营程度越高，管理层自愿性业绩预告中披露的坏消息数量也越多。这也意味着企业实施国际化战略能够有效抑制管理层对于负面前瞻性盈余信息的策略性隐瞒行为，引导管理层提升披露负面前瞻性盈余信息的意愿，提高业绩预告的真实性以及业绩预告中所包含的公司盈余信息含量，充分发挥业绩预告在缓解信息不对称、法律诉讼风险以及代理成本等方面的治理效应。不过，在列(6)的控制变量中，反映公司治理水平的变量(如：Shold、Mhold、Board、Dual、Big4 等)基本不显著，表明公司治理能力可能并不是影响管理层自愿性负面业绩预告披露意愿的关键因素，这也间接说明以公司治理为代表的制度硬约束可能并不能有效激发管理层自愿性信息披露的内在动机。但是，Loss 与 MF_Bad 却在 1% 水平上显著正相关，表明经营业绩（净利润）相比上年同期下滑的企业确实在业绩预告中自愿披露了更多属实的坏消息，这也有力地证明了我国 A 股资本市场中上市公司业绩预告"预警"功能的有效性。总体而言，上述回归结果支持了假设 2。此外，通过计算列（6）的经济显著性结果发现，International 每增加一个标准差（0.186），管理层自愿披露负面业绩预告的频次将平均增加 0.17 次（0.186×0.248/0.270 = 0.1708），高于管理层自愿披露业绩预告的频次增加值。这也强有力地说明了企业实施国际化战略对管理层自愿披露负面盈余信息的积极溢出效应。

表 3-5　　企业实施国际化战略对管理层自愿性业绩预告披露行为的影响

变量	（1）MF_Dum	（2）MF_Freq	（3）MF_Bad	（4）MF_Dum	（5）MF_Freq	（6）MF_Bad
International	0.344 ***	0.408 ***	0.257 **	0.341 ***	0.384 ***	0.248 **
	(3.85)	(4.83)	(2.35)	(3.76)	(4.49)	(2.12)
Size				−0.039 **	−0.036 **	−0.119 ***
				(−2.37)	(−2.31)	(−5.49)
Leverage				0.373 ***	0.429 ***	0.106
				(3.48)	(4.27)	(0.79)
Roa				−4.516 ***	−3.533 ***	−11.113 ***
				(−11.89)	(−10.20)	(−24.46)
Growth				0.221 ***	0.191 ***	0.006
				(6.74)	(6.62)	(0.13)
Loss				−0.284 ***	−0.259 ***	0.944 ***
				(−7.36)	(−7.04)	(18.89)
Shold				−0.009 ***	−0.010 ***	0.002
				(−3.03)	(−3.28)	(0.43)
Mhold				0.504 *	0.214	0.401
				(1.77)	(0.79)	(0.98)

续表

变量	（1）	（2）	（3）	（4）	（5）	（6）
	MF_Dum	MF_Freq	MF_Bad	MF_Dum	MF_Freq	MF_Bad
Board				0.003	0.002	0.014
				(0.03)	(0.02)	(0.11)
Dual				−0.021	−0.007	−0.040
				(−0.44)	(−0.16)	(−0.63)
Age				0.108***	−0.018	0.001
				(3.58)	(−0.61)	(0.02)
Big4				−0.259***	−0.229***	−0.105
				(−3.79)	(−3.44)	(−1.07)
Soe				−0.131***	−0.135***	0.099*
				(−3.40)	(−3.71)	(1.96)
Industry	控制	控制	控制	控制	控制	控制
Year	控制	控制	控制	控制	控制	控制
Constant	0.280**			1.002***		
	(2.02)			(2.63)		
Obs	16126	16126	16126	16126	16126	16126
Pseudo R^2	0.0254	0.0262	0.0222	0.0425	0.0347	0.1248

注：上表中括号内为 t 值；***、** 和 * 分别表示在 1%、5% 和 10% 水平上显著。

五、稳健性检验

为进一步验证前述模型(3-1)至模型(3-3)回归结果的有效性，本书还从变量替换以及模型变更的角度对提出的假设进行了如下稳健性检验。

（一）剔除行业因素对企业国际化战略的影响

考虑到行业特征是影响企业出口绩效的重要因素，不同行业的企业在国际化经营能力与国际化经营程度方面存在较大差异，因此，需要进一步排除行业因素对原企业国际化战略度量指标的潜在影响。为解决这一问题，本书将"企业国际化战略"重新定义为"企业海外营业收入占总营业收入的比值与当年同行业样本公司海外营业收入占总营业收入比值的平均值之间的差值（Inter_Adj）"。显然，Inter_Adj能够更好地反映某一企业相比同行业其他企业在国际化经营行为与经营程度方面的差距，是剔除行业因素后能够反映企业国际化战略激进程度的指标。

表3-6列（1）至列（3）报告了变量替换后模型（3-1）至模型（3-3）的回归结果，可以看出，重新定义企业国际化战略的度量方法后，Inter_Adj与MF_Dum、MF_Freq在1%水平上显著正相关，与MF_Bad在5%水平上显著正相关，表明在剔除行业因素后，国际化战略激进程度越高的企业，管理层对于自愿性业绩预告的披露意愿越强、披露频次越高，且在自愿性业绩预告中披露了更多坏消息。此外，相比表3-5列（4）至列（6）的回归结果，表3-6列（1）至列（3）中变量Inter_Adj的回归系数大小、显著性，以及模型整体拟合优度值Pseudo R^2并未发生明显改变，表明本书模型（3-1）至模型（3-3）中企业国际化战略（International）的度量方法可靠。上述结论进一步验证了本书主回归结果的稳健性。

（二）使用国际化广度指标衡量企业国际化战略

除了海外营业收入以外，海外子公司数量也是常被用于衡量企业国际化经营行为的指标。Johanson和Vahlne（2009）指出，企业海外营业收入占总营业收入的比值是衡量企业国际化深度的指标，而企业海外子公司数量占总子公司数量的比值则是衡量企业国际化广度的标准，两者均能在一定程度上反映企业国际化战略。为此，本书参照Johanson和Vahlne（2009）等文献的做法，使用"企业海外子公司数量占企业总子公司数量的比值（O_Subs）"作为企业国际化战略的代理变量。O_Subs越大意味着企业海外扩张程度越高。表3-6列（4）至列（6）报告了变量替换后模型（3-1）至模型（3-3）的回归结果，可以看出，O_Subs与MF_Dum、MF_Freq在1%水平上显著正相关，与MF_Bad在10%水平上显著正相关，该回归结果与前述主回归检验结果基本一致，进一步验证了本书提出的假设。

表 3-6　　　　　　　　　　　稳健性检验回归结果一

变量	（1）	（2）	（3）	（4）	（5）	（6）
	MF_Dum	MF_Freq	MF_Bad	MF_Dum	MF_Freq	MF_Bad
Inter_Adj	0. 350***	0. 395***	0. 252**			
	（3. 85）	（4. 62）	（2. 16）			
O_Subs				0. 644***	0. 589***	0. 353*
				（4. 66）	（4. 53）	（1. 92）
Size	−0. 039**	−0. 036**	−0. 119***	−0. 048***	−0. 044***	−0. 123***
	（−2. 37）	（−2. 32）	（−5. 49）	（−2. 89）	（−2. 81）	（−5. 64）
Leverage	0. 373***	0. 429***	0. 106	0. 375***	0. 433***	0. 106
	（3. 48）	（4. 26）	（0. 79）	（3. 50）	（4. 30）	（0. 80）
Roa	−4. 513***	−3. 530***	−11. 112***	−4. 540***	−3. 554***	−11. 111***
	（−11. 88）	（−10. 19）	（−24. 46）	（−11. 95）	（−10. 26）	（−24. 46）
Growth	0. 221***	0. 191***	0. 006	0. 220***	0. 191***	0. 005
	（6. 74）	（6. 62）	（0. 13）	（6. 72）	（6. 62）	（0. 12）
Loss	−0. 284***	−0. 259***	0. 944***	−0. 284***	−0. 258***	0. 945***
	（−7. 36）	（−7. 04）	（18. 89）	（−7. 36）	（−7. 02）	（18. 91）
Shold	−0. 009***	−0. 010***	0. 002	−0. 009***	−0. 010***	0. 002
	（−3. 03）	（−3. 29）	（0. 43）	（−3. 04）	（−3. 29）	（0. 42）
Mhold	0. 504*	0. 214	0. 401	0. 522*	0. 241	0. 420
	（1. 77）	（0. 79）	（0. 98）	（1. 84）	（0. 89）	（1. 03）
Board	0. 003	0. 002	0. 014	0. 008	0. 006	0. 012
	（0. 03）	（0. 02）	（0. 11）	（0. 09）	（0. 06）	（0. 10）
Dual	−0. 021	−0. 007	−0. 040	−0. 020	−0. 005	−0. 040
	（−0. 44）	（−0. 16）	（−0. 63）	（−0. 41）	（−0. 12）	（−0. 62）

续表

变量	（1）	（2）	（3）	（4）	（5）	（6）
	MF_Dum	MF_Freq	MF_Bad	MF_Dum	MF_Freq	MF_Bad
Age	0.108***	−0.018	0.001	0.112***	−0.016	0.002
	(3.58)	(−0.61)	(0.02)	(3.71)	(−0.54)	(0.05)
Big4	−0.259***	−0.229***	−0.105	−0.281***	−0.248***	−0.116
	(−3.79)	(−3.44)	(−1.07)	(−4.10)	(−3.73)	(−1.18)
Soe	−0.131***	−0.135***	0.099*	−0.117***	−0.123***	0.107**
	(−3.40)	(−3.71)	(1.96)	(−3.04)	(−3.35)	(2.09)
Industry	控制	控制	控制	控制	控制	控制
Year	控制	控制	控制	控制	控制	控制
Constant	0.997***			1.182***		
	(2.62)			(3.08)		
Obs	16126	16126	16126	16126	16126	16126
Pseudo R^2	0.0425	0.0348	0.1248	0.0428	0.0347	0.1247

注：上表中括号内为 t 值；***、** 和 * 分别表示在 1%、5% 和 10% 水平上显著。

（三）使用海外客户集中度指标衡量企业国际化战略

客户集中度是反映企业对于主要客户依赖关系的指标，且 Crawford 等（2020）研究发现客户集中度能够对管理层自愿性业绩预告披露行为产生重要影响，为此，本书使用海外客户集中度作为企业国际化战略的代理变量。具体地，使用两种方法度量海外客户集中度：第一，使用"前五大客户中海外客户销售收入占比（O_Ratio）"度量海外客户集中度，即：前五大客户中海外客户销售收入总额与前五大客户销售收入总额的比值；第二，使用"前五大客户中海外客户赫芬达尔指数（O_CC）"度量海外客户集中度，即：前五大客户中各海外客户销售收入与前五大客户总销售收入比值的平方和。显然，O_Ratio 与 O_CC 均介于 0 和 1 之间。O_Ratio 与 O_CC 越接近于 1，表明企业对海外客户的依赖程度越高，进而表明企业国际化经营程度越高。表 3-7 列（1）至列（6）报告了回归结果，可以看出，O_Ratio 与 MF_Dum、MF_Freq 以及 MF_Bad

均在 5% 水平上显著正相关，O_CC 与 MF_Dum、MF_Freq 以及 MF_Bad 均在
5% 或 10% 水平上显著正相关，表明随着企业对海外客户依赖程度的增加，管
理层对于自愿性业绩预告的披露意愿、披露频次以及自愿性业绩预告中负面
信息的披露频次也随之增加，进一步验证了企业实施国际化战略对管理层自
愿性业绩预告披露行为的积极影响。

表 3-7　　　　　　　　　　稳健性检验回归结果二

变量	（1）MF_Dum	（2）MF_Freq	（3）MF_Bad	（4）MF_Dum	（5）MF_Freq	（6）MF_Bad
O_Ratio	0.316**	0.258**	0.337**			
	(2.37)	(2.08)	(2.09)			
O_CC				1.043**	0.805*	1.101*
				(2.19)	(1.82)	(1.93)
Size	−0.037**	−0.033**	−0.117***	−0.037**	−0.033**	−0.117***
	(−2.24)	(−2.15)	(−5.41)	(−2.23)	(−2.14)	(−5.40)
Leverage	0.372***	0.429***	0.102	0.371***	0.428***	0.102
	(3.48)	(4.26)	(0.77)	(3.47)	(4.26)	(0.76)
Roa	−4.534***	−3.555***	−11.119***	−4.537***	−3.559***	−11.121***
	(−11.94)	(−10.26)	(−24.47)	(−11.95)	(−10.28)	(−24.48)
Growth	0.222***	0.193***	0.006	0.222***	0.193***	0.006
	(6.77)	(6.67)	(0.13)	(6.77)	(6.67)	(0.13)
Loss	−0.281***	−0.256***	0.945***	−0.282***	−0.257***	0.945***
	(−7.30)	(−6.98)	(18.91)	(−7.30)	(−6.98)	(18.91)
Shold	−0.009***	−0.010***	0.002	−0.009***	−0.010***	0.002
	(−3.04)	(−3.29)	(0.42)	(−3.04)	(−3.29)	(0.42)
Mhold	0.518*	0.235	0.406	0.522*	0.239	0.410
	(1.82)	(0.87)	(0.99)	(1.84)	(0.89)	(1.00)

续表

变量	（1）	（2）	（3）	（4）	（5）	（6）
	MF_Dum	MF_Freq	MF_Bad	MF_Dum	MF_Freq	MF_Bad
Board	0.003	0.002	0.014	0.003	0.002	0.014
	(0.04)	(0.02)	(0.11)	(0.03)	(0.02)	(0.11)
Dual	−0.019	−0.004	−0.039	−0.019	−0.004	−0.038
	(−0.40)	(−0.10)	(−0.61)	(−0.40)	(−0.09)	(−0.60)
Age	0.101***	−0.026	−0.004	0.101***	−0.025	−0.004
	(3.36)	(−0.89)	(−0.10)	(3.38)	(−0.88)	(−0.09)
Big4	−0.257***	−0.227***	−0.102	−0.257***	−0.228***	−0.102
	(−3.76)	(−3.42)	(−1.04)	(−3.77)	(−3.43)	(−1.04)
Soe	−0.136***	−0.140***	0.095*	−0.135***	−0.139***	0.096*
	(−3.53)	(−3.82)	(1.88)	(−3.52)	(−3.81)	(1.89)
Industry	控制	控制	控制	控制	控制	控制
Year	控制	控制	控制	控制	控制	控制
Constant	0.993***			0.989***		
	(2.61)			(2.60)		
Obs	16126	16126	16126	16126	16126	16126
Pseudo R^2	0.0421	0.0343	0.1247	0.0421	0.0343	0.1248

注：上表中括号内为 t 值；***、** 和 * 分别表示在1%、5%和10%水平上显著。

（四）检验企业国际化战略对管理层自愿性业绩预告披露行为的动态影响

不同于其他类型的企业行为，企业战略实施具有连续性特征，会在一定时期内保持相对稳定，因此，企业国际化战略对于管理层自愿性业绩预告披露行为的影响，也会保持一定的连续性，其相关关系不太可能仅仅只出现在短窗口期内。为验证这一推断，本书将模型（3-1）至模型（3-3）中的被解释变量提前一期和提前两期，以观察企业实施国际化战略对管理层未来一年（t+1）

和未来两年(t+2)自愿性业绩预告披露行为的动态影响。表3-8报告了回归结果，可以看出，企业实施国际化战略依然能够对管理层未来一年、未来两年自愿性业绩预告披露意愿、披露频次以及坏消息频率频次在一定程度上产生促进作用，表明本书主回归结果并非偶然发生。不过，相比表3-5的主回归结果，表3-8中International的回归系数在逐渐变小，显著性在逐渐降低(t值逐渐减小)，表明随着时间的推移，企业国际化经营行为对于管理层自愿性业绩预告披露行为的积极影响在逐渐减弱。上述结果进一步验证了企业国际化战略与管理层自愿性业绩预告披露行为之间相关关系的客观存在性。

表3-8　　　　　　　　　　　稳健性检验回归结果三

变量	(1) MF_Dum (t+1)	(2) MF_Freq (t+1)	(3) MF_Bad (t+1)	(4) MF_Dum (t+2)	(5) MF_Freq (t+2)	(6) MF_Bad (t+2)
International	0.302***	0.317***	0.292**	0.258**	0.292***	0.015
	(2.95)	(3.27)	(2.32)	(2.32)	(2.74)	(0.11)
Size	−0.060***	−0.047***	−0.152***	−0.052***	−0.035*	−0.122***
	(−3.33)	(−2.77)	(−6.73)	(−2.64)	(−1.88)	(−5.01)
Leverage	0.641***	0.628***	0.595***	0.744***	0.727***	0.595***
	(5.42)	(5.61)	(4.14)	(5.80)	(5.94)	(3.81)
Roa	−5.357***	−4.610***	−4.529***	−5.271***	−4.946***	−4.355***
	(−11.57)	(−10.79)	(−8.43)	(−10.69)	(−10.79)	(−7.54)
Growth	0.150***	0.165***	−0.011	0.061	0.063*	0.067
	(4.35)	(5.18)	(−0.25)	(1.64)	(1.77)	(1.47)
Loss	0.045	0.049	0.595***	0.082*	0.078*	0.076
	(1.08)	(1.22)	(11.42)	(1.83)	(1.84)	(1.36)
Shold	−0.008**	−0.007**	0.006	−0.005	−0.004	0.001
	(−2.38)	(−2.30)	(1.62)	(−1.52)	(−1.29)	(0.31)

变量	(1) MF_Dum (t+1)	(2) MF_Freq (t+1)	(3) MF_Bad (t+1)	(4) MF_Dum (t+2)	(5) MF_Freq (t+2)	(6) MF_Bad (t+2)
Mhold	0.365	0.191	−0.162	−0.812	−0.911*	−1.183
	(0.95)	(0.52)	(−0.28)	(−1.52)	(−1.73)	(−1.37)
Board	0.021	0.030	0.074	0.027	0.027	0.079
	(0.20)	(0.30)	(0.56)	(0.24)	(0.25)	(0.56)
Dual	−0.056	−0.031	−0.073	−0.085	−0.063	−0.140*
	(−1.05)	(−0.61)	(−1.07)	(−1.44)	(−1.10)	(−1.83)
Age	0.085**	−0.023	0.144***	0.169***	0.087**	0.264***
	(2.37)	(−0.65)	(2.87)	(3.83)	(2.04)	(4.20)
Big4	−0.201***	−0.165**	−0.100	−0.192**	−0.141*	−0.176
	(−2.72)	(−2.29)	(−1.00)	(−2.41)	(−1.81)	(−1.63)
Soe	−0.126***	−0.118***	0.115**	−0.138***	−0.132***	0.146***
	(−3.02)	(−2.98)	(2.20)	(−3.07)	(−3.09)	(2.58)
Industry	控制	控制	控制	控制	控制	控制
Year	控制	控制	控制	控制	控制	控制
Constant	1.266***			0.103		
	(3.01)			(0.22)		
Obs	13592	13592	13592	11776	11776	11776
Pseudo R^2	0.0389	0.0281	0.0560	0.0370	0.0227	0.0413

注：上表中括号内为 t 值；***、** 和 * 分别表示在 1%、5% 和 10% 水平上显著。

(五)变更主回归模型中的函数形式

为进一步验证本书主回归结果的稳定性，本书将模型(3-1)的函数形式由混合 Logit 回归变更为面板普通最小二乘法回归(OLS 回归)，并且控制了公司层面的个体固定效应以排除同一个体中不随时间变化的因素对回归结果的影响；考虑到管理层自愿性业绩预告披露频次（MF_Freq）和管理层自愿性业绩预告中坏消息的披露频次（MF_Bad）样本分布具有平稳性、独立性和低概率性特征，且存在大量取值为零的样本，基本服从泊松分布条件，因此，将模型（3-2）和模型（3-3）的函数形式变更为混合泊松回归（Poisson 回归）。表 3-9 报告了回归结果，可以看出，即使在变更函数形式后，International 与 MF_Dum、MF_Freq 以及 MF_Bad 之间的相关关系并未发生显著改变，进一步验证了企业实施国际化战略与管理层自愿性信息披露行为之间相关关系的客观存在性以及本书主回归结果的稳健性。

表 3-9　　　　　　　　　　　稳健性检验回归结果四

变量	(1) MF_Dum	(2) MF_Freq	(3) MF_Bad
International	0.110***	0.241***	0.224***
	(2.90)	(4.86)	(2.83)
Size	−0.010	−0.016*	−0.078***
	(−1.17)	(−1.69)	(−5.16)
Leverage	−0.003	0.301***	0.155*
	(−0.07)	(4.86)	(1.72)
Roa	−0.553***	−1.779***	−6.392***
	(−5.46)	(−8.63)	(−25.16)
Growth	0.040***	0.111***	−0.046
	(5.43)	(6.70)	(−1.29)
Loss	−0.082***	−0.153***	0.916***
	(−9.45)	(−6.69)	(23.88)
Shold	0.000	−0.006***	0.002
	(0.10)	(−3.50)	(0.87)
Mhold	−0.154	0.074	0.048
	(−0.85)	(0.46)	(0.16)

续表

变量	（1）	（2）	（3）
	MF_Dum	MF_Freq	MF_Bad
Board	−0.036	0.014	−0.050
	（−0.92）	（0.25）	（−0.56）
Dual	0.019	−0.000	−0.033
	（1.33）	（−0.01）	（−0.73）
Age	−0.000	−0.053 ***	−0.066 **
	（−0.01）	（−3.14）	（−2.24）
Big4	−0.045	−0.119 ***	−0.037
	（−1.42）	（−2.87）	（−0.54）
Soe	−0.008	−0.086 ***	0.081 **
	（−0.31）	（−3.86）	（2.26）
Constant	0.861 ***	0.531 **	0.414
	（4.18）	（2.39）	（1.19）
Industry	不控制	控制	控制
Firm	控制	不控制	不控制
Year	控制	控制	控制
Obs	16126	16126	16126
Adj-R2/Pseudo R^2	−0.135	0.0429	0.1428

注：上表中括号内为 t 值；***、** 和 * 分别表示在1%、5%和10%水平上显著。

六、内生性检验

为排除本书主回归模型中因样本选择性偏差、变量间反向因果以及变量遗漏等引发的内生性问题。本书实施了以下内生性检验。

（一）使用倾向得分匹配法对研究样本进行重新筛选

企业实施国际化战略与管理层自愿性业绩预告披露行为之间可能存在伪

相关的可能性，表现为具有某些财务特征的企业可能更倾向于实施国际化战略且国际化经营程度较高，而具有这些财务特征的企业自身可能也有较高的自愿性盈利预测信息披露动机，由此导致企业实施国际化战略可能并不是真正促使管理层自愿披露业绩预告的动因，进而使得本书表 3-5 主回归结果存在偏误。为排除这种可能性，本书按照同一行业、同一年度内样本公司 International 的平均值将样本总体划分为高国际化经营程度组和低国际化经营程度组，令高国际化经营程度组为处理组，低国际化经营程度组为对照组，并使用倾向得分匹配法（Propensity Score Matching，PSM）将对照组样本进行重新筛选，以便能够在确保处理组样本和对照组样本某些关键特征无差异的情况下观察企业实施国际化战略对管理层自愿性业绩预告披露行为的净影响。

倾向得分匹配法的具体步骤为：首先，以反映企业当年国际化经营程度高低的哑变量（International_Dum）作为被解释变量，以公司当年资产规模（Size）、资产负债率（Leverage）、资产收益率（Roa）、营业收入增长率（Growth）、业绩下滑哑变量（Loss）、股权集中度（Shold）、高管持股比例（Mhold）、董事会规模（Board）、两职兼任情况（Dual）、公司上市年限（Age）以及产权性质（Soe）作为协变量（解释变量），使用 Probit 回归模型为每一个样本计算一个倾向得分；其次，按照 1∶1 无放回最近邻匹配的原则，为每个处理组样本配对一个倾向得分最接近的对照组样本。最终，本书为 3890 个处理组样本配对得到 3890 个对照组样本。

倾向得分匹配要求处理组和对照组满足平行趋势假设，也即处理组公司和对照组公司应当具备高度相似的特征及变动趋势，为此，本书针对配对样本进行平衡假设检验，表 3-10 Panel A 列示了检验结果。可以看出，在进行倾向得分匹配以前，除了 Size 和 Growth 以外，其他协变量均在处理组和对照组之间差异显著，表明原始样本可能存在较严重的选择性偏差问题，有必要将对照组样本进行配对处理。不过，在进行倾向得分匹配以后，除了 Roa 以外，其余协变量在处理组和对照组之间的差异变得不再显著，表明已经消除了潜在的样本选择性偏差问题。此外，本书还报告了倾向得分匹配的平均处理效应（Average Treatment Effect on the Treated，ATT）。所谓平均处理效应，即处理组样本和对照组样本在倾向得分匹配前后被解释变量的变化程度。ATT 结果如表 3-10 Panel B 所示。可以看出，无论是在对原样本进行倾向得分匹配处理前还是处理后，处理组公司的管理层自愿性业绩预告披露意愿（MF_Dum）、管理层自愿性业绩预告披露频次(MF_Freq)以及管理层自愿性业绩预告中的坏消息披露频次(MF_Bad)均在1%或5%水平上显著高于对照组公司,这一结果进一步验证了企业实施国际化战略与管理层自愿性业绩预告披露行为相关关系的客观存在性。

接下来,表3-10中Panel C报告了原样本经过倾向得分匹配后的多元回归结果。可以看出,在控制了可能的样本选择性偏误问题后,International与MF_Dum、MF_Freq以及MF_Bad依然在1%水平上显著正相关。而且,相比表3-5,样本经过倾向得分匹配处理后,变量International的回归系数大小、t值以及模型整体拟合优度值Pseudo R^2均有所增加,表明对样本进行倾向得分匹配处理有助于提高模型(3-1)至模型(3-3)的解释力,这也进一步验证了本书提出的假设。

表3-10　　　　　　　　　倾向得分匹配法内生性检验结果

Panel A:倾向得分匹配平衡假设检验							
变量	样本匹配	平均值		偏差 (%)	偏差 减少额	显著性检验	
		实验组	对照组			t值	p值
Size	Unmatched	22.316	22.338	−1.6	97.4%	−0.86	0.388
	Matched	22.317	22.317	0.0		0.02	0.986
Leverage	Unmatched	0.489	0.499	−4.6	58.3%	−2.51	0.012
	Matched	0.490	0.493	−1.9		−0.84	0.399
Roa	Unmatched	0.031	0.035	−7.5	45.2%	−4.05	0.000
	Matched	0.031	0.028	4.1		1.75	0.080
Growth	Unmatched	0.175	0.191	−3.1	65.6%	−1.63	0.104
	Matched	0.175	0.170	1.1		0.48	0.630
Loss	Unmatched	0.425	0.400	5.0	65.7%	2.73	0.006
	Matched	0.425	0.433	−1.7		−0.76	0.450
Shold	Unmatched	3.906	4.258	−6.4	88.9%	−3.42	0.001
	Matched	3.907	3.868	0.7		0.33	0.741
Mhold	Unmatched	0.026	0.015	14.4	75.2%	8.43	0.000
	Matched	0.026	0.023	3.6		1.46	0.144

续表

Panel A：倾向得分匹配平衡假设检验

变量	样本匹配	平均值		偏差（%）	偏差减少额	显著性检验	
		实验组	对照组			t 值	p 值
Board	Unmatched	2.285	2.292	-3.7	76.4%	-2.00	0.046
	Matched	2.285	2.287	-0.9		-0.39	0.696
Dual	Unmatched	0.183	0.154	7.6	84.6%	4.19	0.000
	Matched	0.182	0.177	1.2		0.50	0.616
Age	Unmatched	2.376	2.482	-14.7	94.6%	-8.24	0.000
	Matched	2.378	2.384	-0.8		-0.33	0.742
Soe	Unmatched	0.572	0.611	-8.1	89.7%	-4.44	0.000
	Matched	0.572	0.576	-0.8		-0.37	0.714

Panel B：倾向得分匹配平均处理效应

变量	样本	处理组	对照组	差异	标准误	t 值
MF_Dum	Unmatched	0.461	0.419	0.042	0.009	4.60***
	ATT	0.460	0.411	0.049	0.011	4.37***
MF_Freq	Unmatched	0.746	0.662	0.084	0.017	4.87***
	ATT	0.744	0.648	0.096	0.021	4.51***
MF_Bad	Unmatched	0.302	0.259	0.043	0.011	3.71***
	ATT	0.301	0.267	0.034	0.015	2.26**

Panel C：倾向得分匹配后多元回归结果

变量	(1)	(2)	(3)
	MF_Dum	MF_Freq	MF_Bad
International	0.4233***	0.487***	0.360***
	(4.04)	(4.95)	(2.68)
Size	-0.0340	-0.031	-0.127***
	(-1.39)	(-1.34)	(-3.96)
Leverage	0.2504	0.297**	0.066
	(1.61)	(2.04)	(0.34)

续表

变量	Panel C：倾向得分匹配后多元回归结果		
	（1）	（2）	（3）
	MF_Dum	MF_Freq	MF_Bad
Roa	−5.4998***	−4.480***	−11.092***
	（−10.19）	（−9.26）	（−17.90）
Growth	0.2384***	0.196***	0.045
	（4.66）	（4.38）	（0.63）
Loss	−0.3371***	−0.301***	1.028***
	（−6.08）	（−5.72）	（14.07）
Shold	−0.0159***	−0.016***	−0.007
	（−3.26）	（−3.52）	（−1.22）
Mhold	0.2913	−0.030	0.114
	（0.81）	（−0.09）	（0.22）
Board	0.1577	0.080	0.163
	（1.10）	（0.59）	（0.86）
Dual	0.0644	0.069	−0.009
	（0.96）	（1.10）	（−0.11）
Age	0.0767*	−0.043	−0.099*
	（1.91）	（−1.12）	（−1.79）
Big4	−0.3397***	−0.291***	−0.219
	（−3.40）	（−2.99）	（−1.51）
Soe	−0.1019*	−0.116**	0.132*
	（−1.82）	（−2.19）	（1.79）
Industry	控制	控制	控制
Year	控制	控制	控制
Constant	0.7101		
	（1.27）		
Obs	7780	7780	7780
Pseudo R^2	0.0477	0.0391	0.1364

注：上表中括号内为 t 值；***、** 和 * 分别表示在 1%、5% 和 10% 水平上显著。

(二)使用两阶段工具变量法检验潜在的反向因果问题

本书使用"企业海外营业收入占总营业收入的比值"作为企业国际化战略的代理变量，而金祥义和戴金平(2019)等研究发现高质量的信息披露有助于提升企业出口绩效，因此，本书模型(3-1)至模型(3-3)可能存在变量间反向因果所引发的内生性问题。为排除这种可能性，本书使用两阶段工具变量法(2SLS)对模型(3-1)至模型(3-3)进行了检验。

在工具变量的选择上，考虑到付鑫和张云(2019)研究发现中国企业在出口机会方面存在区域间不均衡性，地理位置、经济开放程度与经济发展程度是影响企业国际化经营水平的重要因素，因此，本书选择上市公司所在省、直辖市或自治区国内生产总值的自然对数(Ln_GDP)作为工具变量。该工具变量与企业国际化经营行为的有效实施密切相关，但并不会对管理层自愿性业绩预告披露行为产生直接影响，且与模型(1)至模型(3)的随机扰动项不相关，因此满足工具变量的选择条件。两阶段工具变量法第一阶段回归结果如表3-11列(1)所示，可以看出，Ln_GDP 与 International 在5%水平上显著正相关，表明地区经济发展水平确实是影响企业国际化经营程度的重要因素，经济越发达的地区企业出口贸易越活跃。将第一阶段回归后的被解释变量拟合值(International_hat)作为解释变量带入第二阶段进行回归，第二阶段回归结果如表3-11列(2)至列(4)所示，可以看出，在引入工具变量以后，拟合值 International_hat 与 MF_Dum、MF_Freq 以及 MF_Bad 均在1%水平上显著正相关，且相比表3-5，变量 International_hat 的回归系数、显著性水平均出现了较大提升，表明本书构建的主回归模型并不存在明显的变量间反向因果所导致的内生性问题。

此外，为检验工具变量的有效性，本书还进行了工具变量过度识别检验、工具变量不可识别检验和弱工具变量检验。检验结果如下：(1)工具变量不可识别检验显示 Anderson canon. corr. LM 统计值为 2.929，p 统计值为 0.0870，在10%的显著性水平上拒绝了"工具变量不可识别"的原假设；(2)弱工具变量检验显示 Cragg-Donald Wald F 统计值为 2.922，在10%的显著性水平上拒绝了"存在弱工具变量"的原假设；(3)工具变量过度识别检验显示 Sargan 统计值为 0.000，这是因为本书只选取了一个工具变量，工具变量个数等于内生解释变量个数，因此不存在过度识别问题。上述检验结果表明本书选取的工具是合理的。

表 3-11　　　　　　　　　　两阶段工具变量法回归结果

变量	（1）	（2）	（3）	（4）
	International	MF_Dum	MF_Freq	MF_Bad
Ln_GDP	0.008 **			
	(2.53)			
International_hat		9.147 ***	10.767 ***	8.151 ***
		(4.10)	(5.11)	(2.80)
Size	0.010 ***	−0.131 ***	−0.144 ***	−0.201 ***
	(5.91)	(−4.64)	(−5.41)	(−5.44)
Leverage	−0.021 **	0.556 ***	0.646 ***	0.268 *
	(−2.50)	(4.78)	(5.91)	(1.84)
Roa	−0.124 ***	−3.425 ***	−2.237 ***	−10.107 ***
	(−5.55)	(−7.30)	(−5.16)	(−17.39)
Growth	0.003	0.199 ***	0.166 ***	−0.014
	(1.54)	(5.99)	(5.64)	(−0.31)
Loss	−0.000	−0.280 ***	−0.254 ***	0.947 ***
	(−0.17)	(−7.27)	(−6.92)	(18.94)
Shold	0.000	−0.012 ***	−0.013 ***	−0.001
	(1.36)	(−3.88)	(−4.35)	(−0.28)
Mhold	0.040	0.200	−0.141	0.140
	(1.42)	(0.68)	(−0.50)	(0.33)
Board	−0.019 **	0.160	0.186 *	0.149
	(−2.28)	(1.55)	(1.91)	(1.10)
Dual	−0.002	−0.001	0.017	−0.023
	(−0.67)	(−0.03)	(0.38)	(−0.36)
Age	−0.018 ***	0.268 ***	0.171 ***	0.145 **
	(−4.92)	(5.32)	(3.57)	(2.13)
Big4	0.007	−0.324 ***	−0.304 ***	−0.162
	(1.01)	(−4.62)	(−4.48)	(−1.62)

续表

变量	（1） International	（2） MF_Dum	（3） MF_Freq	（4） MF_Bad
Soe	−0.010**	−0.040	−0.027	0.181***
	(−2.16)	(−0.90)	(−0.65)	(3.08)
Industry	控制	控制	控制	控制
Year	控制	控制	控制	控制
Constant	−0.091*	1.175***		
	(−1.78)	(3.06)		
Obs	16126	16126	16126	16126
Adj-R²/Pseudo R²	0.0173	0.0426	0.0349	0.1250

注：上表中括号内为 t 值；***、** 和 * 分别表示在 1%、5% 和 10% 水平上显著。

第五节　影响机制检验

综合前文分析，本书参照温忠麟等（2004）等文献的做法，使用中介效应三步骤模型，从企业经营风险、信息不对称、诉讼风险以及外部融资需求四个方面检验企业实施国际化战略影响管理层自愿性业绩预告披露意愿的路径和作用机理。

一、基于企业经营风险的路径检验

本书基于信号传递理论认为，企业实施国际化战略加剧了企业未来经营业绩的不确定性，而经营业绩波动会向市场传递消极信号，会对管理层顺利履行受托责任目标产生不利影响，进而促使管理层将积极披露前瞻性盈利预测信息作为改善公司信息环境、提高股票流动性、合规履行受托责任的措施。因此，本书将企业经营风险作为第一个中介因子进行机制检验。具体来说，参照 Patatoukas（2012）等文献的做法，使用公司当年及未来两年合计三年营业收入自然对数的滚动标准差衡量企业面临的经营风险（Ope_Risk），标准差越大，意味着企业未来经营收益的不确定性越高。

表3-12报告了中介效应检验结果，可以看出，列(1)中变量International
与中介因子Ope_Risk在5%水平上显著正相关，表明企业国际化经营程度越
高，管理层面临的经营收入不确定性也越高；列(2)至列(4)分别是模型(1)
至模型(3)中加入中介因子后的Logit模型/Ologit模型回归结果，结果显示，
Ope_Risk与MF_Dum、MF_Freq以及MF_Bad均在1%水平上显著正相关，表
明经营风险在促进管理层自愿性业绩预告披露意愿、披露频次以及坏消息披
露频次方面发挥了显著作用，进而说明经营风险这一影响路径和机制成立。

不过值得注意的是，列(4)中变量International的t值为0.151，在10%水
平上不显著，参照温忠麟等(2004)等文献的解释，可以认为"企业实施国际化
战略通过加剧企业经营风险进而提高管理层自愿性业绩预告中的坏消息披露
频次"是一个完全中介过程，经营风险(Ope_Risk)在其中发挥了完全中介效
应。列(2)和列(3)中变量International均在1%水平上显著，说明经营风险在
列(2)和列(3)中发挥的是部分中介效应。Sobel Z检验显示列(2)至列(4)的Z
统计量均在5%或10%水平上显著，证明了上述中介效应的客观存在性与合理
性。经计算，列(2)至列(4)中介效应占总效应的比值分别为2.74%、2.23%
和7.97%。①

表3-12　　　　　　　　　　　　影响机制检验一

变量	(1)	(2)	(3)	(4)
	Ope_Risk	MF_Dum	MF_Freq	MF_Bad
Ope_Risk		0.318***	0.272***	0.436***
		(3.88)	(3.60)	(4.60)
International	0.030**	0.339***	0.358***	0.151
	(2.31)	(3.35)	(3.75)	(1.14)
Size	−0.049***	−0.026	−0.019	−0.072***
	(−20.78)	(−1.45)	(−1.09)	(−3.04)

① 在中介效应分析中，解释变量对被解释变量的总效应(c)包括两部分：中介效应
(ab)与直接效应(c′)。中介效应占总效应(ab/c)的比值能够很好反映中介效应在解释变量
与被解释变量相关关系中所占的比重，是衡量中介效应效果的量化指标。

续表

变量	（1）	（2）	（3）	（4）
	Ope_Risk	MF_Dum	MF_Freq	MF_Bad
Leverage	0.042***	0.504***	0.540***	0.175
	（3.00）	（4.32）	（4.92）	（1.19）
Roa	−0.390***	−4.585***	−3.835***	−12.730***
	（−8.55）	（−10.55）	（−9.57）	（−23.39）
Growth	−0.002	0.212***	0.181***	0.002
	（−0.50）	（6.14）	（5.89）	（0.04）
Loss	−0.002	−0.264***	−0.250***	0.878***
	（−0.60）	（−6.32）	（−6.28）	（16.26）
Shold	−0.001*	−0.009***	−0.008***	0.002
	（−1.79）	（−2.68）	（−2.67）	（0.59）
Mhold	−0.042	−0.338	−0.480	−0.146
	（−0.96）	（−0.86）	（−1.25）	（−0.24）
Board	−0.019	0.022	0.014	−0.009
	（−1.47）	（0.21）	（0.15）	（−0.06）
Dual	−0.003	0.001	0.014	−0.044
	（−0.57）	（0.01）	（0.29）	（−0.63）
Age	0.022***	0.166***	0.070**	0.097*
	（5.09）	（4.57）	（2.01）	（1.83）
Big4	0.035***	−0.259***	−0.238***	−0.093
	（3.66）	（−3.54）	（−3.34）	（−0.90）
Soe	−0.044***	−0.114***	−0.123***	0.067
	（−7.63）	（−2.75）	（−3.12）	（1.22）
Industry	控制	控制	控制	控制
Year	控制	控制	控制	控制
Constant	1.232***	0.434		
	（22.11）	（1.02）		

变量	（1） Ope_Risk	（2） MF_Dum	（3） MF_Freq	（4） MF_Bad
Obs	13795	13795	13795	13795
Adj-R^2/Pseudo R^2	0.0805	0.0398	0.0292	0.1261
Sobel Z 检验	-	1.9849	1.9442	2.0643
p 统计值	-	0.0472	0.0519	0.0390
中介效应占比	-	2.74%	2.23%	7.97%

注：上表中括号内为 t 值；***、** 和 * 分别表示在1%、5%和10%水平上显著。

二、基于信息不对称的路径检验

本书认为，企业实施国际化战略加剧了企业战略模式的差异化程度与经营业务的复杂化程度，导致公司外部利益相关者与公司内部人之间的信息不对称程度提升，而这种战略差异引发的信息不对称会对管理层的私人利益产生不利影响，进而促使管理层将增加自愿性业绩预告披露频次作为管理层对外沟通以缓解信息不对称问题的重要手段。因此，本书将信息不对称作为第二个中介因子进行机制检验。本书参照 Amihud（2002）的做法，使用非流动性比率(ILL)①衡量投资者之间的信息不对称程度。非流动性比率越高，代表投资者之间的信息不对称程度越高。

①　非流动性比率(ILL)是对资本市场中股票流动性的衡量。所谓股票流动性，是指资本市场中能够以较低成本快速成交大量股票且对股票价格产生较小影响的一种股票交易特征，是反映资本市场有效性的重要指标。显然，股票流动性高则意味着该股票在即时交易中能以较低的交易成本迅速完成大规模交易。现有研究普遍认为，在微观企业层面，股票供给者与交易者之间的信息不对称程度以及非知情交易者的逆向选择行为，是影响股票流动性的重要因素。在股票流动性的度量方面，Amihud（2002）首次提出的非流动性比率，成为后续金融研究领域被广泛使用的指标。非流动性比率的具体计算方法为：$ILL = \sqrt{\dfrac{|R_{i,t}|}{\ln\_Volum_{i,t}}}$，其中 $|R_{i,t}|$ 代表公司 i 在第 t 年股票年平均收益率的绝对值，$\ln\_Volum_{i,t}$ 代表公司 i 在第 t 年股票年交易总额的自然对数值。

表 3-13 报告了中介效应检验结果，可以看出，列（1）中 International 与中介因子 ILL 在 1%水平上显著正相关，表明企业国际化经营程度越高，其股票市场流动性越低，也即企业实施国际化战略与企业内外信息不对称程度之间存在显著的正相关关系；列（2）至列（4）分别是模型（1）至模型（3）中加入中介因子后的 Logit 模型/Ologit 模型回归结果，结果显示，ILL 与 MF_Dum、MF_Freq 在 1%水平上显著正相关，与 MF_Bad 均在 10%水平上显著正相关，表明公司内外信息不对称程度的增加，在促进管理层自愿性业绩预告披露意愿、披露频次以及坏消息披露频次方面发挥了显著作用，进而说明信息不对称这一影响路径和机制成立。Sobel Z 检验显示列（2）至列（4）的 Z 统计量分别在 1%、5% 和 10%水平上显著，证明了上述中介效应的客观存在性与合理性。列（2）至列（4）中 International 的回归系数均在 1%或 5%水平上显著，说明企业实施国际化战略对管理层自愿性业绩预告披露行为的影响，只有一部分是通过信息不对称机制实现的，也即 ILL 在其中发挥了部分中介效应。经计算，列（2）至列（4）中介效应占总效应的比值分别为 3.61%、2.81% 和 2.82%。

表 3-13 影响机制检验二

变量	（1）	（2）	（3）	（4）
	ILL	MF_Dum	MF_Freq	MF_Bad
ILL		1.536***	1.339***	0.817*
		(4.83)	(4.46)	(1.92)
International	0.008***	0.328***	0.371***	0.240**
	(3.10)	(3.60)	(4.34)	(2.05)
Size	−0.005***	−0.032*	−0.029*	−0.114***
	(−10.51)	(−1.93)	(−1.87)	(−5.23)
Leverage	0.022***	0.338***	0.399***	0.091
	(7.81)	(3.15)	(3.96)	(0.68)
Roa	0.010	−4.563***	−3.567***	−11.145***
	(1.07)	(−11.99)	(−10.29)	(−24.50)

续表

变量	（1）	（2）	（3）	（4）
	ILL	MF_Dum	MF_Freq	MF_Bad
Growth	0.005***	0.213***	0.184***	0.002
	(5.64)	(6.49)	(6.38)	(0.05)
Loss	−0.003***	−0.281***	−0.256***	0.947***
	(−3.27)	(−7.27)	(−6.95)	(18.92)
Shold	0.000	−0.010***	−0.010***	0.001
	(0.03)	(−3.15)	(−3.40)	(0.27)
Mhold	0.002	0.521*	0.225	0.434
	(0.23)	(1.83)	(0.83)	(1.06)
Board	−0.002	0.000	−0.002	0.004
	(−0.83)	(0.00)	(−0.02)	(0.03)
Dual	0.001	−0.020	−0.004	−0.037
	(0.61)	(−0.41)	(−0.09)	(−0.58)
Age	0.011***	0.093***	−0.030	−0.005
	(13.93)	(3.07)	(−1.04)	(−0.12)
Big4	0.001	−0.260***	−0.229***	−0.105
	(0.56)	(−3.80)	(−3.45)	(−1.07)
Soe	−0.004***	−0.125***	−0.131***	0.102**
	(−4.19)	(−3.25)	(−3.58)	(2.01)
Industry	控制	控制	控制	控制
Year	控制	控制	控制	控制
Constant	0.331***	0.512		
	(32.02)	(1.30)		
Obs	16117	16117	16117	16117
Adj-R²/Pseudo R²	0.5647	0.0435	0.0353	0.1252

续表

变量	（1）	（2）	（3）	（4）
	ILL	MF_Dum	MF_Freq	MF_Bad
Sobel Z 检验	—	2.6089	2.5455	1.6323
p 统计值	—	0.0090	0.0109	0.1026
中介效应占比	—	3.61%	2.81%	2.82%

注：上表中括号内为 t 值；***、** 和 * 分别表示在 1%、5% 和 10% 水平上显著。

三、基于海外诉讼风险的路径检验

本书认为，企业实施国际化战略加剧了企业在海外市场面临的诉讼风险，而积极主动增加自愿性业绩预告信息披露，是管理层应对海外诉讼风险所引发的信息不对称问题的有效措施。因此，本书将海外诉讼风险作为第三个中介因子进行机制检验。具体的，参照毛新述和孟杰（2013）、潘越等（2015）等文献的做法，本书从国泰安 CSMAR 数据库获取了企业诉讼仲裁统计明细表，将起诉申请方属于海外单位或海外自然人的诉讼案件认定为企业在海外市场遭遇的诉讼事件，并定义一个衡量海外诉讼风险的哑变量（ForeLit_Risk），若公司当年作为被告遭遇了海外诉讼仲裁案件，且存在明确的被告涉诉金额时，ForeLit_Risk 取 1，否则取 0。

表3-14 报告了中介效应检验结果，可以看出，列（1）中 International 与中介因子 ForeLit_Risk 在 1% 水平上显著正相关，表明企业国际化经营程度越高，企业在海外市场面临的诉讼风险也越高；列（2）至列（4）分别是模型（1）至模型（3）中加入中介因子后的 Logit 模型/Ologit 模型回归结果，结果显示，ForeLit_Risk 与 MF_Dum、MF_Freq 以及 MF_Bad 均在 1% 或 5% 水平上显著正相关，表明对于国际化经营企业而言，海外诉讼风险在促进管理层自愿性业绩预告披露意愿、披露频次以及自愿性业绩预告中坏消息披露频次方面发挥了显著作用，进而说明海外诉讼风险这一影响路径和机制成立。Sobel Z 检验显示列（2）至列（4）的 Z 统计量在 1% 或 5% 水平上显著，证明了上述中介效应

的客观存在性与合理性。不过，列(2)至列(4)中 International 的回归系数均在1%或10%水平上显著，说明企业实施国际化战略对管理层自愿性业绩预告披露行为的影响，只有一部分是通过海外诉讼风险机制实现的，也即海外诉讼风险(ForeLit_Risk)在其中发挥的是部分中介效应。经计算，列(2)至列(4)中介效应占总效应的比值分别为71.75%、68.94%和78.39%。

表 3-14　　　　　　　　　　　影响机制检验三

变量	(1)	(2)	(3)	(4)
	ForeLit_Risk	MF_Dum	MF_Freq	MF_Bad
ForeLit_Risk		0.358***	0.355***	0.359**
		(2.80)	(3.02)	(2.31)
International	2.263***	0.319***	0.362***	0.224*
	(9.33)	(3.50)	(4.22)	(1.91)
Size	0.433***	−0.042**	−0.039**	−0.122***
	(7.11)	(−2.54)	(−2.51)	(−5.63)
Leverage	1.185***	0.368***	0.425***	0.103
	(2.62)	(3.43)	(4.22)	(0.77)
Roa	−4.820***	−4.482***	−3.498***	−11.069***
	(−3.51)	(−11.79)	(−10.09)	(−24.35)
Growth	−0.445**	0.222***	0.193***	0.007
	(−2.44)	(6.78)	(6.68)	(0.16)
Loss	−0.107	−0.283***	−0.258***	0.945***
	(−0.72)	(−7.35)	(−7.02)	(18.90)
Shold	−0.041***	−0.009***	−0.010***	0.002
	(−2.62)	(−2.97)	(−3.22)	(0.48)
Mhold	0.310	0.505*	0.216	0.409
	(0.30)	(1.77)	(0.80)	(1.00)

续表

变量	（1） ForeLit_Risk	（2） MF_Dum	（3） MF_Freq	（4） MF_Bad
Board	1.074***	−0.003	−0.005	0.006
	（3.01）	（−0.04）	（−0.06）	（0.04）
Dual	0.135	−0.023	−0.008	−0.043
	（0.74）	（−0.47）	（−0.19）	（−0.67）
Age	−0.225**	0.109***	−0.016	0.003
	（−2.11）	（3.62）	（−0.55）	（0.07）
Big4	−0.031	−0.262***	−0.231***	−0.107
	（−0.15）	（−3.83）	（−3.47）	（−1.09）
Soe	−0.095	−0.130***	−0.135***	0.100**
	（−0.63）	（−3.37）	（−3.69）	（1.97）
Industry	控制	控制	控制	控制
Year	控制	控制	控制	控制
Constant	−16.678***	1.076***		
	（−11.14）	（2.82）		
Obs	15903	16126	16126	16126
Pseudo R^2	0.1274	0.0428	0.0350	0.1250
Sobel Z 检验	−	2.6818	2.8732	2.2423
p 统计值	−	0.0073	0.0041	0.0249
中介效应占比	−	71.75%	68.94%	78.39%

注：上表中括号内为 t 值；***、** 和 * 分别表示在 1%、5% 和 10% 水平上显著。①

---

① 表3-14 列（1）中因为水利、环境和公共设施管理业（N）、居民服务、修理和其他服务业（O）、教育业（P）以及卫生和社会工作业（Q）完全预测失败导致 223 个观测值失效，因此最终回归结果中缺失 223 个观测值，导致样本量减少为 15903 个。

四、基于企业外部融资需求的路径检验

本书认为，企业实施国际化战略会增强企业外部融资需求，为了避免企业因资金短缺而陷入财务困境、遭遇破产风险，管理层会积极增加自愿性业绩预告披露意愿，以拓宽外部融资渠道，缓解融资约束。因此，本书将外部融资需求作为第四个中介因子进行机制检验。具体的，本书依据融资有序理论，参照况学文等(2019)等文献的做法，从财务赤字的角度度量企业外部融资需求。一般而言，企业的资金流出主要包括五方面内容：(1)新增固定资产、无形资产以及其他长期性资产所发生的资本支出(Capex)；(2)取得子公司及其他权益性资产所发生的资本支出(Equity)；(3)当年增加营运活动所发生的支出(ΔWc)；(4)偿还一年内到期的非流动负债所发生的支出(Debt)；(5)分配股利利润或偿付利息所发生的支出(Dividend)；而企业的资金流入主要来源于经营活动产生的现金流量净额(Cash)，显然，资金流出和流入之间的差额(Gap，Gap = Capex + Equity + ΔWc + Debt + Dividend — Cash)，则在一定程度上反映了企业的外部融资需求。当然，考虑到并非 Gap 大于零即意味着企业需求立即增加外部融资，因此，本书按照同一行业、同一年度内样本公司 Gap 中位数将样本总体划分为高外部融资需求组和低外部融资需求组，并定义哑变量 DEF，对于高外部融资需求组的样本公司 DEF 取 1，否则取 0。

表 3-15 报告了中介效应检验结果，可以看出，列(1)中 International 与中介因子 DEF 在 1%水平上显著正相关，表明企业国际化经营程度越高，管理层的外部融资需求也越高；列(2)至列(4)分别是模型(1)至模型(3)中加入中介因子后的 Logit 模型/Ologit 模型回归结果，结果显示，DEF 与 MF_Dum、MF_Freq 在 1%水平上显著正相关，与 MF_Bad 正相关但并未在 10%水平上显著(DEF 的 t 统计值为 0.56)，表明外部融资需求在促进管理层自愿性业绩预告披露意愿和自愿性业绩预告披露频次方面发挥了部分中介效应，但对管理层自愿性业绩预告中坏消息披露频次影响的中介效应可能不显著。为了进一步验证列(4)中的中介过程是否存在，专门针对列(4)进行 Sobel 检验。检验结果显示 Z 统计值为 0.5429，p 统计值为 0.5829，这意味着"企业实施国际化战略通过提

高企业外部融资需求进而促进管理层自愿性业绩预告中坏消息披露频次"的中介过程确实不显著。本书认为，这一结果意味着外部融资需求高的公司在业绩预告信息披露方面可能存在选择性偏好，即管理层为了降低债权人的风险感知程度，对负面业绩信息的披露会更加谨慎。这也意味着尽管实施国际化战略的企业为了缓解经营风险、信息不对称以及诉讼风险，会在业绩预告中积极、自愿披露更多坏消息，但当企业面临较高的外部融资需求时，这种坏消息披露方面的积极效应会在一定程度上被削弱。

表 3-15　　　　　　　　　　　影响机制检验四

变量	（1）	（2）	（3）	（4）
	DEF	MF_Dum	MF_Freq	MF_Bad
DEF		0.112***	0.109***	0.027
		(3.12)	(3.19)	(0.56)
International	0.271***	0.336***	0.380***	0.248**
	(2.81)	(3.70)	(4.44)	(2.12)
Size	0.766***	−0.057***	−0.053***	−0.123***
	(38.62)	(−3.26)	(−3.23)	(−5.35)
Leverage	0.503***	0.361***	0.417***	0.102
	(4.36)	(3.37)	(4.15)	(0.77)
Roa	2.445***	−4.573***	−3.594***	−11.133***
	(5.94)	(−12.02)	(−10.35)	(−24.42)
Growth	0.181***	0.217***	0.187***	0.005
	(5.07)	(6.61)	(6.47)	(0.10)
Loss	−0.075*	−0.282***	−0.257***	0.944***
	(−1.85)	(−7.32)	(−7.00)	(18.90)
Shold	−0.021***	−0.009***	−0.009***	0.002
	(−6.61)	(−2.86)	(−3.11)	(0.46)
Mhold	0.290	0.498*	0.212	0.400
	(0.98)	(1.75)	(0.79)	(0.98)

续表

变量	(1)	(2)	(3)	(4)
	DEF	MF_Dum	MF_Freq	MF_Bad
Board	−0.060	0.004	0.005	0.014
	(−0.58)	(0.04)	(0.05)	(0.11)
Dual	−0.064	−0.020	−0.005	−0.040
	(−1.25)	(−0.41)	(−0.12)	(−0.62)
Age	−0.077**	0.109***	−0.016	0.001
	(−2.45)	(3.63)	(−0.57)	(0.03)
Big4	−0.413***	−0.248***	−0.218***	−0.102
	(−5.62)	(−3.63)	(−3.27)	(−1.04)
Soe	−0.081**	−0.128***	−0.133***	0.100**
	(−1.98)	(−3.34)	(−3.65)	(1.96)
Industry	控制	控制	控制	控制
Year	控制	控制	控制	控制
Constant	−15.994***	1.318***		
	(−35.88)	(3.34)		
Obs	16126	16126	16126	16126
Adj-R^2/Pseudo R^2	0.1339	0.0429	0.0350	0.1248
Sobel Z 检验	—	2.0880	2.1086	
p 统计值	—	0.0368	0.0350	
中介效应占比	—	8.28%	7.21%	—

注：上表中括号内为 t 值；***、**和*分别表示在1%、5%和10%水平上显著。

针对列（2）和列（3）的 Sobel 检验显示列（2）至列（3）的 Z 统计量均在5%水平上显著，证明了上述中介效应的客观存在性与合理性。经计算，列（2）至列（3）中介效应占总效应的比值分别为8.28%和7.21%，属于不完全中介效应。

第六节　进一步分析

一、基于企业国际化经营环境不确定性的进一步分析

本书使用企业海外营业收入占总营业收入的比值衡量企业国际化战略以及国际化经营程度，但通过观察发现，大量上市公司海外营业收入并不稳定，部分公司海外营业收入甚至变动剧烈，致使企业国际化经营成果呈现出高波动性特征。既有文献指出，贸易政策不确定性、出口国的需求波动以及经济周期等是影响企业出口绩效的重要因素（毛其淋，2020；Bugamelli 等，2015），这即意味着，企业海外营业收入的异常波动多由外部环境因素而非企业内部战略因素导致。但值得注意的是，尽管企业海外营业收入的波动并不意味着企业战略类型的变化，但却因此加剧了企业国际化经营环境的不确定性程度。可以推断，相比国际化经营环境不确定性低的企业，国际化经营环境不确定性高的企业会产生更大的经营风险、信息不对称、诉讼风险以及外部融资需求等问题。为此，本书进一步探讨在不同的企业国际化经营环境下，管理层的自愿性业绩预告信息披露行为有何变化。根据管理层会计信息披露领域的信息不对称理论与信号传递理论，本书预计，当企业国际化经营环境不确定性较高时，管理层出于缓解企业内外信息不对称问题以及代理成本问题、释放企业经营能力稳健的积极信号、增强投资者信心、减少投资者意见分歧等动机，对自愿性业绩预告的披露意愿会更加强烈，自愿性业绩预告的披露频次以及自愿性业绩预告中坏消息的披露频次也会更高。为了验证上述推断，本书参照申慧慧等（2012）等文献计算环境不确定性的方法，使用企业过去三年（包含当年）海外营业收入占总营业收入比值（International）的标准差衡量企业国际化经营环境的不确定性程度（Uncertainty）。

表 3-16 报告了企业国际化经营环境不确定性影响管理层自愿性业绩预告披露行为的多元回归结果。可以看出，Uncertainty 与 MF_Dum、MF_Freq 以及 MF_Bad 均在 1% 水平上显著正相关，而且相比表 5，变量 Uncertainty 的回归

系数大小、t 统计值均有所增大，这一回归结果验证了上述推断，不仅表明中国企业国际化经营的外部市场竞争环境存在较大不确定性，也进一步表明管理层增加自愿性盈余信息披露是应对国际化战略所引发的经营环境不确定性的有效措施。

表 3-16　　企业国际化经营环境不确定性与管理层自愿性业绩预告披露行为

变量	（1）	（2）	（3）
	MF_Dum	MF_Freq	MF_Bad
Uncertainty	0.912***	1.043***	0.866***
	(3.59)	(4.44)	(2.78)
Size	−0.039**	−0.036**	−0.119***
	(−2.38)	(−2.30)	(−5.52)
Leverage	0.373***	0.428***	0.107
	(3.48)	(4.25)	(0.80)
Roa	−4.481***	−3.486***	−11.047***
	(−11.78)	(−10.06)	(−24.30)
Growth	0.212***	0.181***	−0.001
	(6.46)	(6.26)	(−0.02)
Loss	−0.282***	−0.257***	0.946***
	(−7.31)	(−6.98)	(18.92)
Shold	−0.009***	−0.010***	0.002
	(−3.03)	(−3.29)	(0.44)
Mhold	0.518*	0.233	0.406
	(1.82)	(0.86)	(0.99)
Board	0.006	0.004	0.014
	(0.06)	(0.04)	(0.11)
Dual	−0.022	−0.007	−0.040
	(−0.46)	(−0.15)	(−0.63)
Age	0.102***	−0.025	−0.003
	(3.39)	(−0.85)	(−0.06)
Big4	−0.264***	−0.237***	−0.113
	(−3.87)	(−3.57)	(−1.15)

续表

变量	(1) MF_Dum	(2) MF_Freq	(3) MF_Bad
Soe	−0.131***	−0.135***	0.101**
	(−3.41)	(−3.71)	(1.98)
Industry	控制	控制	控制
Year	控制	控制	控制
Constant	1.012***		
	(2.66)		
Obs	16126	16126	16126
Pseudo R^2	0.0424	0.0347	0.1249

注：上表中括号内为 t 值；***、**和*分别表示在1%、5%和10%水平上显著。

二、基于负面业绩预告信息延时披露与择时披露的进一步分析

既有文献指出，管理层不仅对业绩预告披露与否存在利益权衡，对业绩预告的披露时间也存在较强策略性披露动机（张馨艺等，2012；李思静等，2020），主要表现为：第一，管理层有可能对负面业绩预告信息实施延迟披露。相比定期财务报告，业绩预告属于管理层对企业未来经营业绩的前瞻性预测与估计，其内容无须经过外部审计，且受到的证券监管相对较少，因此，管理层对业绩预告的披露时间存在更大的自由裁量权，可以在更长的时间跨度内选择披露时间（Doyle 和 Magilke，2009）。以年度业绩预告为例，尽管中国证券监管部门要求在上海证券交易所和深圳证券交易所主板上市的公司最晚应于次年1月31日前披露上一年度业绩预告，但事实上，中国A股上市公司年度业绩预告披露时间广泛分布于当年第三季度财务报告发布日至次年1月31日，时间跨度长达3个月以上。总体而言，管理层对好消息持积极披露态度，但当管理层预计公司业绩或将出现亏损或严重下滑时，管理层为防范公司股票价格的异质性波动，则更倾向于延迟披露坏消息（Kothari 等，2009）。然而，业绩预告的主要功能在于通过提前发布企业盈余信息，减少外部利益

相关者与内部管理层之间的信息不对称问题以及代理冲突，由此，延迟披露业绩预告会降低业绩预告的及时性与风险预警功能，削弱管理层盈利预测的信息含量。第二，管理层也有可能选择投资者对资本市场关注度较低的时间对负面业绩预告信息实施择时披露。以 Kahneman（1973）为代表的投资者有限注意理论（Limited Attention Theory）认为，受限于时间和精力，投资者往往不能及时获取并充分理解市场上的信息，只能对市场中的海量信息进行选择性处理。这种投资者有限注意行为金融现象则为管理层策略性披露盈余信息创造了机会。基于投资者有限注意理论，Bagnoli 等（2006）研究发现管理层更倾向于在周五发布负面盈利信息；李思静等（2020）研究发现管理层对于利好盈余信息和利空盈余信息在披露时间上存在差别。相比周一至周四，周五和双休日是投资者将更多精力投入闲暇而非工作的时间，由此致使管理层更倾向于在周五或双休日发布利空业绩预告信息，以减弱负面信息释放所引发的短期消极市场反应。

基于上述分析可以看出，延时披露和择时披露是管理层针对负面业绩预告信息在披露时间上进行策略性选择的结果，充分反映了管理层的自利动机。本书推断，实施国际化战略的企业既然出于缓解信息不对称、调整投资者市场预期、防范投资者逆向选择行为等动机自愿披露更多负面业绩预告信息，因此它就不太可能对负面信息实施延迟披露策略。然而，为缓解负面业绩预告信息释放后所引发的股票价格异动波动，管理层对于负面业绩预告信息可能存在较强的择时披露动机。为验证上述推断，设置四个变量：（1）业绩预告及时披露与否（Timing_Dum），为哑变量，当上市公司业绩预告公告日在业绩报告期之前时 Timing_Dum 取 1，否则取 0；（2）业绩预告及时披露次数（Timing_Freq），定义为同一会计年度内上市公司业绩预告发布日早于业绩报告期的次数；（3）业绩预告择时披露与否（Weekend_Dum），为哑变量，当上市公司业绩预告发布日在周五、周六或周日时 Weekend_Dum 取 1，否则取 0；（4）业绩预告择时披露次数（Weekend_Freq），定义为同一会计年度内上市公司业绩预告发布日在周五、周六或周日的次数，并检验上述四个变量与企业国际化战略之间的相关关系。表 3-17 报告了回归结果，可以看出，International 与 Timing_Dum、Timing_Freq 在 5% 水平上显著正相关，表明随着企业国际化经营程度的增加，管理层会尽可能提前披露负面业绩信息。这与前述理论分析基本一致。由于延迟披露负面盈余信息会降低业绩预告的信息含量，也会降低业绩预告本身的可信度，致使管理层披露负面盈余信息的收益减少、成本增加，因此，理性的管理者会将提前披露负面信息作为最优业绩预告披露策略；然而，International 与 Weekend_Dum、Weekend_Freq 同样在 1% 水平上显著正相关，表明随着企业国际化经营程度的增加，管理层更倾向于在周五、周六或周日披露负面盈余信息。这一结果与投资者有限注意理论基本一致，意味着尽管企业实施国际化战略会促使管理层自愿披露更多负面业绩信息，但管理层趋利避害的动机并未发生改变。相反，管理层会充分利用择时披露，降低负面业绩信息披露后对公司股票价值的不利影响。

表 3-17　　　基于负面业绩预告信息延时披露和择时披露的检验结果

变量	(1)	(2)	(3)	(4)
	Timing_Dum	Timing_Freq	Weekend_Dum	Weekend_Freq
International	0.328**	0.330**	0.396***	0.389***
	(1.96)	(1.99)	(2.79)	(2.77)
Size	−0.059*	−0.063*	−0.091***	−0.083***
	(−1.80)	(−1.94)	(−3.42)	(−3.15)
Leverage	0.159	0.189	0.219	0.184
	(0.81)	(0.97)	(1.33)	(1.14)
Roa	−10.827***	−10.495***	−9.752***	−9.549***
	(−17.88)	(−17.88)	(−18.36)	(−18.50)
Growth	−0.191**	−0.181**	−0.035	−0.033
	(−2.24)	(−2.14)	(−0.61)	(−0.57)
Loss	0.984***	0.997***	0.787***	0.798***
	(12.25)	(12.44)	(12.47)	(12.68)
Shold	0.005	0.005	−0.000	0.001
	(0.94)	(0.95)	(−0.09)	(0.12)
Mhold	−0.370	−0.371	0.108	0.192
	(−0.61)	(−0.62)	(0.20)	(0.36)

续表

变量	（1）Timing_Dum	（2）Timing_Freq	（3）Weekend_Dum	（4）Weekend_Freq
Board	−0.202	−0.229	0.015	−0.012
	(−1.06)	(−1.22)	(0.10)	(−0.08)
Dual	−0.011	−0.006	−0.056	−0.059
	(−0.11)	(−0.06)	(−0.70)	(−0.74)
Age	−0.483***	−0.483***	0.099*	0.073
	(−8.38)	(−8.48)	(1.81)	(1.34)
Big4	−0.100	−0.064	−0.018	−0.010
	(−0.68)	(−0.44)	(−0.16)	(−0.09)
Soe	0.189**	0.194**	0.143**	0.156**
	(2.42)	(2.50)	(2.26)	(2.47)
Industry	控制	控制	控制	控制
Year	控制	控制	控制	控制
Constant	0.247		−0.754	
	(0.33)		(−1.23)	
Obs	16126	16126	16126	16126
Pseudo R^2	0.1607	0.1309	0.1247	0.1059

注：上表中括号内为 t 值；***、** 和 * 分别表示在1%、5%和10%水平上显著。

三、基于股价信息含量的进一步分析

通过前述分析可以推断，实施国际化战略加剧了企业经营风险、增加了企业内外信息不对称程度，因此，对于国际化经营企业而言，管理层更倾向于出于缓解企业内外信息不对称、调整投资者市场预期、增强投资者信心、降低外部利益相关者因环境不确定性所引发的风险感知等动机而增加自愿性业绩预告信息披露，而这一结论所隐含的资本市场经济后果即为：实施国际化战略的企业通过增加自愿性业绩预告信息披露，能够有效促使企业内部私

有信息及时传递至外部市场，降低外部利益相关者的信息搜寻成本，缓解投资者的意见分歧，减少投资者因信息不对称所引发的逆向选择行为以及资本市场噪音交易，促使上市公司股票价格中融入更多公司层面的私有信息，进而引导上市公司的市场价值回归至合理水平。这也意味着，管理层自愿披露的前瞻性盈余信息以及前瞻性负面盈余信息具有充分的信息含量，国际化经营企业通过增加自愿性业绩预告信息披露能够有效提升企业股票价格与未来盈余状况的价值相关性，促使企业股价信息含量的提升。

为验证上述推断，参照 Bai 等（2016）等文献的做法，通过企业股票价格反映企业未来盈利能力的效率衡量企业股票价格中所包含的特质性信息含量。具体来说，本书构建模型（3-4）和模型（3-5）检验国际化经营企业自愿性业绩预告（自愿性负面业绩预告）信息披露对于企业股价信息含量的影响。

$$
\begin{aligned}
\frac{E_{i,t+h}}{A_{i,t}} = & \beta_0 + \beta_1 \ln\left(\frac{M_{i,t}}{A_{i,t}}\right) + \beta_2 \ln\left(\frac{M_{i,t}}{A_{i,t}}\right) \times MF\_Dum_{i,t} \times International_{i,t} \\
& + \beta_3 \ln\left(\frac{M_{i,t}}{A_{i,t}}\right) \times MF\_Dum_{i,t} + \beta_4 \ln\left(\frac{M_{i,t}}{A_{i,t}}\right) \times International_{i,t} \\
& + \beta_5 MF\_Dum_{i,t} + \beta_6 International_{i,t} + \beta_7 MF\_Dum_{i,t} \times International_{i,t} \\
& + Controls_{i,t} + Industry_{i,t} + Year_{i,t} + \varepsilon_{i,t}
\end{aligned} \tag{3-4}
$$

$$
\begin{aligned}
\frac{E_{i,t+h}}{A_{i,t}} = & \beta_0 + \beta_1 \ln\left(\frac{M_{i,t}}{A_{i,t}}\right) + \beta_2 \ln\left(\frac{M_{i,t}}{A_{i,t}}\right) \times Badnews\_Dum_{i,t} \times International_{i,t} \\
& + \beta_3 \ln\left(\frac{M_{i,t}}{A_{i,t}}\right) \times Badnews\_Dum_{i,t} + \beta_4 \ln\left(\frac{M_{i,t}}{A_{i,t}}\right) \times International_{i,t} \\
& + \beta_5 Badnews\_Dum_{i,t} + \beta_6 International_{i,t} + \beta_7 Badnews\_Dum_{i,t} \\
& \times International_{i,t} + Controls_{i,t} + Industry_{i,t} + Year_{i,t} + \varepsilon_{i,t}
\end{aligned} \tag{3-5}
$$

上述模型中，$E_{i,t+h}$ 表示公司 i 在 $t+h$ 时期的净利润，$M_{i,t}$ 表示公司 i 在 t 时期的市场价值；$A_{i,t}$ 表示公司 i 在 t 时期的总资产；MF_Dum 与 Badnews_Dum 为衡量管理层自愿性业绩预告以及管理层自愿性负面业绩预告信息披露的哑变量，管理层如若当年自愿披露了业绩预告，MF_Dum 取 1，否则取 0；管理层如若当年自愿披露了负面业绩预告，Badnews_Dum 取 1，否则取 0；上述模型中被解释变量均为 $E_{i,t+h}/A_{i,t}$，分别使用 F1_E/A、F2_E/A 两个代理变量表示，其中 F1_E/A 等于企业未来一年净利润与当年总资产的比值，F2_E/A 等于企业未来两年净利润与当年总资产的比值；上述模型中控制变量与模型(3-1)完全相同。显然，$\ln(\mathrm{M/A})$的回归系数β_1大于0则表示上市公司股票价格具有较强信息含量；如若国际化经营企业能够通过增加自愿性业绩预告信息披露进而增加股价信息含量，那么交互项$\ln(\mathrm{M/A})\times \mathrm{MF\_Dum}\times \mathrm{International}$以及$\ln(\mathrm{M/A})\times \mathrm{Badnews\_Dum}\times \mathrm{International}$的回归系数$\beta_2$应当显著为正。

表3-18报告了模型(3-4)与模型(3-5)的OLS回归结果，可以看出，Panel A列(1)至列(4)中$\ln(\mathrm{M/A})$与F1_E/A、F2_E/A均在1%水平上显著正相关，验证了中国A股上市公司股价信息含量的客观存在性，即：中国A股上市公司股票价格能够在一定程度上反映企业未来盈利状况。与此同时可以看出，Panel A中交互项$\ln(\mathrm{M/A})\times \mathrm{MF\_Dum}\times \mathrm{International}$与F1_E/A、F2_E/A分别在5%和1%水平上显著正相关，Panel B中交互项$\ln(\mathrm{M/A})\times \mathrm{Badnews\_Dum}\times \mathrm{International}$与F1_E/A、F2_E/A分别在5%和1%水平上显著正相关，表明对于国际化经营企业而言，管理层通过自愿披露业绩预告以及自愿披露负面业绩预告，公司当期股票价格反映公司未来盈利状况的效率得到了显著提升，这也意味着通过增加自愿性业绩预告信息披露，国际化经营企业的股价信息含量以及资本市场信息效率得到了显著提升，资本市场信息环境得到了较大改善，进而验证了本书前述推断。

表3-18　　　　　基于股价信息含量的进一步分析回归结果

Panel A：国际化经营企业自愿性业绩预告信息披露对股价信息含量的影响				
变量	(1)	(2)	(3)	(4)
	F1_E/A	F1_E/A	F2_E/A	F2_E/A
$\ln(\mathrm{M/A})$	0.021***	0.014***	0.030***	0.024***
	(26.37)	(14.89)	(26.58)	(14.69)
$\ln(\mathrm{M/A})\times \mathrm{MF\_Dum}\times \mathrm{International}$		0.013**		0.028***
		(2.40)		(3.24)
$\ln(\mathrm{M/A})\times \mathrm{MF\_Dum}$		−0.002**		−0.001
		(−2.09)		(−0.67)
$\ln(\mathrm{M/A})\times \mathrm{International}$		−0.001		−0.021***
		(−0.37)		(−3.28)

续表

Panel A：国际化经营企业自愿性业绩预告信息披露对股价信息含量的影响

变量	（1）	（2）	（3）	（4）
	F1_E/A	F1_E/A	F2_E/A	F2_E/A
MF_Dum		−0.016**		−0.010
		（−2.18）		（−0.86）
International		−0.016		−0.163***
		（−0.57）		（−3.66）
MF_Dum×International		0.096**		0.221***
		（2.46）		（3.61）
Size		0.005***		−0.004***
		（9.66）		（−3.65）
Leverage		−0.011***		0.022***
		（−3.58）		（3.93）
Roa		0.648***		0.306***
		（57.93）		（16.50）
Growth		0.002**		0.002
		（2.33）		（1.35）
Loss		−0.004***		−0.003**
		（−3.98）		（−2.15）
Shold		−0.000*		−0.000*
		（−1.93）		（−1.83）
Mhold		0.005		−0.026
		（0.50）		（−1.23）
Board		0.002		0.006
		（0.71）		（1.19）
Dual		0.001		0.000
		（0.41）		（0.07）

Panel A：国际化经营企业自愿性业绩预告信息披露对股价信息含量的影响

变量	（1）	（2）	（3）	（4）
	F1_E/A	F1_E/A	F2_E/A	F2_E/A
Age		-0.006 ***		-0.011 ***
		（-6.65）		（-5.62）
Big4		0.004 **		0.021 ***
		（2.12）		（5.58）
Soe		-0.002 **		-0.006 **
		（-2.16）		（-2.57）
Industry	控制	控制	控制	控制
Year	控制	控制	控制	控制
Constant	0.151 ***	-0.011	0.211 ***	0.259 ***
	（17.73）	（-0.98）	（17.60）	（10.97）
Obs	13587	13587	11775	11775
Adj-R^2	0.0782	0.1232	0.0934	0.0773

Panel B：国际化经营企业自愿性负面业绩预告信息披露对股价信息含量的影响

变量	（1）	（2）
	F1_E/A	F2_E/A
ln(M/A)	0.014 ***	0.024 ***
	（15.86）	（15.19）
ln(M/A)×Badnews_Dum×International	0.016 **	0.042 ***
	（2.44）	（4.03）
ln(M/A)×Badnews_Dum	-0.004 ***	0.002
	（-2.71）	（0.86）
ln(M/A)×International	0.001	-0.017 ***
	（0.37）	（-3.24）
Badnews_Dum	-0.027 ***	0.010
	（-2.88）	（0.72）

续表

Panel B：国际化经营企业自愿性负面业绩预告信息披露对股价信息含量的影响

变量	（1）	（2）
	F1_E/A	F2_E/A
International	−0.000	−0.140***
	(−0.02)	(−3.72)
Badnews_Dum×International	0.134***	0.344***
	(2.94)	(4.76)
Size	0.005***	−0.004***
	(9.67)	(−3.51)
Leverage	−0.011***	0.023***
	(−3.59)	(3.98)
Roa	0.654***	0.318***
	(57.34)	(16.82)
Growth	0.002**	0.002
	(2.30)	(1.31)
Loss	−0.004***	−0.003**
	(−3.87)	(−2.18)
Shold	−0.000*	−0.000*
	(−1.87)	(−1.80)
Mhold	0.005	−0.020
	(0.57)	(−0.93)
Board	0.002	0.006
	(0.65)	(1.15)
Dual	0.001	0.000
	(0.39)	(0.03)
Age	−0.006***	−0.011***
	(−6.58)	(−5.51)
Big4	0.004**	0.021***
	(2.18)	(5.56)

续表

Panel B：国际化经营企业自愿性负面业绩预告信息披露对股价信息含量的影响		
变量	（1）	（2）
	F1_E/A	F2_E/A
Soe	−0.002**	−0.006***
	（−2.23）	（−2.58）
Industry	控制	控制
Year	控制	控制
Constant	−0.013	0.249***
	（−1.21）	（10.67）
Obs	13587	11775
Adj-R^2	0.1240	0.0804

注：上表中括号内为 t 值；***、** 和 * 分别表示在1%、5%和10%水平上显著。

四、基于企业市场价值的进一步分析

通过本书前述分析可以推断，实施国际化战略加剧了企业经营风险、增加了企业内外信息不对称程度，提高了企业在海外市场面临的法律诉讼风险，并且提升了企业外部融资需求，致使管理层在权衡自愿性业绩预告信息披露的成本与收益后，自愿披露业绩预告的意愿增加，而这一结论隐含的又一假设即为：实施国际化战略在短期内加剧了企业外部经营环境的复杂性，可能会对企业市场价值产生不利影响，但管理层增加自愿性业绩预告信息披露则有助于缓解企业国际化经营行为短期内可能引发的负面效应，也即对于实施国际化战略的企业而言，管理层自愿披露业绩预告具有财富聚集效应。事实上，大量文献也研究发现管理层的自愿性会计信息披露行为与企业市场价值之间存在显著的正相关关系。具体来说，自愿且面向未来的会计信息披露能够提高投资者的风险预判能力，增强投资者的同质预期，提升股价信息含量并降低资本市场噪音交易水平；而且，及时、充分的前瞻性盈余信息披露能够有效降低企业内外信息不对称程度，增强投资者应对风险的信心，抑制投资者逆向选择行为，缓解投资者、债权人等利益相关者的不确定性程度，进而促进企业声誉以及市场价值的提升（张敦力等，2015），引发更加强烈且积极的投资者市场反应（Bozanic 等，2018；周楷唐等，2017）。

　　为验证上述推断，本书参照姜付秀和黄继承（2011）等文献的做法，使用 Tobin's Q 值（企业总市场价值与年末总资产的比值）作为企业市场价值的代理变量，并构建模型（3-6）和模型（3-7），以检验国际化经营企业增加自愿性业绩预告以及自愿性负面业绩预告信息披露对企业短期市场价值的潜在影响。

$$\text{Tobin's } Q_{i,t} = \beta_0 + \beta_1 \text{MF\_Dum}_{i,t} + \beta_2 \text{International}_{i,t} + \beta_3 \text{MF\_Dum}_{i,t} \\ \times \text{International}_{i,t} + \text{Controls}_{i,t} + \text{Industry}_{i,t} + \text{Year}_{i,t} + \varepsilon_{i,t} \quad (3\text{-}6)$$

$$\text{Tobin's } Q_{i,t} = \beta_0 + \beta_1 \text{Badnews\_Dum}_{i,t} + \beta_2 \text{International}_{i,t} + \beta_3 \text{Badnews\_Dum}_{i,t} \\ \times \text{International}_{i,t} + \text{Controls}_{i,t} + \text{Industry}_{i,t} + \text{Year}_{i,t} + \varepsilon_{i,t}$$

$$(3\text{-}7)$$

　　模型（3-6）和模型（3-7）中所有变量的定义均与前文相同。表 3-19 报告了回归结果，可以看出，无论是列（1）还是列（2）中，International 均与 Tobin's Q 在 5%水平上显著负相关，表明实施国际化战略在短期内对企业市场价值的负面影响确实客观存在。但交互项 MF_Dum×International 以及 Badnews_Dum×International 在 10%以及 5%水平上显著正相关，表明对于实施国际化战略的企业而言，管理层增加自愿性业绩预告以及自愿性负面业绩预告信息披露有助于提高企业市场价值，这一结果验证了本书前述推断。

表 3-19　　　　　　基于企业市场价值的进一步分析回归结果

变量	（1）Tobin's Q	（2）Tobin's Q
MF_Dum	0.011	
	(0.68)	
International	−0.169**	
	(−2.53)	
MF_Dum×International	0.142*	
	(1.84)	

续表

变量	（1）	（2）
	Tobin's Q	Tobin's Q
Badnews_Dum		−0.049**
		(−2.30)
International		−0.141**
		(−2.38)
Badnews_Dum×International		0.192**
		(2.06)
Size	−0.704***	−0.705***
	(−62.20)	(−62.24)
Leverage	0.399***	0.400***
	(6.58)	(6.59)
Roa	2.705***	2.637***
	(15.64)	(14.95)
Growth	−0.035***	−0.035***
	(−2.68)	(−2.65)
Loss	−0.012	−0.011
	(−0.78)	(−0.70)
Shold	−0.013***	−0.013***
	(−7.85)	(−7.87)
Mhold	−0.962***	−0.955***
	(−6.01)	(−5.96)
Board	0.093	0.092
	(1.59)	(1.56)
Dual	0.009	0.010
	(0.38)	(0.41)
Age	0.391***	0.392***
	(20.27)	(20.30)

续表

变量	（1）	（2）
	Tobin's Q	Tobin's Q
Big4	0.366***	0.365***
	（8.19）	（8.17）
Soe	−0.101***	−0.101***
	（−3.44）	（−3.43）
Industry	控制	控制
Year	控制	控制
Constant	16.375***	16.416***
	（61.18）	（61.34）
Obs	15769	15769
Adj-R^2	0.3614	0.3612

注：上表中括号内为 t 值；***、** 和 * 分别表示在 1%、5% 和 10% 水平上显著。

本 章 小 结

随着经济全球化的持续推进，走出国门、参与国际市场竞争已经成为企业转换增长动能、实现可持续发展的重要途径，由此导致国际化战略也逐渐成为企业战略架构中的重要组成部分。但既有文献缺乏对国际化战略在微观企业层面信息治理效应的深入探讨，为此，本书以 2007—2018 年间中国 A 股上市公司为样本，以企业海外营业收入占总营业收入的比值衡量企业国际化战略以及国际化经营程度，基于业绩预告这一备受资本市场关注的前瞻性信息沟通渠道，研究了企业实施国际化战略对管理层自愿性业绩预告披露行为的影响。研究发现：企业实施国际化战略有助于提升管理层自愿性业绩预告披露意愿、自愿性业绩预告披露频次以及自愿性业绩预告中坏消息的披露频次。这一结论在经过了一系列稳健性检验(更换变量、更换模型等)和内生性检验(倾向得分匹配法、两阶段工具变量法)后依然成立，表明国际化战略在促进管理层自愿性信息披露行为方面具有积极意义。使用中介效应模型进行机制检验发现,企业实施国际化战略加剧了企业经营风险,增加了企业内外信息不对称程度,提高了企业在海外市场面临的诉讼风险以及提升了企业外部融资需求,致使管理层将增加自愿性盈余信息披露作为缓解上述风险与不确定性的措施。与此同时,本书进一步分析发现:(1)中国企业国际化经营行为本身也存在较高不确定性,而管理层会将增加自愿性业绩预告以及自愿性负面业绩预告信息披露作为应对国际化战略所引发的经营环境不确定性的有效措施。(2)就管理层对于负面业绩预告信息的延时披露策略与择时披露行为而言,管理层通常并不会延迟披露负面业绩预告信息,相反,还会尽可能提前披露负面业绩预告信息。然而,管理层趋利避害的本质并未发生改变。管理层会充分利用择时披露,降低负面业绩信息披露后对公司股票价值的不利影响。(3)进一步检验发现,国际化经营企业增加自愿性业绩预告信息披露有助于企业私有信息及时融入股票价格中,促使企业股价信息含量的提升。(4)实施国际化战略在短期内会对企业市场价值产生不利影响,但对于实施国际化战略的企业而言,管理层增加自愿性业绩预告以及自愿性负面业绩预告信息披露有助于提高企业市场价值。

本书的研究结论具有较强的理论意义和现实意义。一方面,企业参与海外市场经营意味着企业经营模式的重大变化,属于重要的企业战略变革。既有文献主要关注企业国际化行为在企业经营业绩、盈余质量、分析师预测行为、社会责任绩效、融资活动以及研发创新活动等的方面的促进或抑制作用,缺乏企业实施国际化战略如何影响管理层自愿性信息披露行为的深入探讨,本书基于中国半强制性业绩预告披露制度,对相关领域的研究进行了有益补充。另一方面,对企业外部利益相关者而言,以管理层业绩预告为代表的前瞻性盈余信息是比以定期财务报告为代表的历史盈余信息更具信息含量、更有助于经济决策的信息来源,备受资本市场关注。但管理层是否自愿披露业绩预告,以及是否积极披露坏消息,都是管理层进行利益权衡后的结果,符合管理层自身利益最大化的原则,这也导致在不同的场景下,管理层的自愿性业绩预告披露动机存在较大差异。本书从企业国际化战略的视角为如何提升管理层自愿性业绩预告披露意愿提供了可借鉴的方案。

第四章

企业国际化战略与管理层
业绩预告修正行为

第一节 问题提出

我国资本市场自 1998 年起正式建立业绩预告信息披露制度以来，业绩预告的信息含量、决策有用性以及决策相关性被得到了广泛验证，披露形式与披露内容也逐年规范，现阶段业绩预告已经成为管理层同公司外部利益相关者进行信息沟通的重要途径，也是资本市场信息使用者获取公司前瞻性盈余信息的最主要渠道。然而，与定期财务报告不同，业绩预告是管理层基于部分历史财务信息、当前经营状况以及自身经验而对公司未来业绩做出的预测和估计，预测结果具有较强主观性且未经过注册会计师审计，导致业绩预告中披露的净利润相比公司实际净利润可能存在较大偏差，影响了业绩预告的准确性。事实上，证券监管部门也注意到这一问题，并允许管理层盈利预测偏差存在，但为了规避业绩预告偏差过大给投资者造成损失，证券监管部门专门发文要求上市公司如若披露业绩预告后又预计本期业绩与已披露的业绩预告差异较大时，应按规定及时发布业绩预告修正公告，并对业绩预告出现较大差异的原因进行详细说明。① 由此可见，业绩预告修正制度是对现行业绩预告信息披露制度的补充和完善。然而，自我国业绩预告修正制度实施以来，实务界对于上市公司管理层业绩预告修正行为的有用性一直存在争议。一方面，管理层及时对外披露的业绩预告修正公告可以发挥对已披露业绩预告内容的纠偏功能，提高管理层盈利预测的准确度；但另一方面，管理层对已披露的业绩预告进行修正则意味着前期对外披露的盈利预测数值存在较大偏误，导致信息使用者对业绩预告的真实性、有用性产生质疑，也因此致使

---

① 具体文件见《上海证券交易所股票上市规则》《深圳证券交易所股票上市规则》《深圳证券交易所创业板股票上市规则》《深圳证券交易所上市公司信息披露工作指引第 1 号——业绩预告和业绩快报》以及《创业板信息披露业务备忘录第 11 号——业绩预告、业绩快报及其修正》。尤其是《创业板信息披露业务备忘录第 11 号——业绩预告、业绩快报及其修正》还明确规定了创业板公司须及时披露业绩预告修正公告的两种情形：(1)最新预计的业绩变动方向与已披露的业绩预告不一致；(2)最新预计的业绩变动幅度会盈亏金额超出已披露业绩预告的 20% 及以上。现阶段，一份标准的业绩预告修正公告通常包含四方面内容：前次业绩预告情况、修正后的业绩预告情况、业绩变动原因说明以及其他相关说明。

管理层对于是否及时修正业绩预告存在机会主义动机。不过，无论如何，管理层的业绩预告修正问题都正在成为中国在 A 股上市公司信息披露体系中不可忽视的重要议题。据上海证券交易所、深圳证券交易所以及巨潮资讯网（www. cninfo. com. cn）公布的信息显示，2007—2018 年间，1532 家中国 A 股上市公司累积发布业绩预告修正公告 5398 份，且呈现逐年不断增长的趋势，①表明业绩预告修正公告正在逐渐成为中国上市公司管理层会计信息披露体系中的重要组成部分，正确认识管理层业绩预告修正行为的动机与经济后果，对于引导上市公司提升业绩预告信息含量、促进业绩预告信息披露制度在中国资本市场的不断完善具有现实意义。

然而，既有文献缺乏管理层业绩预告修正动机的深入探讨，少量关注管理层业绩预告修正行为的研究多集中在业绩预告修正所引发的经济后果方面，而且对管理层业绩预告修正行为的评价褒贬不一。具体来说，部分学者认为管理层业绩预告修正行为属于负面行为，会对公司盈余质量和信誉产生不利影响。如：胡志颖等（2011）研究发现上市公司业绩预告修正过程中存在盈余管理行为，尤其是原预告坏消息的公司在业绩预告发布后会存在向上盈余管理动机，导致公司盈余质量降低；罗玫和宋云玲（2012）研究发现管理层对当期业绩预告内容的大幅度修正行为会使该公司以后年度发布的业绩预告的可信度受到质疑；张艺琼等（2018）研究发现管理层业绩预告修正行为会引发审计师对公司盈余信息可靠性的担忧，导致审计师出具非标准无保留审计意见的可能性增加。但是，也有部分学者认为适度的业绩预告修正行为有助于提高业绩预告的信息含量。如：Yamada（2016）研究发现管理层针对已披露业绩预告的修正行为能够显著降低管理层盈利预测偏差，提高管理层盈利预测准确度；Nagata 和 Nguyen（2017）将管理层是否自愿且积极披露业绩预告修正信息作为衡量自愿性信息披露质量的指标，认为当公司实际经营业绩相比已披露的业绩预告发生了重大变化但管理层存在隐瞒动机时，会降低业绩预告修正意愿；魏哲（2017）研究发现管理层业绩预告修正公告对于分析师具有显著信息含量。当管理层基于不同原因对业绩预告进行修正时，分析师的预测行

---

① 经手工统计，2007—2018 年间中国 A 股上市公司正式发布的业绩预告修正公告合计 5398 份，其中，2007 年 220 份，2008 年 314 份，2009 年 320 份，2010 年 339 份，2011 年 427 份，2012 年 493 份，2013 年 482 份，2014 年 445 份，2015 年 563 份，2016 年 522 份，2017 年 558 份，2018 年 715 份。

为和预测结果也会随之改变。通过上述文献可以看出，尽管管理层确实有可能基于盈余操纵动机而对已发布的业绩预告进行修正，而且业绩预告内容的大幅度修正会在一定程度上降低业绩预告的可信度，但是，不能因此就将业绩预告修正行为与财务舞弊行为相等同。相反，如果管理层因客观原因预计企业实际业绩相比已披露的业绩预告差异较大而不对业绩预告内容进行修正时，企业可能会面临更大程度的信息不对称问题。因此，本书认为，只有准确理解管理层业绩预告修正的动机，才能对业绩预告修正行为做出公允与客观评价。

鉴于此，本书在第三章研究的基础上，继续探讨企业实施国际化战略对管理层业绩预告修正动机和修正行为的影响。考虑到国际化战略是一类偏离行业常规战略模式的市场差异化战略，海外市场竞争环境的多变性以及海外市场客户需求的多样性会给企业经营成果带来较大不确定性，致使管理者难以对企业未来盈余做出准确估计，而管理层对业绩预告修正的客观原因在于管理层前期披露的业绩预告内容存在瑕疵，需要通过修正行为对其进行纠偏（纪新伟和宋云玲，2011；Yamada，2016），因此，企业实施国际化战略可能就是导致管理层披露业绩预告后又发生修正行为的诱因，而且在此背景下，管理层可能更倾向于出于缓解企业内外信息不对称、调整投资者市场预期的动机而对已披露的业绩预告中不真实、不准确的盈利预测信息进行及时修正。但也值得关注的是，通过现阶段我国上市公司业绩预告信息披露制度不难看出，同管理层是否披露自愿性业绩预告类似，管理层对于是否发布业绩预告修正公告同样具有较大自由裁量权。管理层甚至可以相机抉择是否、以及如何对已披露的业绩预告内容进行修正，因此，当企业实施国际化战略加剧了公司代理问题时，管理层也有可能基于盈余操纵、股价操纵等动机而将业绩预告修正作为配合管理者自利行为的手段。通过上述分析可以推断，在信息不对称理论与代理成本理论框架下，企业实施国际化战略如何影响管理层业绩预告修正行为存在较大不确定性，需要从业绩预告修正的客观原因与管理层的主观动机两个方面对其进行综合考虑，并进行实证检验。

具体的，本书以2007—2018年中国A股上市公司为研究对象，通过理论分析和实证检验相结合的方式，深入探讨企业实施国际化战略与管理层业绩预告修正行为之间的相关关系，并厘清其中的影响机制。相比既有文献，本书的增量贡献主要体现在：首先，本书首次基于企业国际化战略这一独特视角，对管理层的业绩预告修正行为进行了系统分析，并从管理层对业绩预告修正的客观原因与主观动机两个方面厘清了企业国际化战略背景下管理层业绩预告修正行为发生的真实原因，丰富了业绩预告修正行为影响因素领域的相关研究。其次，本书拓展和丰富了企业实施国际化战略在信息披露领域经济后果的相关文献，研究结论为进一步认识国际化战略在微观企业层面的信息治理效应提供理论支撑和经验证据。最后，业绩预告修正行为是有效性较弱的资本市场中客观存在的现实问题，值得被深入研究和广泛关注。相比西方发达国家，我国上市公司业绩预告信息披露制度起步较晚，加之在以委托—代理为基础的现代公司治理环境中管理者与所有者的利益经常出现背离，管理层基于自身利益而对前瞻性盈余信息存在隐瞒、延迟披露或虚假披露等策略性披露动机，导致部分上市公司存在管理层盈利预测精确度低、准确度差、业绩预告修正频繁、修正幅度较大等问题，这也使不少投资者对业绩预告修正行为一直持有"敌意"态度，业绩预告修正行为甚至越来越被资本市场贴上"风险事项"的标签。本书的研究对于引导资本市场利益相关者正确、客观、理性认识管理层业绩预告修正行为具有实践意义。

第二节　理论分析与研究假设

国际化战略是经济全球化背景下企业积极响应国家改革开放政策，将企业经营活动的地缘空间扩展至海外市场的一种战略模式，是企业跨越国境（关境）开展产品与服务贸易的经营行为。随着我国"走出去"战略以及"一带一路"倡议的深入贯彻实施，越来越多大中型企业走上了国际化经营道路，致使国际化战略逐渐成为现代企业战略架构中的重要组成部分，在更大的地缘空间上改变了企业市场竞争的格局。近年来，针对企业国际化战略在微观企业层面资源配置效应与治理效应的探讨，成为了相对热门的话题。不过值得注意的是，尽管国际化经营行为以及国际化战略对企业研发创新能力（谢建国和丁蕾，2018）、企业治理结构（Wei 和 Jorge，2015）、企业全要素生产率（Hu 和 Tan，2016；Jung 和 Hur，2018）以及企业价值（Ahmed，1999；Wei 和 Jorge，2015）的促进作用已被理论界广泛提及，但国际化战略究竟如何影响企业短期经营业绩，一直存在较大争议。一方面，以 Stephen Hymer（1976）为代表的西方经典跨国经营理论认为国际市场是不完全竞争市场，海外市场中技术、资源与生产要素的不完全性有助于某些具有特定竞争优势的企业在国际市场中获得比较成本优势与范围经济，进而促进企业经营绩效的提升；另一方面，也有学者指出，跨国经营会使企业面临更高的汇率风险、文化风险、政策风险、法律诉讼风险、市场风险以及投资失败风险，由此产生较高的国际化成本，而这种国际化成本会对企业经营业绩产生负面影响，甚至抵消国际化经营企业通过比较优势所创造的收益（Brock 和 Yaffe，2008；Lukason 和 Vissak，2019）。由此可见，国际化经营行为加剧了企业经营环境的复杂性以及短期经营业绩的不确定性，会对管理层准确预估企业未来盈余状况产生较大干扰，增加管理层准确披露业绩预告的难度。而在经营不确定性较高的环境中，不真实、不准确的业绩预告信息会加剧企业内部管理者与外部利益相关者之间的信息不对称程度，增加投资者的恐慌情绪以及股票市场的异常波动，当给投资者利益造成损害时还会进一步提升企业面临的法律诉讼风险。因此，本书推断，无论是基于客观原因抑或是主观动机，企业实施国际化战略均有可能增加管理层对已披露业绩预告内容的修正行为，具体原因如下。

首先，企业实施国际化战略提高了企业产品市场竞争强度，降低了企业依靠其垄断势力获得垄断租金的能力，而产品市场竞争会给企业短期经营业绩、现金流量以及股票价格带来波动（Datta 等，2013），增加了管理层准确预测前瞻性盈余信息的难度，这在客观上提高了管理层业绩预告披露后进行修正的可能性。具体来说，第一，参与国际化经营即意味着企业在国内市场依靠政治关联、自然垄断等资源获取的垄断势力和市场准入优势将难以维系至海外市场，不仅大大降低了垄断租金在企业经营收益中的占比，还大大降低了企业关联方交易、内幕交易等非公平交易行为发生的可能性，促使企业在更加公平的经营环境中同来自海内外市场的更多竞争对手开展市场竞争（王新等，2014）；第二，参与国际化经营也意味着企业面临的外部市场监管更加严格，进一步降低了企业的超额垄断租金获取能力。这些国家或地区往往有着更加健全的法律和市场监管体系以及反垄断措施，会更加致力于维护市场交易的公平性（Fernandes 和 Ferreira，2009）；第三，参与国际化经营还有可能意味着企业在国内经营时通过标准化、规模化生产作业所创造的资源协同优势将在较大程度上被削弱。相比国内经营企业，国际化经营企业会面临更加多元化的产品和服务需求。为了迎合海外市场的客户偏好，实施国际化战略的企业需要提高产品和服务的多元化程度，致使国际化经营企业很难形成生产协同效应。谭伟强等（2008）也研究发现在有限的资源禀赋条件下，产品多元化经营（尤其是非相关领域的多元化经营）会增加国际化经营企业的经济负担与海外市场竞争压力，进而降低国际化经营企业的经济绩效。由此可见，实施国际化战略的企业会面临更高的产品市场竞争强度。随着市场交易环境公平性的增加，企业的垄断市场势力会不断降低。而在更加公平的市场交易机制中，企业对产品和服务的自主垄断定价能力也会被抑制，相反，企业的净收益更加趋近于市场中同类产品或服务的平均收益，导致企业经营业绩的系统性风险增大，会计盈余波动性水平也进一步增加（谢郡和陈航行，2016）。因此，本书推断，实施国际化战略降低了企业在国内市场经营时所拥有的市场势力，提高了企业经营业绩与市场价值的不可预见性，在客观上增加了管理层准确预测前瞻性盈余信息的难度。而且，不同于定期财务报告，业绩预告是一类可以在短期内迅速通过定期财务报告加以验证的盈余信息。如果管理层披露业绩预告后，又预计本期业绩与已披露的业绩预告内容差异较大而不对已披露的业绩预告进行修正时，企业可能会因为"业绩预告偏差过大""业绩预告内容不真实""业绩预告修正不及时"等原因被证券投资者诉讼，并被证券监管部门处罚，这会对管理者的声誉以及职业发展产生非常不利的影响。鉴于此，本书认为，在经营业绩不确定性较高的国际化经营环境中，管理层应主动增加业绩预告修正行为，以规避不准确的业绩预告内容对自身利益的不利影响。

其次，企业实施国际化战略在提高产品市场竞争强度的同时，也提高了股票市场的波动性水平，管理层为了及时调整投资者的市场预期，在主观上也需要对不准确的前瞻性盈余信息进行及时修正，以提高公司股价信息含量，降低股票价格的异质性波动。具体来说，企业实施国际化战略提高了产品市场竞争强度，不仅由此加剧了企业未来营业收入与现金流量的不可预见性，还提高了投资者的风险感知程度以及风险预期（吴昊旻等，2012），致使投资者在评估企业价值时存在较大不确定性。① 在有效资本市场中，股票价格充

---

① 根据现金流量折现模型，企业市场价值等于企业未来经营活动产生的现金流量折现后的现值之和。

分体现了投资者对于企业市场价值的预期，因此，产品市场竞争强度越高的公司，投资者对其错误定价的可能性也越高，进而导致投资者因噪音交易所引发的公司股价波动性也越高。此外，实施国际化战略的企业会面临一系列系统性风险（如汇率风险、文化风险、政策风险、法律诉讼风险、市场风险），而陈其安和张慧（2019）研究发现系统性风险也是促使股票价格异质性波动的重要因素，由此可见，实施国际化战略会在较大程度上提高企业股票价格的波动性。事实上，Abdoh 和 Varela（2017）也通过实证研究方法证实了产品市场竞争与公司股票价格异质性波动之间的正相关关系。然而，无论是基于股东实现价值最大化，还是基于管理层履约完成薪酬契约中的业绩目标，股票价格异常波动都属于坏消息，不仅会向投资者传递公司会计信息不透明、盈利能力低下、经营失败风险增加的消极信号，还会对投资者情绪产生不利影响，甚至引发投资者之间非理性的羊群行为，增加公司股价暴跌风险（许年行等，2013），为此，既有文献指出管理层存在通过增加自愿性信息披露降低公司股价异常波动的意愿（Baber 等，2006；Sletten，2012）。尤其 Didar 等（2018）研究发现管理层自愿披露的前瞻性盈余信息越多，越有助于公司信息及时融入并反映到股价中去；Chung 等（2016）研究发现更加详细的盈余信息披露能够有效提高资本市场股票定价效率；Zuo（2016）研究发现随着股价信息含量的提升，业绩预告修正行为与同期股票收益的敏感性也会增加。鉴于此，本书认为，当企业实施国际化战略引发股票价格波动性增加时，管理层对前期已披露的不准确的业绩预告内容及时纠偏有助于降低投资者对于公司未来经营业绩的不确定性程度，能够为投资者提供更加充足的增量信息，提高股价的信息含量。相反，前瞻性盈余信息的不及时披露、刻意隐瞒只会加剧公司未来股价崩盘风险（Kim 和 Yoo，2018），进而促使管理层在预计已披露的业绩预告内容与本期实际业绩差异较大时将及时发布业绩预告修正公告作为对冲股价异常波动风险的最优信息披露策略。

最后，企业实施国际化战略提高了企业内部管理者与外部利益相关者之间的信息不对称程度，这在主观上促使管理层出于提高信息透明度的目的而对已披露的业绩预告中的不真实或不准确信息进行及时修正。具体来说，第一，本质上而言，国际化战略是一种偏离行业常规战略模式的市场差异化战略，相比仅仅从事国内市场经营的企业，实施国际化战略的企业具有更加庞大的组织结构与内部控制环境（王海林和王晓旭，2018），而且面临截然不同的市场环境、客户群体、文化习俗以及系统性风险要素，本国市场的行业经验与经营模式难以为实施国际化战略的企业提供决策参考，加剧了企业海外经营业务的复杂性以及海外经营失败风险；第二，尽管国际化经营常被视为促进企业成长的战略模式，但关于企业实施国际化战略究竟如何影响企业经营绩效，学术界一直存在较大争议，以不同市场、不同类型的企业为对象，既有文献也得出了不一致的结论。尤其杨忠和张骁（2009）指出中国企业在出口贸易额以及对外直接投资额不断攀升的同时，大量国际化经营企业却频频爆出经营不善的负面信息，表明企业将资源要素配置在国际市场上究竟如何影响企业未来发展，在不同企业之间存在较大异质性；第三，国际化经营行为还有可能对不同企业之间会计信息可比性产生不利影响。Dichev 等（2013）研究发现企业战略定位是影响企业信息披露质量的重要因素，以此为基础，张先治等（2018）研究发现企业战略越偏离行业常规战略，会计信息可比性越低。显然，可比性较高的会计信息有助于信息使用者通过比较不同经济主体之间的会计信息进而提高经济决策的有效性，会计信息可比性降低则意味着外部利益相关者对公司盈余信息的处理成本与解读成本增加，加剧了公司外部利益相关者客观评价公司盈利状况、发展前景的难度。通过上述分析可以推断，企业实施国际化战略在较大程度上提高了企业内部管理者与外部利益相关者之间的信息不对称程度，而且，国际化经营企业不仅面临国内市场利益相关者的信息需求，出于国际市场竞争压力与境外监管压力还需要满足海外市场利益相关者的信息需求，不透明的信息环境使得海内外市场中的投资者、客户、政府监管部门等利益相关者难以对企业进行深入了解，会对企业产品市场竞争能力、股票市场稳定性、融资成本、经营业绩等产生负面影响，甚至还会加剧企业的诉讼风险，由此导致在国际化战略背景下，管理层存在通过增加自愿性会计信息披露数量进而提高企业信息透明度的主观动机（王海林和王晓旭，2018）。而已有文献已证明，管理层对已披露的业绩预告中不真实、不准确的盈利预测信息进行及时修正，能够向企业外部利益相关者传递充分的增量信息，对于及时调整投资者市场预期，防范管理层盈余操纵行为具有积极意义（Nagata 和 Nguyen，2017）。鉴于此，本书认为，对于实施国际化战略的企业而言，管理层降低公司内外信息不对称的主观动机也会促使管理层在预计已披露的业绩预告内容与本期实际经营业绩差异较大时，将及时发布业绩预告修正公告作为提高企业信息透明度以及会计信息有用性的最优信息披露策略。

综上所述，本书认为，企业实施国际化战略提高了企业在产品市场面临的竞争强度，在客观上增加了管理层准确预测未来盈余信息的难度，提高了管理层业绩预告修正行为发生的可能性；与此同时，企业实施国际化战略加剧了企业未来营业收入与现金流量的不可预见性，提高了投资者的风险感知程度以及风险预期，致使企业股票价格的异质性波动增加，提高了企业内部管理者与外部利益相关者之间的信息不对称程度，在主观上激发了管理层通过及时对已披露的业绩预告中不真实、不准确的盈利预测信息进行修正，进而调整投资者市场预期、提高股价信息含量、降低外部利益相关者逆向选择行为的动机。这也意味着，对于实施国际化战略的企业而言，管理层在客观上有需求、在主观上有动机对前期已披露的业绩预告中不真实、不准确的盈利预测信息进行及时修正，而非刻意隐瞒私有信息，以规避不透明的信息环境、不准确的前瞻性盈利预测信息对管理者私人利益的不利影响。为此，本书提出假设 1：

H1：企业实施国际化战略会增加管理层对已披露业绩预告内容的修正行为。企业国际化程度越高，管理层对外披露业绩预告修正公告的可能性也越高，披露业绩预告修正公告的次数也越多。

第三节 研 究 设 计

一、样本选择与数据来源

由于我国上市公司业绩预告信息披露制度自 2007 年起逐步趋于稳定，且财政部和证监会要求上市公司自 2007 年 1 月 1 日起执行新的企业会计准则，因此，为确保政策一致性以及会计信息可比性，本书选择 2007—2018 年间中国 A 股上市公司作为初始研究样本，共包含 3635 家公司的 29993 个观测值。为提高数据有效性，本书剔除了 412 个公司上市以前年度的样本、571 个金融保险类公司样本、1380 个 ST、＊ST 公司样本以及 1870 个关键变量数据缺失的样本。同时，考虑到本书重点关注上市公司业绩预告披露后的修正行为，因此，未披露业绩预告的公司样本自然不在本书的考虑范围。为此，本书剔除了 8263 个未披露业绩预告的样本，最终本书得到 3105 家公司的 17497 个"公司—年度"观测值。

本书实证研究中所需要的与度量"企业国际化战略"相关的数据来源于国泰安 CSMAR 数据库以及上市公司年报信息。具体地，根据上市公司财务报告附注中披露的分部报告(分地区报告)数据，手工整理了涉及中国内地(大陆)以外国家和地区(包含港澳台地区)的营业收入数据；根据上市公司财务报告附注中披露的前五大客户信息，筛选出海外客户名录，据此手工整理出前五大客户中海外客户销售收入数据。

本书实证研究中所需要的与"管理层业绩预告修正行为"相关的数据来自上海证券交易所、深圳证券交易所以及巨潮资讯网。本书从上述网站中下载了中国 A 股上市公司对外发布的业绩预告修正(更正)公告，并剔除了不涉及"净利润""归属于上市公司股东的净利润""归属于母公司所有者的净利润""基本每股收益"等会计盈余指标修正的公告样本，最后统计发现，2007—2018 年间 1532 家中国 A 股上市公司累积对外发布有实质性内容的业绩预告修正(更正)公告 5398 份，① 其中：首次披露业绩预告的时间在对应业绩报告期(即每年的 3 月 31 日、6 月 30 日、9 月 30 日以及 12 月 31 日)之前的业绩预告修正公告 4982 份，首次披露业绩预告的时间在对应业绩报告期之后的业绩预告修正公告 416 份，由此可见，样本期内中国 A 股上市公司主要针对业绩报告期之前已对外披露的业绩预告发布修正公告。实证研究中所需其他财务数据均来源于国泰安 CSMAR 数据库与锐思 RESSET 数据库，并对所有连续变量进行了 1% 和 99% 分位上的缩尾处理以避免极端值的可能影响。

二、模型选择与变量定义

为验证本书提出的假设，且考虑到本书依据"管理层是否对外披露过业绩预告修正公告"衡量管理层对已披露业绩预告内容的修正动机与修正行为，而该变量属于取值为 0 或 1 的离散变量，因此，本书使用混合 Logit 回归模型检

---

① 部分上市公司会将业绩预告修正公告的标题写为"××公司业绩预更正公告"，但事实上，修正公告与更正公告实质上所代表的含义相同，以下均统称为"修正公告"。

验企业实施国际化战略对管理层业绩预告修正行为发生倾向的影响；与此同时，考虑到"同一年度内管理层对外披露业绩预告修正公告的次数"属于取值大于或等于零的整数型离散变量，变量数据具有排序特征，其取值大小能够有序反映管理层对已披露业绩预告内容的修正频次，取值越大表明管理层在某一会计年度内对已披露的业绩预告修正得越频繁，因此，本书参照毛新述和孟杰（2013）等文献的做法，使用有序 Logit 回归模型（Ordered Logit Model）检验企业实施国际化战略对管理层业绩预告修正频次的影响。上述模型具体见模型（4-1）至模型（4-2）。

$$Revise\_Dum_{i,t} = \beta_0 + \beta_1 International_{i,t} + \beta_2 Size_{i,t} + \beta_3 Leverage_{i,t} + \beta_4 Roa_{i,t} + \beta_5 Growth_{i,t}$$
$$+ \beta_6 Loss_{i,t} + \beta_7 Shold_{i,t} + \beta_8 Mhold_{i,t} + \beta_9 Board_{i,t} + \beta_{10} Dual_{i,t} + \beta_{11} Age_{i,t}$$
$$+ \beta_{12} Big4_{i,t} + \beta_{13} Soe_{i,t} + Industry_{i,t} + Year_{i,t} + \varepsilon_{i,t}$$

$$(4\text{-}1)$$

$$Revise\_Freq_{i,t} = \beta_0 + \beta_1 International_{i,t} + \beta_2 Size_{i,t} + \beta_3 Leverage_{i,t} + \beta_4 Roa_{i,t} + \beta_5 Growth_{i,t}$$
$$+ \beta_6 Loss_{i,t} + \beta_7 Shold_{i,t} + \beta_8 Mhold_{i,t} + \beta_9 Board_{i,t} + \beta_{10} Dual_{i,t} + \beta_{11} Age_{i,t}$$
$$+ \beta_{12} Big4_{i,t} + \beta_{13} Soe_{i,t} + Industry_{i,t} + Year_{i,t} + \varepsilon_{i,t}$$

$$(4\text{-}2)$$

上述模型中，模型（4-1）的被解释变量 Revise_Dum 为衡量管理层在某一会计年度内是否对外披露过业绩预告修正公告的哑变量。参照林钟高和常青（2019）等文献的做法，如果管理层针对公司第一季度、半年度、第三季度或年度业绩预告在后期发布了业绩预告修正公告，Revise_Dum 取 1，否则取 0；模型（4-2）的被解释变量 Revise_Freq 为衡量管理层在某一会计年度内对外披露业绩预告修正公告频次的计数变量。如果管理层就同一报告期多次披露了业绩预告修正公告，多次披露行为仅视为一次，因此，同一会计年度内 Revise_Freq 最大值为 4，最小值为 0。

上述模型中，解释变量 International 为衡量企业实施国际化战略的连续变量。既有文献普遍使用三类指标衡量企业国际化战略，具体为：（1）企业海外营业收入占总营业收入的比值（Geringer 和 Beamish，1989；Hitt 等，2006），该指标从企业经营成果的视角度量企业国际化战略以及国际化经营行为，能够很好地反映企业实施国际化战略的财务绩效，也是现有研究中最广泛使用的用于衡量企业国际化战略的代理变量；（2）企业海外子公司数量占总子公司数量的比值、企业海外子公司雇员人数占总雇员人数的比值以及企业海外资产价值占总资产价值的比值（Daniels 和 Bracker，1989；Hu 等，1992；Dunning，1993；Sullivan，1994），该类指标从企业组织结构和资源要素投入的视角度量企业国际化经营行为；（3）海外研发支出密度（Sullivan，1994），即企业海外研发支出占总资产的比值，该指标是从企业实现国际化经营的路径衡量企业国际化战略。尽管基于不同的视角，企业国际化战略的度量方法可能千差万别，但 Sullivan（1994）也曾指出，事实上，企业国际化战略的各种代理变量之间具有高度相关性。鉴于此，基于企业会计档案数据的可获得性，本书参照 Geringer 和 Beamish（1989）等文献的做法，使用"企业海外营业收入占总营业收入的比值"衡量企业国际化战略与国际化经营程度。显然，International 数值越大，表明企业海外营业收入在总营业收入中的占比越高，也即：企业国际化经营程度越高。稳健性检验中，本书还使用"企业海外子公司数量占总子公司数量的比值"以及"企业海外客户集中度"等变量作为替代变量衡量企业国际化经营程度。

另外，参照 Nguyen 等（2019）、林钟高和常青（2019）等文献的做法，本书还从公司财务特征、经营业绩、公司治理以及产权性质等视角控制了若干可能影响管理层业绩预告修正行为的因素。其中，财务特征变量和经营业绩变量包括：资产规模 Size、资产负债率 Leverage、总资产收益率 Roa、营业收入增长率 Growth 以及衡量业绩是否下滑的哑变量 Loss，这些变量不仅能够反映公司财务状况与经营成果，还能在一定程度上作为传递管理者能力信号的变量（张然和张鹏，2011）；公司治理变量包括：股权集中度 Shold、高管持股比例 Mhold、董事会规模 Board、两职兼任哑变量 Dual、公司上市年限 Age 以及审计师类型 Big4。显然，健全的公司治理机制能够有效约束管理层的机会主义动机与行为，促使管理层的私人利益与外部股东利益趋于一致，进而对管理层的策略性业绩预告修正行为产生影响；此外，本书还控制了产权性质 Soe，以观察中国 A 股资本市场中管理层业绩预告修正行为在国有企业和非国有企业之间的差异。上述控制变量的具体定义和具体度量方法见表 4-1。与此同时，为排除不可观测因素的潜在影响，模型（4-1）和模型（4-2）中还控制了行业固定效应与年度固定效应。本书预期，如果假设 1 能够得到验证，上述模型中 International 的回归系数 β_1 均应显著大于零。

表 4-1　　　　　　　　　　　　变量定义及说明

变量符号	变量名称	具体度量方法
Size	资产规模	公司当年年末总资产取自然对数
Leverage	资产负债率	公司年末总负债与年末总资产的比值
Roa	资产收益率	公司当年净利润与年末总资产的比值
Growth	营业收入增长率	公司当年营业收入相比上年营业收入增长的比率
Loss	业绩下滑哑变量	公司当年净利润小于上年净利润时取 1，否则取 0
Shold	股权集中度	第一大股东持股比例与第二至第十大股东持股比例的比值
Mhold	高管持股比例	公司年末高管持股数量与总股数的比值
Board	董事会规模	公司董事会人数取自然对数
Dual	两职兼任哑变量	公司董事长和总经理由同一人兼任时取 1，否则取 0
Age	公司上市年限	公司上市年限加 1 取自然对数
Big4	审计师类型	公司当年被国际四大会计师事务所出具审计报告时取 1，否则取 0
Soe	产权性质	公司实际控制人为国有单位时取 1，否则取 0

第四节　实证结果分析

一、描述性统计

表 4-2 列示了主要变量的描述性统计结果。可以看出：第一，Revise_Dum 均值为 0.211，标准差为 0.408，表明约 21.1% 的样本公司发生过业绩预告修正行为，且该变量在不同样本公司之间存在较大差异。Revise_Dum 中位数为 0，意味着半数以上的样本公司并未发生过业绩预告修正行为，也即：存在业绩预告修正行为的公司总体占比不高。第二，Revise_Freq 均值为 0.273，表

明样本公司中管理层对外披露业绩预告修正公告的平均次数约为 0.273 次，而存在业绩预告修正行为的样本公司对外披露业绩预告修正公告的平均次数约为 1.294 次（0.273/0.211 = 1.294）。第三，变量 International 均值为 0.134，表明样本公司海外营业收入占总营业收入的比值约为 13.4%，这意味着我国上市公司国际化经营程度总体较低，以出口、对外投资等为代表的国际化经营业务有较大提升空间。International 中位数大于 0，表明半数以上样本公司存在海外营业收入。① 控制变量描述性统计结果与现有文献基本一致，表明本书数据来源合理，不再一一赘述。

表 4-2　　　　　　　　　　主要变量描述性统计结果

变量	样本量	平均值	中位数	最大值	最小值	标准差
Revise_Dum	17497	0.211	0.000	1.000	0.000	0.408
Revise_Freq	17497	0.273	0.000	4.000	0.000	0.587
International	17497	0.134	0.018	0.909	0.000	0.215
Size	17497	21.860	21.710	25.560	19.560	1.192
Leverage	17497	0.427	0.419	0.916	0.046	0.214
Roa	17497	0.031	0.033	0.194	−0.277	0.067
Growth	17497	0.231	0.133	3.936	−0.619	0.567
Loss	17497	0.396	0.000	1.000	0.000	0.489
Shold	17497	2.772	1.370	23.460	0.246	3.881
Mhold	17497	0.076	0.001	0.625	0.000	0.143
Board	17497	2.247	2.303	2.773	1.792	0.177
Dual	17497	0.275	0.000	1.000	0.000	0.447
Age	17497	1.994	2.079	3.219	0.000	0.771
Big4	17497	0.038	0.000	1.000	0.000	0.190
Soe	17497	0.323	0.000	1.000	0.000	0.468

----

① 事实上，经统计，本书的 17497 个公司样本中，存在海外营业收入的样本数为 10488 个，占比达 59.94%，接近 60%。

二、相关系数检验

为验证企业实施国际化战略与管理层业绩预告修正行为之间的统计相关性，本书进行了 Pearson 相关系数检验。表 4-3 报告了统计结果，可以看出，International 与 Revise_Dum、Revise_Freq 均在 1% 水平上显著正相关，相关系数分别为 0.057 和 0.051，初步说明企业国际化经营程度越高，管理层对已披露的业绩预告内容进行修正的可能性也越高，对已披露的业绩预告内容进行修正的次数也越多，该结论初步验证了假设 1。不过，Pearson 相关系数统计仅仅反映了两个变量在数量关系上的相关联程度，没有考虑其他变量对上述关系的潜在影响，因此，需要通过多元回归模型进一步验证变量间的相关关系。除此之外，通过表 4-3 可以看出，Revise_Dum、Revise_Freq 与其他控制变量之间均存在显著的相关关系，表明在多元回归分析中有必要控制这些变量的影响；控制变量间相关系数的绝对值普遍低于 0.5，排除了模型(4-1)和模型(4-2)潜在的多重共线性问题。

表 4-3　　　　　　　　　　**Pearson 相关系数检验表**

变量	Revise_Dum	Revise_Freq	International	Size	Leverage	Roa	Growth
Revise_Dum	1						
Revise_Freq	0.900***	1					
International	0.057***	0.051***	1				
Size	−0.050***	−0.052***	−0.051***	1			
Leverage	−0.008	−0.00200	−0.076***	0.474***	1		
Roa	−0.081***	−0.098***	0.006	−0.003	−0.369***	1	
Growth	0.003	0.00500	−0.00700	0.094***	0.035***	0.222***	1
Loss	0.098***	0.100***	0.017**	−0.081***	0.049***	−0.473***	−0.304***
Shold	−0.049***	−0.049***	−0.066***	0.122***	0.170***	−0.084***	−0.051***
Mhold	0.021***	0.021***	0.093***	−0.217***	−0.278***	0.147***	0.025***
Board	−0.033***	−0.031***	−0.048***	0.235***	0.178***	0.0110	−0.002
Dual	0.027***	0.024***	0.088***	−0.138***	−0.158***	0.061***	0.012

续表

变量	Revise_Dum	Revise_Freq	International	Size	Leverage	Roa	Growth
Age	−0. 109 ***	−0. 104 ***	−0. 114 ***	0. 359 ***	0. 404 ***	−0. 258 ***	0. 000
Big4	−0. 023 ***	−0. 025 ***	−0. 005	0. 311 ***	0. 108 ***	0. 010	−0. 004
Soe	−0. 108 ***	−0. 105 ***	−0. 113 ***	0. 296 ***	0. 330 ***	−0. 129 ***	−0. 046 ***
Loss	1						
Shold	0. 046 ***	1					
Mhold	−0. 022 ***	−0. 164 ***	1				
Board	−0. 019 **	0. 013 *	−0. 158 ***	1			
Dual	−0. 003	−0. 115 ***	0. 480 ***	−0. 180 ***	1		
Age	0. 022 ***	0. 204 ***	−0. 435 ***	0. 106 ***	−0. 207 ***	1	
Big4	−0. 012 *	0. 034 ***	−0. 076 ***	0. 080 ***	−0. 052 ***	0. 067 ***	1
Soe	0. 014 *	0. 303 ***	−0. 349 ***	0. 275 ***	−0. 279 ***	0. 395 ***	0. 105 ***

注：上表中 ***、** 和 * 分别表示在1%、5%和10%水平上显著。

三、单变量差异性检验

表4-4 中报告了单变量差异性检验结果，以更加直观地观察管理层业绩预告修正行为在不同国际化经营程度的企业之间是否存在显著差异。其中，Panel A 按照企业是否存在海外营业收入，区分企业是否实施了国际化战略。通过 t 检验可以看出，对于实施了国际化战略的企业，管理层对外披露业绩预告修正公告的倾向（Revise_Dum）、管理层对外披露业绩预告修正公告的频次（Revise_Freq）均在1%水平上显著高于未实施国际化战略的企业，初步说明企业实施国际化战略确实在一定程度上促进了管理层对已披露业绩预告的修正行为。此外，考虑到按照企业是否存在海外营业收入衡量企业国际化战略，可能存在一定局限性，因此，本书进一步按照同一行业、同一年度内样本公司 International 的平均值将样本总体划分为国际化经营程度较高组和国际化经营程度较低组，单变量差异性 t 检验结果如 Panel B 所示。可以看出，对于国际化经营程度较高的企业，管理层对外披露业绩预告修正公告的倾向（Revise_

Dum）、管理层对外披露业绩预告修正公告的频次（Revise_Freq）均在1%水平上显著高于国际化经营程度较低的企业，这一结果与 Panel A 类似，进一步表明企业实施国际化战略确实在一定程度上促进了管理层对已披露业绩预告的修正行为。上述单变量差异性检验结果进一步验证了本书提出的假设。

表4-4　　　　　　　　　　　　单变量差异性检验结果

Panel A：未实施国际化战略的企业与实施了国际化战略的企业差异性检验

变量	未实施国际化战略的企业			实施了国际化战略的企业		
	样本量	均值	中位值	样本量	均值	中位值
Revise_Dum	7009	0.175	0.000	10488	0.234***	0.000***
Revise_Freq	7009	0.226	0.000	10488	0.304***	0.000***

Panel B：国际化经营程度较低组与国际化经营程度较高组差异性检验

变量	国际化经营程度较低组			国际化经营程度较高组		
	样本量	均值	中位值	样本量	均值	中位值
Revise_Dum	12393	0.199	0.000	5104	0.238***	0.000***
Revise_Freq	12393	0.259	0.000	5104	0.307***	0.000***

四、基本回归

表4-5报告了本书的主回归结果。其中，列（1）和列（3）报告了企业实施国际化战略（International）与管理层业绩预告修正公告披露倾向（Revise_Dum）之间的相关关系，也即模型（4-1）的回归结果。通过列（1）可以看出，在未添加控制变量的情况下，International 与 Revise_Dum 在1%显著性水平上正相关；通过列（3）可以看出，在添加控制变量以后，International 依然与 Revise_Dum 在1%显著性水平上正相关，且模型的拟合优度 Pseudo R^2 较列（1）有所提高，表明模型（1）设定合理、回归结果稳定，这也意味着企业实施国际化战略确实在一定程度上提高了管理层对已披露的业绩预告进行内容修正的可能性。企业国际化经营程度越高，管理层对外披露业绩预告修正公告的可能性也越高。此外，通过计算列（3）的经济显著性结果发现，International 每增加一个标准

差(0.215)，管理层对已披露的业绩预告进行修正的可能性将平均增加24.45%(0.215×0.240/0.211＝0.2445)。

表4-5列(3)的控制变量回归结果显示，Size、Leverage 与 Revise_Dum 在1%或10%水平上显著正相关，表明对于资产规模越大、负债比率越高的企业，管理层对已披露的业绩预告内容进行修正的可能性也越高；Growth、Loss 与 Revise_Dum 均在1%水平上显著正相关，表明经营业绩向上或向下的异常波动仍然是导致管理层业绩预告修正行为的客观原因；相反，Roa 与 Revise_Dum 在1%水平上显著负相关，表明对于经营业绩越好的企业，管理层对已披露的业绩预告进行修正的可能性越低，这与本书理论分析中的阐述一致。资产收益率(Roa)较高的企业往往面临的产品市场竞争强度较低，企业具有更高的市场势力和垄断租金，管理层对于企业未来经营业绩的不确定性程度较低，进而在客观上降低了管理层对不准确的业绩预告内容进行修正的必要性。与此同时，Shold 与 Revise_Dum 在1%水平上显著负相关，表明股权的相对集中有助于减少管理层预测前瞻性盈余信息时的不确定因素；Mhold 与 Revise_Dum 在1%水平上显著负相关，表明适度的高管股权激励能够有效提升管理层的经营效率，并有效减轻管理层在自愿性信息披露中的代理冲突，这一结果与高敬忠和周晓苏(2013)的研究结论一致。此外，Age、Big4 以及 Soe 均与 Revise_Dum 在1%或10%水平上显著负相关，表明在行业经验、审计师类型以及产权性质不同的企业中，管理层的业绩预告修正行为也会存在较大差异。

接下来，表4-5 中列(2)和列(4)报告了企业实施国际化战略(International)与管理层业绩预告修正公告披露频次(Revise_Freq)之间的相关关系，也即模型(4-2)的回归结果。通过列(2)可以看出，在未添加控制变量的情况下，International 与 Revise_Freq 在1%显著性水平上正相关；通过列(5)可以看出，在添加控制变量以后，International 依然与 Revise_Freq 在1%显著性水平上正相关，且模型的拟合优度 Pseudo R^2 较列(2)有所提高，表明模型(2)设定合理，回归结果稳定，这也意味着企业实施国际化战略确实在一定程度上提高了管理层对已披露的业绩预告进行内容修正的次数。企业国际化经营程度越高，管理层对外披露业绩预告修正公告的次数也越多。列(4)中控制变量的回归结果与列(2)基本一致，不再一一赘述。由此可见，表4-5 列(2)和列(4)的回归结果进一步验证了列(1)和列(3)回归结果的可靠性，上述回归结果联合支持了本书提出的假设。此外，通过计算列(4)的经济显著性结果发现，

International每增加一个标准差(0.215)，管理层对已披露的业绩预告进行修正的频次将平均增加0.17次(0.215×0.224/0.273＝0.1764)。

表4-5　　　企业实施国际化战略对管理层业绩预告修正行为的影响

变量	(1)	(2)	(3)	(4)
	Revise_Dum	Revise_Freq	Revise_Dum	Revise_Freq
International	0.389***	0.379***	0.240***	0.224***
	(4.60)	(4.51)	(2.76)	(2.60)
Size			0.061***	0.059***
			(2.71)	(2.66)
Leverage			0.227*	0.234*
			(1.85)	(1.92)
Roa			−3.138***	−3.467***
			(−8.88)	(−9.92)
Growth			0.199***	0.207***
			(5.72)	(6.02)
Loss			0.370***	0.365***
			(8.10)	(8.09)
Shold			−0.018***	−0.018***
			(−3.07)	(−3.17)
Mhold			−0.749***	−0.743***
			(−4.60)	(−4.61)
Board			−0.158	−0.144
			(−1.34)	(−1.23)
Dual			0.034	0.032
			(0.71)	(0.68)
Age			−0.354***	−0.360***
			(−11.03)	(−11.34)
Big4			−0.201*	−0.204*
			(−1.73)	(−1.76)

变量	（1）	（2）	（3）	（4）
	Revise_Dum	Revise_Freq	Revise_Dum	Revise_Freq
Soe			−0.531***	−0.543***
			（−9.88）	（−10.14）
Industry	控制	控制	控制	控制
Year	控制	控制	控制	控制
Constant	−1.018***		−1.057**	
	（−6.47）		（−2.10）	
Obs	17497	17497	17497	17497
Pseudo R^2	0.0158	0.0127	0.0477	0.0394

注：上表中括号内为 t 值；***、** 和 * 分别表示在 1%、5% 和 10% 水平上显著。

五、稳健性检验

为进一步验证本书模型（4-1）和模型（4-2）回归结果的有效性，本书进行了如下稳健性检验。

（一）剔除行业因素对企业国际化战略的影响

考虑到行业特征是影响企业出口绩效的重要因素，不同行业的企业在国际化经营能力与国际化经营程度方面存在较大差异，因此，需要进一步排除行业因素对原企业国际化战略度量指标的潜在影响。为解决这一问题，本书将"企业国际化战略"重新定义为"企业海外营业收入占总营业收入的比值与当年同行业样本公司海外营业收入占总营业收入比值的平均值之间的差值（Inter_Adj）"。显然，Inter_Adj 能够更好地反映某一企业相比同行业其他企业在国际化经营行为与经营程度方面的差距，是剔除行业因素后能够反映企业国际化战略激进程度的指标。

表4-6 中列（1）和列（2）报告了变量替换后模型（4-1）和模型（4-2）的回归结果，可以看出，重新定义企业国际化战略的度量方法后，Inter_Adj 与 Revise_Dum、Revise_Freq 在 1% 水平上显著正相关，表明在剔除行业特征的潜

在影响后，实施国际化战略越激进的企业，管理层对已披露的业绩预告进行后期修正的可能性也越高，而且管理层在同一会计年度内对已披露的业绩预告进行修正的次数也越多。此外，相比表 4-5 列（3）和列（4）的回归结果，表 4-6 中列（1）至列（2）中变量 Inter_Adj 的回归系数大小、显著性以及模型整体拟合优度值 Pseudo R² 并未发生明显改变，表明本书模型（4-1）和模型（4-2）中企业国际化战略（International）的度量方法可靠。上述结论进一步验证了本书主回归结果的稳健性。

表 4-6　　　　　　　　　稳健性检验回归结果一

变量	（1）Revise_Dum	（2）Revise_Freq	（3）Revise_Dum	（4）Revise_Freq	（5）Revise_Dum	（6）Revise_Freq
Inter_Adj	0.233 ***	0.218 **				
	(2.69)	(2.54)				
O_Ratio			0.289 **	0.271 **		
			(2.40)	(2.29)		
O_CC					0.979 **	0.912 **
					(2.37)	(2.25)
Size	0.061 ***	0.059 ***	0.063 ***	0.062 ***	0.063 ***	0.062 ***
	(2.71)	(2.66)	(2.82)	(2.77)	(2.82)	(2.77)
Leverage	0.227 *	0.233 *	0.227 *	0.233 *	0.228 *	0.234 *
	(1.84)	(1.92)	(1.85)	(1.91)	(1.86)	(1.92)
Roa	−3.138 ***	−3.467 ***	−3.138 ***	−3.466 ***	−3.142 ***	−3.469 ***
	(−8.89)	(−9.92)	(−8.89)	(−9.92)	(−8.90)	(−9.93)
Growth	0.199 ***	0.208 ***	0.200 ***	0.208 ***	0.200 ***	0.208 ***
	(5.72)	(6.02)	(5.74)	(6.04)	(5.75)	(6.05)
Loss	0.370 ***	0.365 ***	0.370 ***	0.366 ***	0.370 ***	0.366 ***
	(8.10)	(8.09)	(8.10)	(8.10)	(8.10)	(8.10)
Shold	−0.018 ***	−0.019 ***	−0.018 ***	−0.019 ***	−0.018 ***	−0.019 ***
	(−3.08)	(−3.17)	(−3.15)	(−3.24)	(−3.14)	(−3.24)

变量	(1)	(2)	(3)	(4)	(5)	(6)
	Revise_Dum	Revise_Freq	Revise_Dum	Revise_Freq	Revise_Dum	Revise_Freq
Mhold	−0.749***	−0.743***	−0.750***	−0.744***	−0.749***	−0.743***
	(−4.60)	(−4.60)	(−4.61)	(−4.61)	(−4.61)	(−4.61)
Board	−0.158	−0.144	−0.166	−0.151	−0.166	−0.151
	(−1.34)	(−1.23)	(−1.41)	(−1.29)	(−1.40)	(−1.29)
Dual	0.034	0.032	0.040	0.038	0.040	0.038
	(0.72)	(0.68)	(0.85)	(0.81)	(0.84)	(0.81)
Age	−0.354***	−0.361***	−0.356***	−0.363***	−0.357***	−0.363***
	(−11.04)	(−11.35)	(−11.12)	(−11.42)	(−11.14)	(−11.44)
Big4	−0.201*	−0.203*	−0.196*	−0.199*	−0.196*	−0.199*
	(−1.73)	(−1.76)	(−1.69)	(−1.72)	(−1.69)	(−1.73)
Soe	−0.532***	−0.543***	−0.536***	−0.548***	−0.535***	−0.547***
	(−9.88)	(−10.14)	(−9.96)	(−10.23)	(−9.96)	(−10.22)
Industry	控制	控制	控制	控制	控制	控制
Year	控制	控制	控制	控制	控制	控制
Constant	−1.066**		−1.066**		−1.067**	
	(−2.12)		(−2.12)		(−2.12)	
Obs	17497	17497	17497	17497	17497	17497
Pseudo R^2	0.0477	0.0394	0.0476	0.0393	0.0476	0.0393

注：上表中括号内为 t 值；***、** 和 * 分别表示在 1%、5% 和 10% 水平上显著。

(二) 使用海外客户集中度指标衡量企业国际化战略

客户集中度是反映企业对于主要客户依赖关系的指标，且 Crawford 等 (2020) 研究发现客户集中度能够对管理层业绩预告披露行为产生重要影响，为此，本书使用海外客户集中度作为企业国际化战略的代理变量。具体地，使用两种方法度量海外客户集中度：第一，使用"前五大客户中海外客户销售收入占比(O_Ratio)"度量海外客户集中度，即：前五大客户中海外客户销售收入总额与前五大客户销售收入总额的比值；第二，使用"前五大客户中海外客户赫芬达尔指数（O_CC）"度量海外客户集中度，即：前五大客户中海外客户销售收入的平方和。显然，O_Ratio 与 O_CC 均介于 0 和 1 之间。O_Ratio 与 O_CC 越接近于 1，表明企业对海外客户的依赖程度越高，进而表明企业国际化经营程度越高。表 4-6 中列（3）至列（6）报告了回归结果，可以看出，O_Ratio 与 Revise_Dum、Revise_Freq 在 5%水平上显著正相关，O_CC 与 Revise_Dum、Revise_Freq 同样在 5%水平上显著正相关，表明随着企业对海外客户依赖程度的增加，管理层对已披露的业绩预告进行修正的可能性也会增加，而且管理层对已披露的业绩预告进行修正的次数也会增多，进一步验证了企业实施国际化战略与管理层业绩预告修正行为之间的正相关关系。

（三）区分业绩预告修正公告中的业绩修正方向

既然业绩预告修正行为是管理层对前期已披露的业绩预告中的不真实或不准确盈余信息的纠偏行为，而且纠偏的对象主要是"净利润""归属于上市公司股东的净利润""归属于母公司所有者的净利润""基本每股收益"等业绩指标，那么业绩预告修正公告中的业绩修正方向就存在两种可能，即：向上修正净利润或向下修正净利润。所谓向上修正净利润，是指业绩预告修正公告中预估的净利润高于前期已披露的业绩预告中预估的净利润，相反，向下修正净利润则是指业绩预告修正公告中预估的净利润低于前期已披露的业绩预告中预估的净利润。接下来，本书定义"管理层向上修正业绩预告倾向（UpRevise_Trend）""管理层向上修正业绩预告次数（UpRevise_Freq）""管理层向下修正业绩预告倾向（DnRevise_Trend）"以及"管理层向下修正业绩预告次数（DnRevise_Freq）"四个变量，以更加精细化地观察企业实施国际化战略对管理层业绩预告修正行为的影响。

表 4-7 报告了回归结果，可以看出，变量 International 与 UpRevise_Trend、UpRevise_Freq 在 10%水平上显著正相关，与 DnRevise_Trend、DnRevise_Freq 在 5%水平上显著正相关。不过值得注意的是，尽管变量 International 的 t 值和显著性水平在列（1）至列（4）间存在细微差别，但其回归系数大小在列（1）至列（4）间基本趋同，表明企业实施国际化战略既有可能促使管理层在发布业绩预告后向上修正净利润，也有可能促使管理层在发布业绩预告后向下修正净利润，业绩预告修正方向存在较大不确定性。这也意味着在国际化战略背景

下，管理层对于业绩预告中净利润的修正方向并不存在明显的选择性偏好，也即管理层并不存在通过业绩预告修正行为策略性上调或下调公司下一业绩报告期会计盈余的动机，相反，业绩预告修正行为更倾向于表现为管理层对于前期已披露的业绩预告中不真实或不准确盈余信息的纠偏与更正行为，进而导致业绩预告修正方向存在随机性，这一结果也进一步验证了本书主回归结果的可靠性。

表 4-7 稳健性检验回归结果二

变量	（1） UpRevise_Trend	（2） UpRevise_Freq	（3） DnRevise_Trend	（4） DnRevise_Freq
International	0.213^{*}	0.204^{*}	0.242^{**}	0.227^{**}
	(1.81)	(1.74)	(2.23)	(2.12)
Size	-0.076^{**}	-0.075^{**}	0.159^{***}	0.161^{***}
	(-2.46)	(-2.42)	(5.60)	(5.69)
Leverage	0.442^{**}	0.444^{**}	0.170	0.188
	(2.53)	(2.54)	(1.12)	(1.25)
Roa	2.421^{***}	2.486^{***}	-5.469^{***}	-5.982^{***}
	(4.07)	(4.18)	(-13.52)	(-14.96)
Growth	0.245^{***}	0.249^{***}	0.132^{***}	0.118^{**}
	(6.21)	(6.36)	(2.59)	(2.29)
Loss	-0.960^{***}	-0.963^{***}	1.305^{***}	1.304^{***}
	(-13.03)	(-13.08)	(22.08)	(22.18)
Shold	-0.014^{*}	-0.014^{*}	-0.021^{***}	-0.021^{***}
	(-1.70)	(-1.70)	(-2.72)	(-2.75)
Mhold	-1.051^{***}	-1.040^{***}	-0.577^{***}	-0.540^{***}
	(-4.57)	(-4.53)	(-2.89)	(-2.72)
Board	-0.014	0.005	-0.337^{**}	-0.304^{**}
	(-0.09)	(0.03)	(-2.26)	(-2.05)
Dual	0.013	0.007	0.085	0.078
	(0.20)	(0.10)	(1.44)	(1.32)

续表

变量	（1） UpRevise_Trend	（2） UpRevise_Freq	（3） DnRevise_Trend	（4） DnRevise_Freq
Age	−0.219***	−0.219***	−0.415***	−0.437***
	(−5.12)	(−5.14)	(−10.12)	(−10.72)
Big4	0.057	0.044	−0.498***	−0.501***
	(0.38)	(0.30)	(−3.09)	(−3.11)
Soe	−0.212***	−0.220***	−0.782***	−0.802***
	(−2.99)	(−3.11)	(−10.85)	(−11.12)
Industry	控制	控制	控制	控制
Year	控制	控制	控制	控制
Constant	0.508		−4.029***	
	(0.74)		(−6.23)	
Obs	17490	17497	17497	17497
Pseudo R^2	0.0608	0.0534	0.1352	0.1192

注：上表中括号内为 t 值；***、** 和 * 分别表示在1%、5%和10%水平上显著。[1]

（四）考虑异常业绩预告修正行为对本书回归结果的干扰

通过样本观察本书发现，本书 5398 个初始业绩预告修正（更正）样本中包含了 904 个"变脸型"业绩预告修正样本以及 57 个存在两次及以上业绩预告修正行为的样本。所谓"变脸型"业绩预告修正，是指上市公司就同一业绩报告期披露的两次或多次业绩预告中对业绩变动方向的估计不一致。如：前次披露的业绩预告中预计公司净利润会出现亏损，之后的修正公告中修改为盈利；或者前次披露的业绩预告中预计公司盈利，之后的修正公告中修改为大幅亏损。"变脸型"业绩预告修正行为以及两次及以上频繁的业绩预告修正行为会误导信息使用者，也会对投资者的经济决策造成非常不利的干扰，是我国证券监管部门严厉打击的异常业绩预告修正行为。为排除上述异常业绩预告修

---

[1]　表4-7列（1）中因为教育业（P）完全预测失败导致 7 个观测值失效，因此最终回归结果中缺失 7 个观测值，导致样本量减少为 17490 个。

正行为对本书回归结果的干扰，本书剔除了存在上述异常业绩预告修正（更正）行为的公司—年度样本，最终保留了 4454 个相对正常的业绩预告修正（更正）样本。表 4-8 中列（1）和列（2）报告了样本剔除后的回归结果，可以看出，变量 International 与 Revise_Dum 在 1%水平上显著正相关，与 Revise_Freq 在 5%水平上显著正相关，表明本书主回归结果并未发生显著改变。

与此同时，本书进一步观察企业实施国际化战略如何影响管理层的异常业绩预告修正行为。定义哑变量 AbRevise_Dum 以及序数变量 AbRevise_Freq，当公司 i 在第 t 年存在"变脸型"业绩预告修正行为或两次及以上频繁的业绩预告修正行为时 AbRevise_Dum 取 1，否则 AbRevise_Dum 取 0；序数变量 AbRevise_Freq 则代表公司 i 在第 t 年发生"变脸型"业绩预告修正行为以及两次及以上频繁业绩预告修正行为的次数。表 4-8 列（3）和列（4）报告了回归结果，可以看出，变量 International 与 AbRevise_Dum、AbRevise_Freq 均不存在显著的相关关系，表明企业实施国际化战略并没有显著促进管理层异常业绩预告信息披露行为的增加。上述结果联合表明尽管企业实施国际化战略会增加管理层对已披露业绩预告内容的修正行为，但这种促进效应更显著地表现在正常的、符合监管要求的业绩预告修正行为方面，因此进一步验证了本书主回归结果的可靠性。

表 4-8　　　　　　　　　　　　稳健性检验回归结果三

变量	（1） Revise_ Dum	（2） Revise_ Freq	（3） AbRevise_ Dum	（4） AbRevise_ Freq	（5） Revise_ Dum	（6） Revise_ Freq
International	0.245 ***	0.230 **	0.142	0.145	0.207 **	0.188 **
	(2.70)	(2.55)	(0.84)	(0.85)	(2.36)	(2.16)
Size	0.055 **	0.056 **	0.055	0.055	0.089 ***	0.089 ***
	(2.34)	(2.36)	(1.27)	(1.27)	(3.87)	(3.89)
Leverage	0.214	0.212	0.317	0.325	0.241 *	0.243 **
	(1.64)	(1.64)	(1.39)	(1.43)	(1.92)	(1.96)
Roa	−2.201 ***	−2.408 ***	−5.645 ***	−5.681 ***	−3.061 ***	−3.430 ***
	(−5.84)	(−6.40)	(−10.41)	(−10.48)	(−8.54)	(−9.71)

续表

变量	（1）Revise_Dum	（2）Revise_Freq	（3）AbRevise_Dum	（4）AbRevise_Freq	（5）Revise_Dum	（6）Revise_Freq
Growth	0. 208 ***	0. 213 ***	0. 125	0. 129 *	0. 179 ***	0. 188 ***
	(5. 78)	(5. 99)	(1. 61)	(1. 66)	(4. 99)	(5. 29)
Loss	0. 222 ***	0. 217 ***	1. 037 ***	1. 036 ***	0. 395 ***	0. 393 ***
	(4. 60)	(4. 51)	(10. 98)	(10. 97)	(8. 53)	(8. 59)
Shold	−0. 017 ***	−0. 017 ***	−0. 023 *	−0. 022 *	−0. 013 **	−0. 013 **
	(−2. 67)	(−2. 73)	(−1. 88)	(−1. 85)	(−2. 15)	(−2. 22)
Mhold	−0. 702 ***	−0. 693 ***	−0. 823 **	−0. 795 **	−0. 815 ***	−0. 819 ***
	(−4. 13)	(−4. 09)	(−2. 47)	(−2. 38)	(−4. 96)	(−5. 03)
Board	−0. 101	−0. 073	−0. 376	−0. 382 *	−0. 112	−0. 095
	(−0. 81)	(−0. 59)	(−1. 63)	(−1. 66)	(−0. 94)	(−0. 80)
Dual	0. 042	0. 042	−0. 007	−0. 011	0. 024	0. 024
	(0. 83)	(0. 84)	(−0. 08)	(−0. 12)	(0. 50)	(0. 50)
Age	−0. 359 ***	−0. 364 ***	−0. 253 ***	−0. 253 ***	−0. 246 ***	−0. 252 ***
	(−10. 69)	(−10. 89)	(−3. 97)	(−3. 96)	(−7. 39)	(−7. 62)
Big4	−0. 195	−0. 194	−0. 394	−0. 392	−0. 165	−0. 172
	(−1. 59)	(−1. 59)	(−1. 50)	(−1. 49)	(−1. 41)	(−1. 47)
Soe	−0. 459 ***	−0. 470 ***	−0. 695 ***	−0. 692 ***	−0. 466 ***	−0. 477 ***
	(−8. 08)	(−8. 31)	(−6. 26)	(−6. 24)	(−8. 48)	(−8. 73)
Frequency					0. 467 ***	0. 483 ***
					(19. 27)	(20. 01)
Industry	控制	控制	控制	控制	控制	控制
Year	控制	控制	控制	控制	控制	控制
Constant	−1. 167 **		−3. 718 ***		−3. 312 ***	
	(−2. 20)		(−3. 68)		(−6. 28)	

续表

变量	(1) Revise_Dum	(2) Revise_Freq	(3) AbRevise_Dum	(4) AbRevise_Freq	(5) Revise_Dum	(6) Revise_Freq
Obs	17497	17497	17430	17497	17497	17497
Pseudo R^2	0.0380	0.0318	0.0963	0.0914	0.0708	0.0589

注：上表中括号内为 t 值；***、** 和 * 分别表示在 1%、5% 和 10% 水平上显著。[①]

(五)考虑管理层业绩预告频次对本书回归结果的干扰

考虑到管理层业绩预告披露频次可能也会对管理层业绩预告修正行为产生潜在影响，即：业绩预告披露频次越高的公司，管理层后期针对已披露的业绩预告进行修正的可能性以及修正的频次也越高，因此，需要排除管理层业绩预告频次对本书主回归结果的干扰。接下来，本书在模型(4-1)和模型(4-2)的控制变量中加入衡量管理层业绩预告披露频次的计数变量 Frequency。如果管理层就同一报告期多次披露了业绩预告，多次披露行为仅视为一次，因此，同一会计年度内变量 Frequency 最大值为 4，最小值为 0。表 4-8 中列(5)和列(6)报告了回归结果，可以看出，即使添加了变量 Frequency 以后，International 与 Revise_Dum、Revise_Freq 仍然在 5% 水平上显著正相关，一方面表明业绩预告披露频次越高的公司发生业绩预告修正的可能性以及业绩预告的修正频次确实越高，另一方面表明即使在排除管理层业绩预告频次对本书主回归结果的干扰以后，企业实施国际化战略与管理层业绩预告修正行为之间的正相关关系依然存在，进一步验证了本书主回归结果的可靠性。

六、内生性检验

为排除本书主回归模型中因样本选择性偏差、变量间反向因果以及变量

[①]　表 4-8 列(3)中因为居民服务、修理和其他服务业(O)、教育业(P)以及卫生和社会工作业(Q)三个行业完全预测失败导致 67 个观测值失效，因此最终回归结果中缺失 67 个观测值，导致样本量为 17430 个。

遗漏等引发的内生性问题。本书实施了如下内生性检验。

(一)使用倾向得分匹配法对研究样本进行重新筛选

企业实施国际化战略与管理层业绩预告修正行为之间可能存在伪相关的可能性,表现为具有某些财务特征的企业可能更倾向于实施国际化战略且国际化经营程度较高,而具有这些财务特征的企业自身也有较高的业绩预告修正动机或修正需求,由此导致国际化战略可能并不是真正促使管理层业绩预告修正行为发生的因素,使得本书表4-5主回归结果存在偏误。为排除这种可能性,本书按照同一行业、同一年度内样本公司 International 的平均值将样本总体划分为高国际化经营程度组和低国际化经营程度组,令高国际化经营程度组为处理组,低国际化经营程度组为对照组,并使用倾向得分匹配法(Propensity Score Matching, PSM)将对照组样本进行重新筛选,以便能够在确保处理组样本和对照组样本某些关键特征无差异的情况下观察企业实施国际化战略对管理层业绩预告修正行为的净影响。

倾向得分匹配法的具体步骤为:首先,以反映企业当年国际化经营程度高低的哑变量(International_Dum)作为被解释变量,以公司当年资产规模(Size)、资产负债率(Leverage)、资产收益率(Roa)、营业收入增长率(Growth)、业绩下滑哑变量(Loss)、股权集中度(Shold)、高管持股比例(Mhold)、董事会规模(Board)、两职兼任情况(Dual)、公司上市年限(Age)以及产权性质(Soe)作为协变量(解释变量),使用 Probit 回归模型为每一个样本计算一个倾向得分;其次,按照1∶1无放回最近邻匹配的原则,为每个处理组样本配对一个倾向得分最接近的对照组样本。最终,本书为5015个处理组样本配对得到5015个对照组样本。

倾向得分匹配要求处理组和对照组满足平行趋势假设,也即处理组公司和对照组公司应当具备高度相似的特征及变动趋势,为此,本书针对配对样本进行平衡假设检验,表4-9Panel A 列示了检验结果。可以看出,在进行倾向得分匹配处理以前,除了 Roa、Growth 和 Loss 以外,其他协变量在处理组和对照组之间均存在显著差异,且差异的显著性水平均达到1%,表明原始样本可能存在较严重的选择性偏差问题,有必要将对照组样本公司进行配对处理。不过,在进行倾向得分匹配以后,所有协变量在处理组和对照组之间的差异变得不再显著,表明已经消除了潜在的样本选择性偏差问题。此外,本

书还报告了倾向得分匹配的平均处理效应(Average Treatment Effect on the Trea-
ted, ATT)。所谓平均处理效应,即处理组样本和对照组样本在倾向得分匹配
前后被解释变量的变化程度。ATT 结果如表 4-9 中 Panel B 所示。可以看出,
无论是在对原样本进行倾向得分匹配处理前还是处理后,处理组公司的管理
层业绩预告修正公告披露倾向(Revise_Dum)和管理层业绩预告修正公告披露
频次(Revise_Freq)均在 1%、5% 或 10% 水平上显著高于对照组公司,这一统
计相关性结果进一步验证了企业实施国际化战略与管理层业绩预告修正行为
之间相关关系的客观存在性。

　　接下来,表 4-9 中 Panel C 报告了原样本经过倾向得分匹配后的混合
Logit/Ologit 回归结果,其中列(1)和列(3)中未添加控制变量。可以看出,在
控制了可能的样本选择性偏误问题后,无论是否在模型(1)和模型(2)中添加
控制变量,International 与 Revise_Dum、Revise_Freq 依然在 1% 或 5% 水平上显
著正相关。这一稳健的回归结果进一步验证了本书提出的假设。

表 4-9　　　　　　　　　　　　　倾向得分匹配法内生性检验结果

Panel A:倾向得分匹配平衡假设检验						
变量	样本匹配	平均值		偏差 (%)	偏差 减少额	显著性检验	
		实验组	对照组			t 值	p 值
Size	Unmatched	21.797	21.888	−7.7	68.4%	−4.58	0.000
	Matched	21.800	21.829	−2.4		−1.26	0.209
Leverage	Unmatched	0.408	0.435	−12.5	91.3%	−7.40	0.000
	Matched	0.408	0.406	1.1		0.56	0.578
Roa	Unmatched	0.031	0.031	−0.4	−65.7%	−0.23	0.815
	Matched	0.031	0.032	−0.7		−0.32	0.748
Growth	Unmatched	0.225	0.234	−1.5	31.5%	−0.86	0.389
	Matched	0.224	0.229	−1.0		−0.52	0.601
Loss	Unmatched	0.404	0.393	2.4	93.1%	1.42	0.156
	Matched	0.405	0.404	0.2		0.08	0.935
Shold	Unmatched	2.451	2.902	−12.0	81.6%	−6.97	0.000
	Matched	2.452	2.535	−2.2		−1.19	0.234

续表

Panel A：倾向得分匹配平衡假设检验

变量	样本匹配	平均值		偏差（%）	偏差减少额	显著性检验	
		实验组	对照组			t 值	p 值
Mhold	Unmatched	0.093	0.069	16.4	95.3%	10.12	0.000
	Matched	0.094	0.093	0.8		0.37	0.715
Board	Unmatched	2.234	2.252	−10.0	91.0%	−6.00	0.000
	Matched	2.234	2.233	0.9		0.45	0.650
Dual	Unmatched	0.321	0.257	14.2	98.8%	8.64	0.000
	Matched	0.321	0.320	0.2		0.09	0.932
Age	Unmatched	1.889	2.036	−19.4	98.1%	−11.48	0.000
	Matched	1.888	1.891	−0.4		−0.18	0.858
Soe	Unmatched	0.263	0.347	−18.3	96.4%	−10.81	0.000
	Matched	0.262	0.259	0.7		0.34	0.733

Panel B：倾向得分匹配平均处理效应

变量	样本	处理组	对照组	差异	标准误	t 值
Revise_Dum	Unmatched	0.240	0.199	0.041	0.007	6.06***
	ATT	0.240	0.218	0.022	0.008	2.62**
Revise_Freq	Unmatched	0.309	0.258	0.051	0.010	5.21***
	ATT	0.309	0.289	0.020	0.012	1.65*

Panel C：倾向得分匹配后多元回归结果

变量	(1) Revise_Dum	(2) Revise_Dum	(3) Revise_Freq	(4) Revise_Freq
International	0.291***	0.235**	0.274***	0.216**
	(3.07)	(2.43)	(2.92)	(2.26)
Size		0.060**		0.053*
		(1.98)		(1.77)
Leverage		0.241		0.244
		(1.51)		(1.54)

续表

Panel C：倾向得分匹配后多元回归结果

变量	（1） Revise_Dum	（2） Revise_Dum	（3） Revise_Freq	（4） Revise_Freq
Roa		-3.723***		-3.979***
		(-8.23)		(-8.95)
Growth		0.234***		0.242***
		(4.99)		(5.25)
Loss		0.370***		0.370***
		(6.29)		(6.37)
Shold		-0.024***		-0.025***
		(-2.90)		(-2.95)
Mhold		-0.830***		-0.811***
		(-4.26)		(-4.20)
Board		-0.218		-0.217
		(-1.44)		(-1.45)
Dual		0.083		0.077
		(1.40)		(1.31)
Age		-0.257***		-0.257***
		(-6.09)		(-6.17)
Big4		-0.224		-0.200
		(-1.45)		(-1.30)
Soe		-0.614***		-0.622***
		(-8.26)		(-8.41)
Industry	控制	控制	控制	控制
Year	控制	控制	控制	控制
Constant	-1.230***	-1.287*		
	(-5.48)	(-1.90)		
Obs	10030	10030	10030	10030
Pseudo R²	0.0135	0.0475	0.0108	0.0388

注：上表中括号内为 t 值；***、** 和 * 分别表示在 1%、5% 和 10% 水平上显著。

(二)使用 Heckman 两阶段回归排除潜在的样本自选择问题

通过前述单变量差异性检验(表 4-4)本书发现,尽管约 60% 的样本公司存在海外营业收入,但事实上,大量样本公司海外营业收入占总营业收入的比值远低于同行业、同年度样本公司该比值的平均值,这就意味着企业是否存在海外经营活动以及是否实施国际化战略可能并不是外生决定的,而是具有某些财务特征的企业内生选择的结果。具体来说,具有某些特征的上市公司可能具有更高的出口贸易倾向,而具有该类特征的上市公司本身业绩不确定性程度较高,存在管理层盈利预测偏差较大的客观现实,在这种情况下,本书的样本分布就不能满足随机分布的要求,所引发的样本自选择问题会导致本书主回归结果存在偏误。

Heckman(1979)提出的 Heckman 两阶段模型,能够有效解决本书潜在的样本自选择问题。具体操作步骤为:第一阶段中,以"企业是否存在海外营业收入(International_Dum)"这一哑变量作为被解释变量,以同一行业、同一年度内样本公司海外营业收入占总营业收入比值的平均值(International_Median)作为外生解释变量,① 并以模型(4-1)和模型(4-2)中的全部控制变量作为控制变量,构建 Probit 回归模型,计算得出逆米尔斯比率(Inverse Mills Ratio, IMR);第二阶段中,将 IMR 作为控制变量加入模型(4-1)和模型(4-2)中进行回归。表 4-10 报告了回归结果,可以看出,在列(1)的第一阶段回归结果中,International_Median 与 International_Dum 在 1% 水平上显著正相关,符合本书推断;在列(2)和列(3)的第二阶段回归结果中,逆米尔斯比率 IMR 与 Revise _Dum、Revise_Num 均在 1% 水平上显著正相关,表明本书存在一定的样本自选择问题。而在控制了潜在的样本自选择问题后,尽管相比本书主回归结果(表 4-5)变量 International 的回归系数与 t 值有所降低,但模型整体的拟合优度值 Pseudo R^2 却有所增加,而且 International 与 Revise_Dum、Revise_Num 依然在 1% 或 5% 水平上显著正相关,表明经过 Heckman 两阶段模型控制了本书潜在的样本自选择问题后,企业实施国际化战略对管理层业绩预告修正行为

---

①　由于同一行业、同一年度内样本公司的经营行为存在相似性,因此,International _Med 与 International_Dum 应该存在显著的正相关关系,但 International_Med 与管理层的信息披露行为不存在相关关系,由此推断 International_Med 符合外生解释变量的选择要求。

的促进作用没有发生本质改变。

表 4-10　　　　　　　　　　**Heckman 两阶段回归结果**

变量	（1）	（2）	（3）
	International_Dum	Revise_Dum	Revise_Freq
International_Median	4.688***		
	(4.53)		
International		0.234***	0.218**
		(2.69)	(2.53)
Size	0.177***	−0.129**	−0.131***
	(14.73)	(−2.53)	(−2.60)
Leverage	0.035	0.227*	0.234*
	(0.53)	(1.85)	(1.92)
Roa	−0.598***	−2.489***	−2.816***
	(−2.99)	(−6.45)	(−7.37)
Growth	0.023	0.174***	0.182***
	(1.16)	(4.91)	(5.18)
Loss	−0.034	0.406***	0.402***
	(−1.35)	(8.73)	(8.73)
Shold	−0.009***	−0.008	−0.008
	(−3.11)	(−1.27)	(−1.35)
Mhold	0.123	−0.888***	−0.884***
	(1.34)	(−5.34)	(−5.36)
Board	−0.063	−0.092	−0.078
	(−0.98)	(−0.77)	(−0.66)
Dual	0.104***	−0.076	−0.078
	(3.86)	(−1.39)	(−1.44)
Age	−0.188***	−0.148**	−0.154***
	(−10.73)	(−2.50)	(−2.62)

变量	（1） International_Dum	（2） Revise_Dum	（3） Revise_Freq
Big4	−0.212***	0.017	0.016
	(−3.69)	(0.13)	(0.13)
Soe	−0.119***	−0.398***	−0.409***
	(−4.35)	(−6.34)	(−6.57)
IMR		3.390***	3.406***
		(4.14)	(4.19)
Industry	控制	控制	控制
Year	控制	控制	控制
Constant	−3.794***	1.591**	
	(−13.85)	(1.97)	
Obs	17490	17490	17490
Pseudo R^2	0.1623	0.0486	0.0401

注：上表中括号内为 t 值；***、** 和 * 分别表示在 1%、5% 和 10% 水平上显著。①

第五节　影响机制检验

综合前文理论分析，本书从产品市场竞争、股票市场波动性以及信息不对称三个方面检验企业实施国际化战略影响管理层业绩预告修正行为的路径与机制。

一、基于产品市场竞争的机制检验

本书认为，企业实施国际化战略加剧了企业在产品市场面临的竞争强

---

① 表 4-8 列（2）和列（3）中因为教育行业完全预测失败导致 7 个观测值失效，因此最终回归结果中缺失 7 个观测值，导致样本量为 17490 个。

度，降低了企业拥有的市场势力与垄断租金，提高了企业经营业绩的不可预见性，在客观上增加了管理层准确预测前瞻性盈余信息的难度，进而促进了管理层的业绩预告修正行为发生。因此，产品市场竞争强度的增加是企业实施国际化战略影响管理层业绩预告修正行为的重要路径。为验证这一推断，本书参照谢珺和陈航行（2016）的做法，使用经行业调整后的勒纳指数（PCM_Ind）衡量企业在产品市场的竞争强度与市场势力，具体计算方法见模型（4-3）。

$$\text{PCM\_Ind}_{j,\,i,\,t} = \text{PCM}_{j,\,i,\,t} - \sum_{i=1}^{n} \omega_{j,\,i,\,t}\,\text{PCM}_{j,\,i,\,t} \tag{4-3}$$

模型（4-3）中，$\text{PCM\_Ind}_{j,i,t}$表示行业j中公司i在第t年经行业调整后的产品市场勒纳指数；$\text{PCM}_{j,i,t}$表示公司i在第t年不考虑行业因素的产品市场勒纳指数，定义PCM＝（营业收入—营业成本—销售费用—管理费用）/营业收入，PCM越大意味着企业在产品市场获得的单位产品垄断租金越高，企业面临的产品市场竞争强度自然越低；$\omega_{j,i,t}$为同一行业内按照企业营业收入高低为企业赋予的权重值，表示行业j中公司i在第t年的营业收入占当年行业j总营业收入的比值。由此可见，$\text{PCM\_Ind}_{j,i,t}$越大，企业的产品市场势力也越大，因此企业面临的产品市场竞争强度也越低。

表4-11中列（1）报告了企业实施国际化战略影响企业产品市场竞争强度的普通最小二乘法（OLS）回归结果，可以看出，International 与 PCM_Ind 在1%水平上显著负相关，表明随着企业国际化经营程度的增加，企业在产品市场所能获得的市场势力和垄断租金不断减少，面临的市场竞争强度不断增加，验证了本书的推断。

表4-11　　　　　　　　　　　　影响机制检验结果

变量	（1）	（2）	（3）
	PCM_Ind	Volatility_Stock	ILL
International	−0.024 ***	0.001 ***	0.007 ***
	（−4.89）	（3.14）	（3.17）
Size	0.023 ***	−0.002 ***	−0.005 ***
	（19.41）	（−27.50）	（−11.04）

续表

变量	（1）PCM_Ind	（2）Volatility_Stock	（3）ILL
Leverage	−0.034 ***	0.005 ***	0.009 ***
	（−5.85）	（13.30）	（3.31）
Roa	1.001 ***	−0.003 ***	0.006
	（69.47）	（−3.31）	（0.71）
Growth	0.024 ***	0.001 ***	0.006 ***
	（19.06）	（11.39）	（7.51）
Loss	−0.003 *	−0.000 ***	−0.005 ***
	（−1.68）	（−3.82）	（−4.58）
Shold	−0.000	0.000 *	−0.000 **
	（−0.16）	（1.83）	（−2.22）
Mhold	0.035 ***	0.000	0.019 ***
	（4.13）	（0.83）	（4.92）
Board	0.004	−0.001 ***	−0.003
	（0.74）	（−3.64）	（−1.04）
Dual	−0.002	−0.000	−0.000
	（−1.00）	（−0.80）	（−0.17）
Age	−0.021 ***	−0.002 ***	0.009 ***
	（−12.09）	（−23.11）	（12.70）
Big4	−0.019 ***	−0.000	0.000
	（−3.37）	（−0.30）	（0.18）
Soe	−0.014 ***	0.001 ***	−0.006 ***
	（−4.61）	（3.67）	（−5.49）
Industry	控制	控制	控制
Year	控制	控制	控制
Constant	−0.499 ***	0.086 ***	0.379 ***
	（−18.62）	（55.94）	（33.76）
Obs	17497	17489	17490
Adj-R^2	0.3826	0.6673	0.4380

注：上表中括号内为 t 值；***、** 和 * 分别表示在1%、5%和10%水平上显著。

　　紧接着，参照 Bao 等（2018）、陈胜蓝和刘晓玲（2018）等文献机制检验的做法，本书进一步考察在不同的产品市场竞争强度下，企业实施国际化战略对管理层业绩预告修正行为的影响是否存在差异，以验证产品市场竞争强度对管理层业绩预告修正行为的潜在影响。显然，如若企业实施国际化战略所引发的产品市场竞争强度增加是诱发管理层业绩预告修正行为增加的客观原因，那么，在产品市场竞争强度较高组中，企业国际化经营与管理层业绩预告修正行为之间的正相关关系会更加显著。为验证这一逻辑，本书按照同一行业、同一年度内样本公司产品市场竞争强度（PCM_Ind）的中位数将样本总体划分为低产品市场竞争组和高产品市场竞争组两个子样本，并对模型（4-1）和模型（4-2）进行分组回归，表 4-12 报告了回归结果。可以看出，International 与 Revise_Dum、Revise_Freq 之间的正相关关系仅出现在高产品市场竞争组，表明激烈的产品市场竞争环境在促进管理层业绩预告修正动机和修正行为方面发挥了重要作用，由此说明企业实施国际化战略所引发的产品市场竞争强度增加，是导致管理层对已披露的业绩预告内容进行修正的一个重要原因。

表 4-12　　　　　　　　　**按照产品市场竞争强度分组回归结果**

变量	（1） Revise_Dum 低产品 市场竞争组	（2） Revise_Dum 高产品 市场竞争组	（3） Revise_Freq 低产品 市场竞争组	（4） Revise_Freq 高产品 市场竞争组
International	0.122	0.282**	0.086	0.268**
	(0.90)	(2.41)	(0.64)	(2.34)
Size	0.087**	0.058**	0.092**	0.053*
	(2.35)	(1.98)	(2.50)	(1.84)
Leverage	0.250	0.136	0.241	0.155
	(1.23)	(0.86)	(1.19)	(0.99)
Roa	−0.843	−3.383***	−0.760	−3.794***
	(−1.18)	(−7.54)	(−1.05)	(−8.68)
Growth	0.303***	0.092*	0.316***	0.100*
	(6.44)	(1.74)	(6.81)	(1.90)

续表

变量	（1）	（2）	（3）	（4）
	Revise_Dum	Revise_Dum	Revise_Freq	Revise_Freq
	低产品 市场竞争组	高产品 市场竞争组	低产品 市场竞争组	高产品 市场竞争组
Loss	0.420 ***	0.271 ***	0.426 ***	0.262 ***
	(5.80)	(4.46)	(5.92)	(4.36)
Shold	0.011	−0.030 ***	0.010	−0.030 ***
	(1.12)	(−4.03)	(1.05)	(−4.07)
Mhold	−0.690 ***	−0.584 **	−0.695 ***	−0.559 **
	(−3.03)	(−2.44)	(−3.06)	(−2.38)
Board	0.121	−0.368 **	0.137	−0.343 **
	(0.66)	(−2.33)	(0.75)	(−2.21)
Dual	0.079	−0.020	0.084	−0.026
	(1.11)	(−0.31)	(1.18)	(−0.40)
Age	−0.192 ***	−0.548 ***	−0.195 ***	−0.556 ***
	(−3.94)	(−12.32)	(−4.01)	(−12.73)
Big4	−0.035	−0.334 **	−0.050	−0.327 **
	(−0.21)	(−2.06)	(−0.30)	(−2.03)
Soe	−0.343 ***	−0.590 ***	−0.360 ***	−0.599 ***
	(−4.01)	(−8.43)	(−4.23)	(−8.61)
Industry	控制	控制	控制	控制
Year	控制	控制	控制	控制
Constant	−2.433 ***	−0.477		
	(−2.98)	(−0.71)		
Obs	8332	9128	8334	9163
Pseudo R^2	0.0358	0.0744	0.0301	0.0610

注：上表中括号内为 t 值；*** 、** 和 * 分别表示在1%、5%和10%水平上显著。

二、基于股票市场波动性的机制检验

本书认为，企业实施国际化战略提高了股票市场的波动性，管理层为了及时调整投资者的市场预期，提高股价的信息含量，在主观上也需要对不准确的前瞻性盈余信息进行及时修正。因此，股票市场波动性的增加是企业实施国际化战略影响管理层业绩预告修正行为的又一重要路径。为验证这一推断，本书参照谭松涛等（2014）等文献的做法，使用一年内不考虑现金红利的股票日收益率的标准差（Volatility_Stock）衡量企业在股票市场的波动性。显然，Volatility_Stock 越大代表企业股票价格的波动程度越高，也意味着投资者对于企业价值的不确定性程度较高。

表 4-11 中列（2）报告了企业实施国际化战略影响企业股票市场波动性的普通最小二乘法（OLS）回归结果，可以看出，International 与 Volatility_Stock 在1%水平上显著正相关，表明随着企业国际化经营程度的增加，股票市场中企业股票价格的波动程度也会不断增加，验证了本书的推断。

紧接着，本书进一步考察当企业在股票市场的股价波动程度不同时，企业实施国际化战略对管理层业绩预告修正行为的影响是否存在差异，以验证股票市场波动性对管理层业绩预告修正行为的潜在影响。具体的，按照同一行业、同一年度内样本公司股票日收益率标准差（Volatility_Stock）的中位数将样本总体划分为高股价波动性组和低股价波动性组两个子样本，并对模型（4-1）和模型（4-2）进行分组回归，表 4-12 报告了回归结果。可以看出，International 与 Revise_Dum、Revise_Freq 之间的正相关关系仅出现在高股价波动性组，表明随着企业国际化经营程度的增加，在股价波动程度越高的公司中管理层的业绩预告修正行为更突出，也即，股票市场的剧烈波动在促进管理层业绩预告修正动机和修正行为方面发挥了重要作用，促使管理层通过修正前期已披露业绩预告中的不准确信息及时调整投资者预期，提高股价信息含量，由此说明企业实施国际化战略所引发的股票市场波动性增加，是导致管理层对已披露的业绩预告内容进行修正的又一重要原因。

表 4-13　　　　　　　　　　按照股票市场波动性分组回归结果

变量	（1）	（2）	（3）	（4）
	Revise_Dum	Revise_Dum	Revise_Num	Revise_Num
	高股价波动性组	低股价波动性组	高股价波动性组	低股价波动性组
International	0.343 ***	0.126	0.320 ***	0.117
	(2.86)	(0.99)	(2.70)	(0.93)
Size	0.107 ***	0.031	0.107 ***	0.028
	(3.20)	(0.97)	(3.21)	(0.88)
Leverage	0.170	0.286	0.179	0.291
	(1.00)	(1.57)	(1.06)	(1.61)
Roa	−2.731 ***	−3.637 ***	−3.036 ***	−3.959 ***
	(−5.74)	(−6.79)	(−6.44)	(−7.49)
Growth	0.186 ***	0.191 ***	0.187 ***	0.209 ***
	(4.14)	(3.38)	(4.21)	(3.72)
Loss	0.308 ***	0.424 ***	0.296 ***	0.428 ***
	(4.65)	(6.65)	(4.52)	(6.79)
Shold	−0.016 **	−0.021 **	−0.016 **	−0.021 **
	(−1.97)	(−2.40)	(−2.05)	(−2.46)
Mhold	−1.064 ***	−0.386 *	−1.051 ***	−0.392 *
	(−4.65)	(−1.66)	(−4.63)	(−1.70)
Board	−0.151	−0.169	−0.101	−0.189
	(−0.90)	(−1.01)	(−0.61)	(−1.14)
Dual	0.029	0.045	0.033	0.038
	(0.43)	(0.66)	(0.49)	(0.57)
Age	−0.266 ***	−0.504 ***	−0.268 ***	−0.513 ***
	(−6.03)	(−10.34)	(−6.12)	(−10.64)
Big4	−0.126	−0.152	−0.148	−0.148
	(−0.64)	(−1.04)	(−0.76)	(−1.02)

续表

变量	（1） Revise_Dum 高股价波动性组	（2） Revise_Dum 低股价波动性组	（3） Revise_Num 高股价波动性组	（4） Revise_Num 低股价波动性组
Soe	−0.453***	−0.583***	−0.472***	−0.589***
	（−5.81）	（−7.70）	（−6.09）	（−7.82）
Industry	控制	控制	控制	控制
Year	控制	控制	控制	控制
Constant	−1.933***	−0.409		
	（−2.60）	（−0.56）		
Obs	8183	9312	8185	9312
Pseudo R^2	0.0445	0.0593	0.0365	0.0494

注：上表中括号内为 t 值；*** 、** 和 * 分别表示在 1%、5% 和 10% 水平上显著。

三、基于信息不对称的机制检验

本书认为，企业实施国际化战略提高了企业内部管理者与外部利益相关者之间的信息不对称程度，而信息不对称会加剧投资者的逆向选择行为和资本市场中的"柠檬市场"效应，会对管理层私人利益产生不利影响，这在主观上促使管理层出于提高信息透明度的目的而对已披露的业绩预告中的不真实或不准确信息进行及时修正。因此，公司内外信息不对称程度的增加是企业实施国际化战略影响管理层业绩预告修正行为的第三条重要路径。为验证这一推断，本书参照 Amihud（2002）的做法，使用非流动性比率（ILL）衡量投资者之间的信息不对称程度。① 非流动性比率越高，代表投资者之间的信息不对称程度越高。

表4-11 中列（3）报告了企业实施国际化战略影响企业内外信息不对称程

---

① 非流动性比率（ILL）这一指标的计算方法已在第三章"第五节 影响机制检验"中进行过详细阐述，因此，在此不再赘述。

度的普通最小二乘法(OLS)回归结果,可以看出,International 与 ILL 在 1% 水平上显著正相关,表明随着企业国际化经营程度的增加,企业内部管理者与外部利益相关者之间的信息不对称程度也在不断增加,验证了本书的推断。

紧接着,本书进一步考察当企业内外信息不对称程度不同时,企业实施国际化战略对管理层业绩预告修正行为的影响是否存在差异,以验证公司信息环境对于管理层业绩预告修正行为的潜在影响。具体的,按照同一行业、同一年度内样本公司非流动性比率(ILL)的中位数将样本总体划分为高信息不对称组和低信息不对称组两个子样本,并对模型(4-1)和模型(4-2)进行分组回归,表 4-14 报告了回归结果。可以看出,International 与 Revise_Dum、Revise_Freq 之间的正相关关系仅出现在高信息不对称组,表明随着企业国际化经营程度的增加,在信息不对称程度越高的公司中管理层的业绩预告修正行为更突出,这也意味着信息不对称在促进管理层通过业绩预告修正行为向资本市场传递增量信息方面发挥了重要作用,促使管理层在预计已披露的业绩预告内容与本期实际业绩差异较大时将及时发布业绩预告修正公告作为提高企业信息透明度、降低外部利益相关对公司经营活动不确定性程度的最优信息披露策略,由此说明企业实施国际化战略所引发的公司内外信息不对称程度的增加,是导致管理层对已披露的业绩预告内容进行修正的第三个重要原因。

表 4-14　　　　　按照公司内外信息不对称程度分组回归结果

变量	(1)	(2)	(3)	(4)
	Revise_Dum	Revise_Dum	Revise_Freq	Revise_Freq
	高信息不对称组	低信息不对称组	高信息不对称组	低信息不对称组
International	0.266^{**}	0.202	0.252^{**}	0.185
	(2.22)	(1.60)	(2.12)	(1.48)
Size	0.076^{**}	0.052	0.072^{**}	0.052
	(2.40)	(1.59)	(2.30)	(1.61)
Leverage	0.378^{**}	0.019	0.395^{**}	0.015
	(2.24)	(0.11)	(2.36)	(0.09)

续表

变量	（1） Revise_Dum 高信息不对称组	（2） Revise_Dum 低信息不对称组	（3） Revise_Freq 高信息不对称组	（4） Revise_Freq 低信息不对称组
Roa	-3.021^{***} (-6.56)	-3.330^{***} (-5.88)	-3.448^{***} (-7.54)	-3.551^{***} (-6.37)
Growth	0.164^{***} (3.53)	0.235^{***} (4.43)	0.171^{***} (3.70)	0.247^{***} (4.70)
Loss	0.291^{***} (4.46)	0.454^{***} (6.85)	0.283^{***} (4.41)	0.456^{***} (6.96)
Shold	-0.022^{***} (-2.64)	-0.014^{*} (-1.74)	-0.022^{***} (-2.64)	-0.015^{*} (-1.86)
Mhold	-0.897^{***} (-3.95)	-0.603^{**} (-2.57)	-0.888^{***} (-3.94)	-0.604^{***} (-2.60)
Board	-0.092 (-0.56)	-0.245 (-1.43)	-0.062 (-0.38)	-0.247 (-1.46)
Dual	-0.058 (-0.88)	0.132^{*} (1.92)	-0.073 (-1.11)	0.148^{**} (2.17)
Age	-0.358^{***} (-7.54)	-0.365^{***} (-8.25)	-0.376^{***} (-7.97)	-0.364^{***} (-8.31)
Big4	-0.375^{**} (-2.16)	-0.024 (-0.16)	-0.373^{**} (-2.16)	-0.028 (-0.18)
Soe	-0.525^{***} (-6.90)	-0.522^{***} (-6.80)	-0.541^{***} (-7.15)	-0.527^{***} (-6.91)
Industry	控制	控制	控制	控制
Year	控制	控制	控制	控制
Constant	-1.356^{*} (-1.91)	-0.846 (-1.16)		
Obs	8696	8799	8698	8799
Pseudo R^2	0.0456	0.0562	0.0381	0.0462

注：上表中括号内为 t 值；$***$、$**$ 和 $*$ 分别表示在1%、5%和10%水平上显著。

第六节　排除替代性假说

一、排除管理层盈余操纵动机下的业绩预告修正行为

本书基于产品市场竞争、股票市场波动以及信息不对称三个视角，从业绩预告修正的客观原因以及业绩预告修正的主观动机两个方面探讨了管理层业绩预告修正行为产生的原因。但既有文献指出，管理层也有可能基于盈余操纵的目的而对已披露的业绩预告进行修正，进而导致"变脸型"业绩预告频繁出现，扰乱了资本市场正常秩序（魏哲等，2016；林钟高和常青，2019）。胡志颖等（2011）研究发现上市公司业绩预告修正过程中存在盈余管理行为，尤其是原预告坏消息的公司在业绩预告发布后会存在向上盈余管理动机，导致公司盈余质量降低。考虑到实施国际化战略确实有可能在加剧企业产品市场竞争强度的同时增加企业经营业绩的不确定性程度，诱发管理层的盈余操纵动机，因此，实施国际化战略的企业也有可能基于盈余操纵的目的而对已披露的业绩预告内容进行修正，以实现管理层薪酬契约中的受托责任目标，也即，业绩预告修正行为可能是管理层在定期财务报告披露前配合盈余操纵的策略性信息披露行为。为了排除这一替代性假说，本书通过分组回归的方法，观察当公司盈余操纵程度不同时，企业实施国际化战略对管理层业绩预告修正行为的影响是否存在差异，以进一步厘清管理层业绩预告修正行为产生的真正动因。

具体的，本书使用修正的琼斯模型（Dechow 和 Sloan，1995）计算公司操纵性应计利润（DA），以衡量公司盈余操纵程度，并按照同一行业、同一年度内样本公司 DA 的中位数对模型（4-1）和模型（4-2）进行分组回归。表 4-15 中 Panel A 报告了回归结果，可以看出，International 与 Revise_Trend、Revise_Freq 之间的显著正相关关系仅出现在低盈余操纵组，表明管理层业绩预告修正行为的增加并未伴随着企业盈余操纵程度的增加，这也意味着随着企业国际化经营程度的增加，管理层的业绩预告修正行为与管理层的盈余操纵动机

之间并不存在关联关系，也即：管理层并非出于盈余操纵动机而对业绩预告内容进行修正。

　　为了验证上述结论的可靠性，本书还使用 DD 模型（Dechow 和 Dichev，2002）重新计算公司操纵性应计利润（DD），并同样按照同一行业、同一年度内样本公司 DD 的中位数对模型(4-1)和模型(4-2)进行分组回归。表 4-15 中 Panel B 报告了回归结果，可以看出，International 与 Revise_Trend、Revise_Freq 之间的显著正相关关系依然仅出现在低盈余操纵组。上述回归结果排除了"实施国际化战略的企业基于盈余操纵的目的而对已披露的业绩预告内容进行修正"这一替代性假说。

表 4-15　　　　　　　　　　按照管理层盈余操纵动机分组回归结果

	Panel A：使用 DA 模型估计盈余操纵程度			
变量	（1）	（2）	（3）	（4）
	Revise_Dum	Revise_Dum	Revise_Freq	Revise_Freq
	高盈余操纵组	低盈余操纵组	高盈余操纵组	低盈余操纵组
International	0.060	0.496***	0.055	0.466***
	（0.49）	（3.90）	（0.46）	（3.72）
Size	0.094***	−0.025	0.092***	−0.026
	（2.78）	（−0.70）	（2.77）	（−0.73）
Leverage	0.270	0.486***	0.283	0.505***
	（1.46）	（2.87）	（1.54）	（3.01）
Roa	−1.353**	−2.909***	−1.383**	−3.388***
	（−2.05）	（−6.59）	（−2.11）	（−7.83）
Growth	0.202***	0.047	0.210***	0.024
	（5.04）	（0.53）	（5.30）	（0.27）
Loss	0.303***	0.473***	0.309***	0.462***
	（4.41）	（7.35）	（4.55）	（7.24）
Shold	−0.014	−0.016**	−0.014	−0.016**
	（−1.47）	（−2.11）	（−1.50）	（−2.16）

续表

变量	（1）Revise_Dum 高盈余操纵组	（2）Revise_Dum 低盈余操纵组	（3）Revise_Freq 高盈余操纵组	（4）Revise_Freq 低盈余操纵组
Mhold	−0.957***	−0.473*	−0.928***	−0.495**
	(−4.28)	(−1.95)	(−4.18)	(−2.07)
Board	−0.024	−0.264	−0.026	−0.229
	(−0.14)	(−1.59)	(−0.15)	(−1.39)
Dual	−0.044	0.140**	−0.057	0.152**
	(−0.65)	(2.05)	(−0.85)	(2.25)
Age	−0.318***	−0.483***	−0.316***	−0.498***
	(−7.35)	(−9.68)	(−7.37)	(−10.13)
Big4	−0.028	−0.186	−0.030	−0.189
	(−0.15)	(−1.21)	(−0.16)	(−1.23)
Soe	−0.368***	−0.581***	−0.368***	−0.609***
	(−4.66)	(−7.79)	(−4.68)	(−8.18)
Industry	控制	控制	控制	控制
Year	控制	控制	控制	控制
Constant	−2.151***	1.001		
	(−2.90)	(1.27)		
Obs	8694	8801	8696	8801
Pseudo R^2	0.0429	0.0736	0.0346	0.0617

Panel B：使用 DD 模型估计盈余操纵程度

变量	（1）Revise_Dum 高盈余操纵组	（2）Revise_Dum 低盈余操纵组	（3）Revise_Freq 高盈余操纵组	（4）Revise_Freq 低盈余操纵组
International	0.053	0.389***	0.017	0.385***
	(0.40)	(3.31)	(0.13)	(3.32)
Size	0.008	0.088***	0.005	0.087***
	(0.22)	(3.03)	(0.13)	(3.02)

续表

	（1）	（2）	（3）	（4）
变量	Revise_Dum	Revise_Dum	Revise_Freq	Revise_Freq
	高盈余操纵组	低盈余操纵组	高盈余操纵组	低盈余操纵组
Leverage	0.524**	0.122	0.497**	0.152
	（2.52）	（0.79）	（2.41）	（0.99）
Roa	−1.643**	−3.822***	−1.978***	−4.130***
	（−2.50）	（−8.83）	（−3.00）	（−9.73）
Growth	0.277***	0.157***	0.291***	0.165***
	（5.06）	（3.42）	（5.39）	（3.62）
Loss	0.447***	0.337***	0.442***	0.334***
	（6.16）	（5.67）	（6.16）	（5.69）
Shold	−0.024***	−0.012	−0.025***	−0.013
	（−2.71）	（−1.57）	（−2.80）	（−1.60）
Mhold	−1.066***	−0.539**	−1.076***	−0.516**
	（−4.21）	（−2.52）	（−4.29）	（−2.44）
Board	−0.325*	−0.028	−0.327*	−0.001
	（−1.76）	（−0.18）	（−1.78）	（−0.01）
Dual	0.117	−0.032	0.106	−0.027
	（1.58）	（−0.51）	（1.44）	（−0.44）
Age	−0.438***	−0.303***	−0.441***	−0.313***
	（−8.80）	（−7.12）	（−8.95）	（−7.43）
Big4	−0.176	−0.183	−0.173	−0.191
	（−1.07）	（−1.10）	（−1.06）	（−1.16）
Soe	−0.299***	−0.700***	−0.298***	−0.721***
	（−3.68）	（−9.66）	（−3.68）	（−9.99）
Industry	控制	控制	控制	控制

Panel B：使用 DD 模型估计盈余操纵程度

变量	Panel B：使用 DD 模型估计盈余操纵程度			
	（1）	（2）	（3）	（4）
	Revise_Dum	Revise_Dum	Revise_Freq	Revise_Freq
	高盈余操纵组	低盈余操纵组	高盈余操纵组	低盈余操纵组
Year	控制	控制	控制	控制
Constant	0.772	-2.363^{***}		
	(0.97)	(-3.60)		
Obs	7443	10042	7455	10042
Pseudo R^2	0.0444	0.0569	0.0368	0.0471

注：上表中括号内为 t 值；***、** 和 * 分别表示在 1%、5% 和 10% 水平上显著。

二、排除管理层股价操纵动机下的业绩预告修正行为

除了管理层盈余操纵动机，既有文献指出管理层的自利动机也是促使其业绩预告修正行为频繁出现的重要原因（Hirst 等，2008）。具体来说，当管理层有意图增持或减持公司股票时，会策略性披露存在偏差的前瞻性盈余信息，以向市场传递错误的反映企业价值和未来发展前景的信号，进而实现股票价格操纵目的，有助于管理层以更高价格抛售公司股票或以更低价格增持公司股票（张娆等，2017）。林钟高和常青（2019）则更直接地指出对已披露的业绩预告内容进行后期变更，是管理层通过操纵前瞻性盈余信息影响股票价格从而获取管理层私人利益的"次优"业绩预告披露行为。考虑到实施国际化战略确实有可能加剧公司股票价格的波动性，并诱发管理层对公司股票的增持或减持行为，因此，本书可能存在另外一种替代性假说，即：实施国际化战略的企业有可能基于管理层的股价操纵动机而对已披露的业绩预告内容进行修正，以实现"高抛"或"低吸"公司股票的目的。为了排除这一替代性假说，本书通过分组回归的方法，观察当管理层股价操纵动机不同时，企业实施国际化战略对管理层业绩预告修正行为的影响是否存在差异，以进一步厘清管理

层业绩预告修正行为产生的真正动因。

由于张娆等(2017)等文献研究发现当管理层持股数量变化时，管理层更有可能通过发布有偏差的盈利预测影响投资者的市场预期，因此，本书参照前人做法，使用管理层持股数量增减变动程度(ΔMhold)①衡量管理层的股价操纵动机。显然，ΔMhold越大意味着管理层当年增持或减持的公司股票数量越多，那么管理层通过操纵盈余信息进而影响股票价格的动机也越强。接下来，本书按照同一行业、同一年度内样本公司ΔMhold的中位数对模型(4-1)和模型(4-2)进行分组回归。可以预期，如果前述替代性假说成立，当ΔMhold较高时，企业实施国际化战略与管理层业绩预告修正行为之间的相关关系会更加显著。但事实上，通过表4-16报告的回归结果可以看出，与预期相反，International与Revise_Trend、Revise_Freq之间的显著正相关关系仅出现在管理层持股数量增减变动程度较低组，表明管理层业绩预告修正行为的增加并未伴随管理层持股数量的增减剧烈变动，这也意味着随着企业国际化经营程度的增加，管理层的业绩预告修正行为与管理层的股价操纵动机之间并不存在关联关系，也即：管理层并非出于股价操纵动机而对业绩预告内容进行修正。

表4-16 按照管理层股价操纵动机分组回归结果

变量	(1) Revise_Dum 高 ΔMhold 组	(2) Revise_Dum 低 ΔMhold 组	(3) Revise_Freq 高 ΔMhold 组	(4) Revise_Freq 低 ΔMhold 组
International	0.176	0.283**	0.144	0.284**
	(1.47)	(2.20)	(1.22)	(2.24)
Size	0.125***	−0.032	0.119***	−0.033
	(3.54)	(−1.05)	(3.39)	(−1.08)
Leverage	0.312*	0.275	0.350**	0.254
	(1.74)	(1.58)	(1.97)	(1.47)

① 本书此处将管理层定义为董事会成员、监事会成员以及高级管理人员，并定义ΔMhold为公司当年管理层持股数量相比上年管理层持股数量变动数的绝对值，与公司当年年末总股数的比值。

续表

变量	（1）	（2）	（3）	（4）
	Revise_Dum	Revise_Dum	Revise_Freq	Revise_Freq
	高 ΔMhold 组	低 ΔMhold 组	高 ΔMhold 组	低 ΔMhold 组
Roa	−3.347***	−3.119***	−3.728***	−3.442***
	(−6.55)	(−6.22)	(−7.40)	(−6.94)
Growth	0.216***	0.184***	0.218***	0.198***
	(4.39)	(3.67)	(4.49)	(3.94)
Loss	0.499***	0.229***	0.489***	0.224***
	(7.97)	(3.37)	(7.93)	(3.33)
Shold	−0.016	−0.011	−0.012	−0.012*
	(−1.48)	(−1.48)	(−1.13)	(−1.76)
Mhold	−0.787***	−0.661**	−0.762***	−0.683**
	(−3.82)	(−2.18)	(−3.74)	(−2.26)
Board	−0.042	−0.292*	−0.015	−0.286*
	(−0.25)	(−1.69)	(−0.09)	(−1.67)
Dual	0.062	−0.020	0.060	−0.023
	(0.96)	(−0.27)	(0.93)	(−0.32)
Age	−0.125**	−0.537***	−0.129***	−0.547***
	(−2.56)	(−11.86)	(−2.68)	(−12.20)
Big4	−0.318	−0.015	−0.350*	−0.008
	(−1.59)	(−0.10)	(−1.76)	(−0.06)
Soe	−0.565***	−0.349***	−0.590***	−0.351***
	(−6.19)	(−4.95)	(−6.51)	(−5.01)
Industry	控制	控制	控制	控制
Year	控制	控制	控制	控制
Constant	−2.812***	0.943		
	(−3.66)	(1.35)		
Obs	8592	8900	8592	8905
Pseudo R^2	0.0504	0.0549	0.0413	0.0462

注：上表中括号内为 t 值；***、** 和 * 分别表示在 1%、5% 和 10% 水平上显著。

三、排除管理层代理成本动因下的业绩预告修正行为

信息披露领域的文献指出，管理层与外部股东之间的代理成本，也是影响管理层信息披露质量的关键因素。当管理层与外部股东之间存在严重的代理冲突时，自利的管理者出于隐瞒企业私有信息的动机，会降低业绩预告披露意愿以及披露质量（万鹏和陈翔宇，2016；袁振超等，2014）。考虑到实施国际化战略确实有可能通过提高企业内外信息不对称程度进而加剧管理层与外部股东之间的代理成本，因此，本书可能还存在一种替代性假说，即：管理层与外部股东之间的代理冲突所引发的管理者自利行为，是促使国际化经营企业对已披露的业绩预告内容进行修正的又一重要原因。为了排除这一替代性假说，本书同样通过分组回归的方法，观察当管理层股价操纵动机不同时，企业实施国际化战略对管理层业绩预告修正行为的影响是否存在差异，以进一步厘清管理层业绩预告修正行为产生的真正动因。

参照 Lou 等（2011）、王曾等（2014）等文献的做法，本书使用高管超额在职消费（Ab_Perks）衡量管理层与外部股东之间的代理冲突以及管理层的自利行为。所谓在职消费，又称职务消费，是指管理层为履行工作职责而发生的消费性支出及享有的待遇。① 在职消费本身具有合理性，是企业经营管理活动中不可避免的支出内容，对于提升组织绩效和企业价值具有促进作用，但是，过度的在职消费则意味着管理层存在牺牲股东利益而为自身谋求私利的可能性，会对企业经营业绩产生不利影响（耿云江和王明晓，2016；吴成颂等，2015）。管理层为了规避超额在职消费对其履行受托责任的负面影响，就会存在盈余管理行为（王东清和李静，2017）。由此本书推断，如果前述替代性假说成立，当高管超额在职消费（Ab_Perks）较高时，企业实施国际化战略与管理层业绩预告修正行为之间的相关关系会更加显著。

为检验上述推断，本书通过计算高管实际在职消费与正常在职消费之间的差额，估计高管超额在职消费（Ab_Perks），具体见模型（4-4）：

---

① 2006 年 6 月 8 日国务院国资委出台的《关于规范中央企业负责人职务消费的指导意见》一文中，对职务消费这一概念给出了明确定义。

$$\frac{\text{Perks}_{i,t}}{\text{Asset}_{i,t-1}} = \beta_0 + \beta_1 \frac{1}{\text{Asset}_{i,t-1}} + \beta_2 \frac{\Delta\text{Sales}_{i,t}}{\text{Asset}_{i,t-1}} + \beta_3 \frac{\text{PPE}_{i,t}}{\text{Asset}_{i,t-1}} \qquad (4\text{-}4)$$

$$+ \beta_4 \frac{\text{Inventory}_{i,t}}{\text{Asset}_{i,t-1}} + \beta_5 \text{LnEmployee}_{i,t} + \varepsilon_{i,t}$$

上述模型中，$\text{Perks}_{i,t}$ 为高管当年实际在职消费金额，等于企业当年销售费用加上管理费用，扣除董事、监事和高管货币薪酬以及无形资产摊销额后的余额；$\text{Asset}_{i,t-1}$ 为上年年末资产合计数；$\Delta\text{Sales}_{i,t}$ 为当年主营业务收入相比上年主营业务收入的变动金额；$\text{PPE}_{i,t}$ 为当年年末固定资产净额；$\text{Inventory}_{i,t}$ 为当年年末存货净额；$\text{LnEmployee}_{i,t}$ 为企业当年雇佣的员工人数取自然对数。通过分行业和年度对样本进行回归，最终得到的模型(4-4)的残差即表示高管超额在职消费(Ab_Perks)。接下来，本书按照同一行业、同一年度内样本公司 Ab_Perks 的中位数对模型(4-1)和模型(4-2)进行分组回归，表4-17 报告了回归结果。可以看出，与预期相反，International 与 Revise_Trend、Revise_Freq 之间的显著正相关关系仅出现在低超额在职消费组，表明管理层业绩预告修正行为的增加并未伴随着管理层在职消费的超额增加，这也意味着随着企业国际化经营程度的增加，管理层的业绩预告修正行为与管理层的自利行为之间并不存在关联关系，也即：管理层与外部股东之间的代理冲突并不是导致管理层业绩预告修正行为产生的主要原因。

表4-17　　　　　　　　　按照管理层代理成本高低分组回归结果

变量	(1)	(2)	(3)	(4)
	Revise_Dum	Revise_Dum	Revise_Freq	Revise_Freq
	高超额 在职消费组	低超额 在职消费组	高超额 在职消费组	低超额 在职消费组
International	0.119	0.353***	0.120	0.321**
	(1.00)	(2.72)	(1.02)	(2.50)
Size	0.043	0.104***	0.038	0.104***
	(1.47)	(2.72)	(1.33)	(2.75)

续表

变量	（1）Revise_Dum 高超额在职消费组	（2）Revise_Dum 低超额在职消费组	（3）Revise_Freq 高超额在职消费组	（4）Revise_Freq 低超额在职消费组
Leverage	0.112	0.330*	0.095	0.368**
	(0.59)	(1.94)	(0.51)	(2.18)
Roa	−1.740***	−3.585***	−1.802***	−4.031***
	(−2.81)	(−8.00)	(−2.95)	(−9.13)
Growth	0.231***	0.015	0.245***	0.009
	(5.79)	(0.18)	(6.20)	(0.10)
Loss	0.387***	0.384***	0.393***	0.372***
	(5.68)	(5.96)	(5.85)	(5.84)
Shold	−0.028***	−0.008	−0.028***	−0.009
	(−3.05)	(−0.98)	(−3.02)	(−1.13)
Mhold	−0.712***	−0.739***	−0.724***	−0.705***
	(−3.12)	(−3.16)	(−3.20)	(−3.04)
Board	−0.004	−0.321*	0.011	−0.307*
	(−0.03)	(−1.88)	(0.07)	(−1.82)
Dual	−0.020	0.079	−0.029	0.084
	(−0.29)	(1.17)	(−0.44)	(1.25)
Age	−0.307***	−0.431***	−0.310***	−0.441***
	(−6.95)	(−8.85)	(−7.10)	(−9.15)
Big4	−0.292*	−0.002	−0.282*	−0.002
	(−1.89)	(−0.01)	(−1.84)	(−0.01)
Soe	−0.464***	−0.579***	−0.468***	−0.600***
	(−6.06)	(−7.54)	(−6.16)	(−7.84)

续表

变量	（1）	（2）	（3）	（4）
	Revise_Dum	Revise_Dum	Revise_Freq	Revise_Freq
	高超额 在职消费组	低超额 在职消费组	高超额 在职消费组	低超额 在职消费组
Industry	控制	控制	控制	控制
Year	控制	控制	控制	控制
Constant	-1.108^*	-1.507^*		
	(-1.68)	(-1.81)		
Obs	8682	8798	8699	8798
Pseudo R^2	0.0512	0.0573	0.0423	0.0481

注：上表中括号内为 t 值；***、**和*分别表示在1%、5%和10%水平上显著。

第七节　进一步分析

基于前文理论推导和实证分析，我们发现，在实施国际化战略的企业中，管理层并非出于盈余操纵、股价操纵以及掩饰自利行为的动机而对已披露的业绩预告内容进行修正，企业国际化经营所引发的盈利预测难度、股票市场异质性波动以及信息不对称问题增加，才是促使管理层通过及时修正已披露业绩预告中不真实或不准确的盈利预测信息，进而调整投资者市场预期、防范股价波动风险、提高公司信息透明度的客观原因与主观动机。基于该逻辑，本书认为，对于实施国际化战略的企业而言，管理层的业绩预告修正行为事实上增加了企业前瞻性盈利预测信息的信息含量，提高了会计信息的有用性，降低了外部利益相关者对公司内部信息的不确定性程度。为验证这一推断，接下来，我们从金融分析师盈利预测准确度以及审计师风险感知度两个视角进一步探讨管理层业绩预告修正行为在资本市场所引发的经济后果。

一、基于分析师预测准确度的进一步分析

分析师作为资本市场重要的信息中介，在挖掘企业私有信息、解读企业公开信息、评估企业市场价值以及预测企业未来业绩方面发挥了重要作用，能为资本市场利益相关者提供有价值的信息（Healy 和 Palepu，2001；方军雄，2007）。在上市公司公开披露的各项信息来源中，管理层针对前瞻性盈余信息发布的业绩预告备受分析师关注，甚至成为影响分析师盈利预测结果的重要因素，例如：Cotter 等（2006）研究发现约 60% 的分析师会在管理层业绩预告披露后的 5 天之内对其作出的盈利预测结果进行修正；Ota（2010）研究发现管理层披露的业绩预告内容的变化，是导致分析师盈利预测结果变化的最主要原因，相关联程度超过 90%；王玉涛和王彦超（2012）研发发现管理层业绩预告准确度越高的公司，分析师盈利预测误差越小；Huang（2016）以中国上市公司为样本研究发现管理层披露的业绩预告能够有效调整分析师对于上市公司的盈利预期，尤其当公司内外信息不对称程度较高时，业绩预告的上述作用更加显著。由此可见，大量文献充分肯定了管理层业绩预告对于分析师盈利预测行为所传递的信息含量。因此，本书推断，如果管理层披露的业绩预告修正公告同样能够向资本市场传递有关企业未来经营业绩的增量信息，那么，分析师一定会充分利用业绩预告修正公告中披露的增量信息，提高其盈利预测的准确度。

为了检验管理层业绩预告修正公告中披露的经修正后的公司盈余信息对于分析师盈利预测结果是否具有增量信息含量，本书参照杨青等（2019）等文献的做法，使用模型（4-5）计算分析师盈利预测偏差（ForecastErr），并构造模型（4-6）和模型（4-7）进行多元回归分析。

$$\text{ForecastErr}_{i,t} = \frac{|\text{ForecastEps}_{i,t} - \text{ActualEps}_{i,t}|}{p_{i,t-1}} \tag{4-5}$$

$$\text{ForecastErr}_{i,t} = \beta_0 + \beta_1 \text{Revise\_Dum}_{i,t} + \beta_2 \text{International}_{i,t} + \beta_3 \text{Revise\_Dum}_{i,t}$$
$$\times \text{International}_{i,t} + \text{Controls}_{i,t} + \text{Firm}_{i,t} + \text{Year}_{i,t} + \varepsilon_{i,t} \tag{4-6}$$

$$\text{ForecastErr}_{i,t} = \beta_0 + \beta_1 \text{Revise\_Freq}_{i,t} + \beta_2 \text{International}_{i,t} + \beta_3 \text{Revise\_Freq}_{i,t}$$
$$\times \text{International}_{i,t} + \text{Controls}_{i,t} + \text{Firm}_{i,t} + \text{Year}_{i,t} + \varepsilon_{i,t} \tag{4-7}$$

上述模型中 ForecastEps$_{i,t}$ 代表金融分析师一致预测的上市公司 i 在第 t 年的每股收益，等于各个跟踪分析师针对公司 i 第 t 年做出的最后一次每股收益预测值的算术平均值；ActualEps$_{i,t}$ 代表公司 i 在第 t 年的实际每股收益；$p_{i,t}$ 代表公司上一年年末的收盘价。显然，ForecastErr 越大则代表分析师盈利预测偏差越大，相应地意味着分析师盈利预测准确度越低。模型（4-6）和模型（4-7）中的控制变量与前述模型（4-1）和模型（4-2）中的控制变量完全相同。此外，为了更好地控制不随时间变化的遗漏变量对分析师盈利预测偏差（ForecastErr）的影响，模型（4-6）和模型（4-7）中控制了公司个体固定效应（Firm Fixed Effect）。

表 4-18 报告了管理层业绩预告修正行为影响分析师盈利预测准确度的 OLS 回归结果。通过列（1）可以看出，尽管 Revise_Dum 与 ForecastErr 在 1% 水平上显著正相关，但交乘项 Revise_Dum×International 却在 1% 水平上显著负相关，表明管理层的业绩预告修正行为总体上降低了分析师盈利预测的准确度，对分析师准确评估企业未来经营业绩带来了干扰，但对于实施国际化战略的企业而言，管理层披露的业绩预告修正公告却是为分析师提供了增量信息，相反，降低了分析师盈利预测误差，提高了分析师盈余预测的准确度。列（2）的回归结果与列（1）类似，可以看出，尽管 Revise_Freq 与 ForecastErr 在 1% 水平上显著正相关，但交乘项 Revise_Freq×International 却在 1% 水平上显著负相关，进一步验证了列（1）中回归结果的可靠性。上述结果表明，随着企业国际化经营程度的增加，管理层越有动机对前期已披露的业绩预告中的不真实或不准确信息进行修正，这种业绩预告修正行为能向资本市场传递有价值的信息，也能向分析师传递更多增量信息，进而促进了分析师盈利预测准确度的提升。

表 4-18　管理层业绩预告修正行为对分析师盈利预测准确度的影响

变量	(1)	(2)
	ForecastErr	ForecastErr
Revise_Dum	0.004 ***	
	(3.60)	

续表

变量	（1）	（2）
	ForecastErr	ForecastErr
International	0.003	
	（0.87）	
Revise_Dum×International	−0.010***	
	（−2.92）	
Revise_Freq		0.003***
		（3.88）
International		0.003
		（0.95）
Revise_Freq×International		−0.008***
		（−3.36）
Size	0.005***	0.005***
	（5.28）	（5.28）
Leverage	0.000	0.000
	（0.06）	（0.07）
Roa	−0.426***	−0.425***
	（−57.17）	（−56.99）
Growth	−0.002***	−0.002***
	（−3.55）	（−3.56）
Loss	0.010***	0.010***
	（13.33）	（13.36）
Shold	0.001***	0.001***
	（3.99）	（3.99）
Mhold	0.009*	0.010**
	（1.94）	（1.98）

变量	(1)	(2)
	ForecastErr	ForecastErr
Board	−0.002	−0.002
	(−0.61)	(−0.65)
Dual	−0.003***	−0.003***
	(−2.85)	(−2.87)
Age	0.001	0.001
	(0.66)	(0.65)
Big4	−0.011***	−0.011***
	(−2.91)	(−2.89)
Soe	0.003	0.003
	(1.05)	(1.04)
Firm	控制	控制
Year	控制	控制
Constant	−0.062***	−0.061***
	(−3.31)	(−3.30)
Obs	14788	14788
Adj-R^2	0.278	0.278

注：上表中括号内为 t 值；***、**和*分别表示在1%、5%和10%水平上显著。

二、基于审计师风险感知度的进一步分析

尽管业绩预告修正制度的出台旨在促使上市公司提高管理层盈利预测的准确度，保护投资者利益，但管理层对已披露的业绩预告进行大幅度修正，尤其是大幅度向下"变脸"，反而增加了投资者根据前期业绩预告信息作出错误经济决策的可能性，加剧了股票市场的剧烈波动（罗玫等，2016）。近年来，上市公司的业绩预告修正现象逐年增加，引起了证券监督部门的重点关注。

沪深两市证券交易所甚至多次就上市公司大幅度修正业绩预告的行为发出了监管函或警示函，并向投资者提示了风险；中国注册会计师协会多次约谈会计师事务所，提示多次修正业绩预告的上市公司年报审计风险，要求会计师事务所应当充分评估多次修正业绩预告的上市公司可能存在的财务报表层次和认定层次的重大错报风险，以及潜在的舞弊风险，并实施有针对性的进一步审计程序。由此可见，业绩预告修正行为越来越被资本市场贴上"风险事项"的标签，而出现这一现象的原因在于，当管理层对已披露的业绩预告进行修正的意图不同时，业绩预告修正行为所引发的经济后果也会存在较大差异。

本书推断，对于实施国际化战略的企业而言，管理层的业绩预告修正行为事实上增加了企业前瞻性盈余信息的信息含量，降低了外部利益相关者对于公司内部信息的不确定性程度，因此，资本市场应当给予国际化经营企业的业绩预告修正行为相对积极的评价。考虑到审计师也是资本市场重要的信息中介，接下来，本书从审计师风险感知程度和风险应对措施的角度对上述推断进行验证。

参照翟胜宝等（2017）等文献的做法，我们使用审计工作时长（Audit_Time）以及审计意见类型（Audit_Opinion）衡量审计师风险的应对措施。显然，对管理层业绩预告修正行为潜在风险的评估，不仅增加了审计工作难度，还加剧了审计师的审计失败风险。这就意味着审计师需要增加审计程序、扩大审计范围且投入更多审计工作量才能获取充分适当的审计证据以发表审计意见。因此，可以认为，增加审计工作时长即为审计师最直接的风险应对措施。此外，Carson 等（2013）研究发现，当审计师无法为上市公司财务信息的公允性与合理性提供合理保证时，审计师则会出具非标准无保留审计意见以规避自身责任。由此可见，投入更多审计时长以及发表更多非标准无保留审计意见，是审计师应对上市公司重大错报风险的两种主要方式。

在实证检验时，本书将审计工作时长（Audit_Time）定义为公司资产负债表日至次年审计工作完成日之间间隔的天数；将审计意见类型（Audit_Opinion）定义为一个哑变量，公司当年获取非标准无保留审计意见时取 1，否则取 0；并将模型（4-6）和模型（4-7）中的被解释变量替换为审计工作时长（Audit_Time）与审计意见类型（Audit_Opinion），然后进行多元回归分析。表

4-19 报告了 OLS 回归结果，通过列（1）和列（2）可以看出，尽管 Revise_Dum、Revise_Freq 与 Audit_Time 之间并不存在显著的相关关系，但交乘项 Revise_Dum×International、Revise_Freq×International 与 Audit_Time 却在 1% 水平上显著正相关，表明针对实施国际化战略的企业，审计师确实因为管理层的业绩预告修正行为而投入了更多的审计工作时长，而且，随着企业国际化程度的提升，审计师的工作时长也会随着管理层业绩预告修正次数的增加而不断增加；通过列（3）和列（4）可以看出，Revise_Dum、Revise_Freq 与 Audit_Opinion 在 1% 水平上显著正相关，表明相比没有发生业绩预告修正行为的企业，发生了业绩预告修正行为的企业更有可能被审计师出具非标准无保留意见的审计报告。交乘项 Revise_Dum×International 与 Audit_Opinion 负相关但不显著，交乘项 Revise_Freq×International 与 Audit_Opinion 在 5% 水平上显著负相关，表明尽管管理层业绩预告修正行为会导致审计师出具非标准无保留审计意见的可能性增加，但在实施国际化战略的企业中，审计师并没有因此发表更多非标准无保留审计意见，相反，审计师因为管理层业绩预告修正行为而出具非标准无保留审计意见的可能性还会降低。上述结果意味着国际化经营企业的业绩预告修正行为并没有导致企业重大错报风险发生的可能性增加，致使审计师的风险应对措施相对积极。

表 4-19　　　管理层业绩预告修正行为对审计师风险感知度的影响

变量	（1） Audit_Time	（2） Audit_Time	（3） Audit_Opinion	（4） Audit_Opinion
Revise_Dum	−0.024		0.023***	
	(−0.05)		(5.08)	
International	−0.920		0.014	
	(−0.65)		(1.07)	
Revise_Dum×International	4.504***		−0.022	
	(2.75)		(−1.42)	
Revise_Freq		−0.407		0.016***
		(−1.23)		(5.14)

续表

变量	（1）	（2）	（3）	（4）
	Audit_Time	Audit_Time	Audit_Opinion	Audit_Opinion
International		−0.929		0.016
		(−0.66)		(1.21)
Revise_Freq×International		3.425***		−0.022**
		(2.97)		(−1.97)
Size	5.183***	5.183***	−0.024***	−0.023***
	(14.86)	(14.86)	(−7.04)	(−7.01)
Leverage	−2.770*	−2.753*	0.135***	0.135***
	(−1.91)	(−1.90)	(9.70)	(9.70)
Roa	−42.196***	−42.489***	−0.780***	−0.777***
	(−13.34)	(−13.41)	(−25.74)	(−25.60)
Growth	−0.794***	−0.776***	−0.005*	−0.005*
	(−2.94)	(−2.87)	(−1.88)	(−1.90)
Loss	2.749***	2.775***	−0.012***	−0.012***
	(8.06)	(8.14)	(−3.59)	(−3.55)
Shold	0.019	0.018	−0.001	−0.001
	(0.31)	(0.29)	(−1.46)	(−1.47)
Mhold	−2.468	−2.538	0.018	0.019
	(−1.10)	(−1.13)	(0.86)	(0.90)
Board	1.306	1.286	−0.005	−0.006
	(0.87)	(0.86)	(−0.36)	(−0.39)
Dual	−0.299	−0.288	−0.001	−0.001
	(−0.58)	(−0.56)	(−0.15)	(−0.16)
Age	1.475**	1.498**	−0.028***	−0.028***
	(2.27)	(2.30)	(−4.45)	(−4.45)
Big4	3.023*	3.058*	0.037**	0.038**
	(1.84)	(1.86)	(2.36)	(2.38)

续表

变量	（1）	（2）	（3）	（4）
	Audit_Time	Audit_Time	Audit_Opinion	Audit_Opinion
Soe	0.565	0.567	0.010	0.010
	(0.49)	(0.50)	(0.89)	(0.87)
Firm	控制	控制	控制	控制
Year	控制	控制	控制	控制
Constant	−26.027***	−25.881***	0.544***	0.543***
	(−3.43)	(−3.41)	(7.47)	(7.46)
Obs	17497	17497	17497	17497
Adj-R²	−0.074	−0.074	−0.098	−0.098

注：上表中括号内为 t 值；*** 、** 和 * 分别表示在 1%、5% 和 10% 水平上显著。

本 章 小 结

随着业绩预告信息披露制度在我国资本市场的日益规范与完善，业绩预告逐渐成为外部利益相关者获取企业前瞻性盈余信息，进而调整经济决策的重要渠道。但与此同时，近年来上市公司管理层的业绩预告修正行为也呈现逐年不断增长的趋势，引发了实务界对于业绩预告修正行为真实可靠性的广泛关注。然而，既有文献缺乏对管理层业绩预告修正动机的深入探讨，对业绩预告修正行为的评价褒贬不一。为此，本书以 2007—2018 年间中国 A 股上市公司为样本，以企业海外营业收入占总营业收入的比值衡量企业国际化战略以及国际化经营程度，从管理层业绩预告修正的客观原因与管理层业绩预告修正的主观动机两个维度，深入探讨企业实施国际化战略对管理层业绩预告修正行为的影响。研究发现，企业实施国际化战略会增加管理层对已披露业绩预告内容的修正行为。企业国际化程度越高，管理层对外披露业绩预告修正公告的可能性也越高，披露业绩预告修正公告的次数也越多。这一结论在经过了一系列稳健性检验与内生性检验后依然成立，表明企业实施国际化战略确实在一定程度上增加了管理层对已披露业绩预告内容的修正行为。机制检验中发现，企业实施国际化战略提高了企业在产品市场面临的竞争强度，加剧了股票价格的异质性波动，增强了企业内部管理者与外部利益相关者之间的信息不对称程度，不仅在客观上提高了管理层准确预测未来盈余状况的难度，也在主观上促使管理层在预计已披露的业绩预告内容与本期实际业绩差异较大时将及时发布业绩预告修正公告作为调整投资者预期、提高企业信息透明度、缓解企业内外信息不对称问题的最优信息披露策略。此外，本书还排除了管理层基于盈余操纵动机、股价操纵动机以及掩饰自利行为的目的而对已披露的业绩预告内容进行修正的替代性假说。在此基础上，本书进一步分析，对于实施国际化战略的企业而言，管理层的业绩预告修正行为是否能够增加企业前瞻性盈余信息的信息含量。本书发现，随着企业国际化经营程度的增加，管理层越有动机对前期已披露的业绩预告中的不真实或不准确信息进行修正，这种业绩预告修正行为能向分析师这一资本市场信息中介传递更多增量信息，进而促进分析师盈利预测准确度的提升；与此同时本书还发现，针对实施国际化战略的企业，审计师确实因为管理层的业绩预告修正行为而投入了更多审计工作时长，但审计师并没有因此发表更多非标准无保留审计意见，意味着国际化经营企业的管理层业绩预告修正行为并没有导致企业重大错报风险发生的可能性增加。

　　本书的研究结论具有较强的理论意义和现实意义。第一，管理层的业绩预告修正行为是有效性较弱的资本市场中客观存在的现实问题，值得被深入研究和广泛关注。相比西方发达国家，我国上市公司业绩预告信息披露制度起步较晚，政府监管力度较低，加之在以"委托—代理"为基础的现代公司治理结构中内部管理者与外部所有者的利益经常出现背离，管理层基于自身利益而对前瞻性盈余信息存在隐瞒、延迟披露或虚假披露等策略性披露动机，导致部分上市公司存在管理层盈利预测精确度低、准确度差、业绩预告修正频繁、修正幅度较大等问题，这也致使不少投资者对业绩预告修正行为一直持有"敌意"态度，业绩预告修正行为甚至越来越被资本市场贴上"负面事项"与"风险事项"的标签。本书的研究对于引导资本市场利益相关者正确、客观、理性认识管理层业绩预告修正行为具有实践意义。第二，本书通过理论分析与实证检验，揭示了"国际化经营企业业绩预告修正倾向较高"这一客观现实。

考虑到上市公司异常业绩预告修正行为(如:"变脸型"业绩预告修正行为以及两次及以上频繁的业绩预告修正行为)在资本市场中客观存在,而业绩预告修正又属于上市公司业绩预告信息披露体系中的法定组成部分,那么,政府监管部门就应当进一步完善业绩预告信息披露制度,并对业绩预告修正行为实施严格管制与监控,确保上市公司业绩预告修正行为具有必要性、真实性和有效性,能够切实向资本市场传递增量信息,而非管理层策略性信息披露手段。第三,本书从管理层业绩预告修正行为的视角,进一步验证了国际化经营行为在微观企业层面的信息治理效应,也首次将国际化战略纳入上市公司信息治理的研究框架,为引导上市公司提高信息披露质量提供了战略层面的可借鉴方案。

第五章

企业国际化战略与管理层业绩预告准确度

第一节 问题提出

自 1998 年中国证监会正式实施上市公司业绩预告信息披露制度以来，业绩预告作为上市公司定期财务报告的披露前奏与有益补充，在缓解资本市场信息不对称，提高公司信息透明度方面发挥了重要作用。但近年来，A 股多家上市公司因业绩预告内容不准确、业绩预告修正不及时等问题被证券监管部门出具监管函或警示函，引发了资本市场投资者、债权人、客户等利益相关者对于上市公司业绩预告信息披露质量的关注。事实上，大量文献表明管理层业绩预告披露意愿与业绩预告准确度之间并不存在必然联系，能够提升管理层业绩预告披露意愿的市场机制未必能够有效提升管理层业绩预告准确度（张艺琼等，2019；吴艳文等，2019），这也就意味着，相比管理层是否自愿披露业绩预告，准确且高质量的前瞻性盈利预测信息披露是对中国上市公司管理层业绩预告的更高层次要求。通过前文分析本书发现，尽管企业实施国际化战略有助于提升管理层自愿披露前瞻性盈利预测信息的意愿，促使管理层通过增加业绩预告信息披露降低公司内部管理者与外部利益相关者之间的信息不对称程度，进而提高企业市场价值，但企业实施国际化战略也在客观上增加了管理层准确预测前瞻性盈利信息的难度，提高了管理层对已披露业绩预告信息进行修正的可能性，增加了资本市场外部利益相关者对于管理层业绩预告有用性的质疑以及业绩预告信息含量的不确定性程度。由此，本书衍生出第三个重要而且急需解决的问题，也即：企业实施国际化战略究竟如何影响管理层业绩预告信息披露质量。

在与业绩预告信息披露质量相关的诸多评价指标中，业绩预告准确度备受上市公司利益相关者关注（Hirst 等，2008）。一方面，不同于定期财务报告，业绩预告是管理层基于部分历史财务信息、当前经营状况以及自身经验而对公司未来经营业绩做出的预测和估计，预测结果具有较强主观性且未经过注册会计师审计，使得管理层对于业绩预告的披露内容具有较高自由裁量权，管理层与外部信息使用者在业绩预告真实性与准确性方面存在较大信息不对称。因此，管理层可以充分利用其信息优势，在满足最低监管要求的基础上实现业绩预告盈余信息策略性披露（张娆等，2017）。另一方面，现阶段中国证券监管部门对于上市公司管理层业绩预告的监督主要体现在业绩预告披露的形式合规性方面（如：是否按时披露业绩预告，是否按时对不真实或不准确的业绩预告盈余信息进行修正等），对于上市公司业绩预告内容失真的处罚力度较低，导致上市公司业绩预告中披露的净利润相比公司实际经营业绩存在较大偏差的情况时有发生，在较大程度上削弱了业绩预告的风险预警功能，降低了资本市场会计信息使用者对于上市公司业绩预告内容的信任程度（罗政和宋云玲，2012；张娆等，2017；李晓溪等，2019）。然而，真实性与准确性是业绩预告有效发挥风险预警功能的前提条件，不真实、不准确的前瞻性盈利预测信息会对投资者正确评估企业价值产生误导，甚至引发投资者错误的经济决策，给投资者带来利益损失的同时引发资本市场系统性风险。因此，业绩预告准确度属于影响业绩预告披露质量的核心要素，对业绩预告准确度影响因素与作用机制的深入探讨，对于引导证券监管部门完善上市公司业绩预告信息披露体系具有实践意义。

理论研究方面，既有文献主要围绕信息不对称理论、委托代理理论以及信号传递理论，从企业经营收益波动性水平（Kasznik 和 Lev，1995）、供应商—客户关系（Crawford 等，2020）、代理成本（袁振超等，2014）、管理层持股（张娆等，2017）、证券交易所非监管性处罚（李晓溪等，2019）、卖空交易机制（Chen 等，2020；李志生等，2017）以及宏观经济环境（操巍和谭怡，2018；宋云玲等，2019）等视角探讨了可能影响管理层业绩预告准确度或精确度的若干因素。研究发现，公司经营环境与信息披露环境是影响管理层业绩预告披露质量的根本因素：一方面，不确定性较高的经营环境降低了公司未来经营业绩的可预见程度，在客观上增加了管理层准确预测未来盈利状况的难度；另一方面，公司内部管理者与外部利益相关者之间客观存在的信息不对称问题也为管理层在满足最低监管要求的基础上策略性披露前瞻性盈余信息创造了条件，促使管理层存在通过策略性操纵业绩预告披露质量进而谋求私利的动机。不过值得注意的是，业绩预告中披露的前瞻性盈余信息具有短期可鉴证性，对业绩预告盈利预测信息的人为操纵会加剧上市公司的监管性处罚或非监管性问责，引发上市公司股价暴跌风险、声誉损失以及融券卖空威胁，致使管理层同样存在通过高质量、准确的盈利预测信息披露向市场传递积极信号、降低公司内外信息不对称问题的动机。由此可见，在不同的研究场景与管理层动机驱使下，管理层业绩预告披露质量（准确度）会表现出明显的异质性特征与截然不同的变动方向。然而，上述研究都普遍默认企业战略选择是同质的，并未将战略因素纳入业绩预告信息披露质量的研究框架。但事实上，既有文献研究发现，企业战略定位以及战略偏离度（企业战略偏离行业常规战略的程度）作为影响企业资源配置方式、组织架构、财务决策、核心竞争能力、经营业绩以及企业价值的重要因素，会对企业会计信息披露质量产生重要影响（Dichev 等，2013）。以张艺琼等（2019）为代表的少量文献进一步研究发现，企业战略变革会加剧企业外部经营环境的不确定性程度，增加企业面临的经营风险，提高企业业绩波动性水平，致使管理层准确预测未来经营业绩的难度增加，进而加剧了管理层业绩预告误差。鉴于此，本书认为，企业战略模式同样是影响管理层业绩预告信息披露质量的不可忽视因素，但更进一步，企业实施国际化战略是否以及如何影响上市公司业绩预告信息披露质量，现有研究并未给出解答。

据国泰安 CSMAR 数据库中的业绩预告资料显示，2007—2018 年间中国 A 股上市公司对外披露的 55252 份具有详细"业绩变动原因"说明的业绩预告中，将企业经营业绩发生重大变动的原因直接归咎于企业国际化经营以及海外市场不确定性的业绩预告多达 4855 份，占比达 8.79%，表明实施国际化战略、参与国际市场竞争正在成为中国上市公司经营业绩发生重大变动的重要原因，也意味着国际化经营所引发的不确定性经济后果正在成为上市公司管理层通过业绩预告信息披露进行业绩预警以及风险提示的客观原因。基于上述分析，本书以 2007—2018 年中国 A 股上市公司为研究对象，通过理论分析和实证检验相结合的方式，深入探讨企业实施国际化战略与管理层业绩预告信息披露质量（业绩预告准确度）之间的相关关系，并厘清其中的影响机制。以"管理层业绩预告偏差"作为衡量管理层业绩预告准确度的代理变量，本书研究发现，企业实施国际化战略与管理层业绩预告偏差之间并非存在简单的线性相关关系，而是存在一种类似"U 形"曲线的相关关系，表明随着企业国际化经营程度的增加，管理层业绩预告偏差会呈现出"先减后增"的非线性变化趋势。

相比既有文献，本书的增量贡献主要体现在：第一，随着中国改革开放进程的日益推进以及"一带一路"倡议的深入贯彻实施，中国企业"走出去"参与国际市场竞争的步伐不断加快，致使国际化战略逐渐成为企业战略架构中的重要组成部分。尽管以 Dichev 等（2013）、张艺琼等（2019）等为代表的少量文献关注了企业总体战略定位以及战略偏离度对企业会计信息披露质量、业绩预告信息披露质量的影响，但尚无文献更进一步深入探讨企业实施国际化战略与上市公司信息披露质量之间的相关关系。本书基于管理层业绩预告这一前瞻性盈余信息披露制度，通过探讨企业实施国际化战略所引发的不确定性后果如何通过前瞻性盈余信息的方式传递给资本市场利益相关者，首次发现了企业实施国际化战略与管理层业绩预告偏差（管理层业绩预告准确度）之间的"U形"（倒"U形"）关系，揭示了企业实施国际化战略对于管理层业绩预告信息披露质量的治理效应。第二，不同于既有战略管理与公司财务领域的相关文献，本书研究发现企业实施国际化战略与管理层业绩预告准确度之间并非存在简单的线性相关关系，这就意味着相比企业总体战略，企业国际化战略具有更加鲜明的治理特征，能够对管理层信息披露质量产生更加复杂的影响，研究结论丰富了管理层业绩预告信息披露质量影响因素方面的文献。第三，本书的研究结论有助于资本市场利益相关者更加理性、客观、准确判断上市公司在不同国际化经营水平下的业绩预告信息披露质量，对于引导国际化经营企业提高管理层盈利预测准确度、抑制管理层业绩预告操纵行为、降低企业内外信息不对称程度具有现实意义。

第二节　理论分析与研究假设

业绩预告作为促使上市公司在定期财务报告发布前及时对外提示重大经营风险与业绩波动风险的前瞻性信息披露制度设计，在调整投资者市场预期、防范股票价格异常波动以及影响投资者行为决策方面发挥了重要作用（Nagar等，2003；Chang等，2008；Zuo，2016）。但近年来，不真实、不准确的业绩预告在中国上市公司中频繁出现，引发了资本市场对于业绩预告信息披露质量的高度关注。在衡量上市公司业绩预告信息披露质量的诸多指标（如：准确度、精确度、及时性等）中，业绩预告准确度不仅能够直接反映管理层盈利预测数值与企业实际经营业绩之间的差距，还能够充分反映企业前瞻性会计盈余信息的有用性程度（李馨子和肖土盛，2015；罗玫和宋云玲，2012），体现资本市场的有效性，为此，业绩预告准确度是衡量管理层业绩预告披露质量的重要因素，而针对管理层业绩预告准确度影响因素的探讨，逐渐成为公司财务会计领域的热门话题之一。

综合已有文献本书发现，管理层作为企业会计信息披露的履约责任主体，对于业绩预告信息披露质量影响重大。就管理层影响业绩预告准确度的机制而言，主要体现在三个方面：第一，不同于反映历史财务状况、经营成果的定期财务报告，业绩预告是管理层基于企业经营环境、战略目标、部分历史财务信息以及自身经验而对公司未来经营业绩做出的预测和估计，致使在不确定性较高的经营环境中，管理层准确预测未来盈利情况存在客观难度（Kasznik 和 Lev，1995；张艺琼等，2019）。第二，企业前瞻性盈余信息属于管理层拥有的私有信息，当企业存在信息不对称以及代理问题时，拥有信息优势的管理层在决定如何披露业绩预告方面具有较高自由裁量权，在理性经济人假设下，存在自利动机的管理者会通过操纵业绩预告准确度而对业绩预告实施策略性披露，以实现盈余管理目的（张娆等，2017）。第三，尽管管理层对于如何披露前瞻性盈余信息具有较高自由裁量权，但融资融券、证券交易所非监管性处罚等市场交易机制与监督问责机制在抑制管理层会计信息操纵行为方面具有显著治理效应，致使管理层对于业绩预告准确度的影响并不总是负面的（李志生等，2017；李晓溪等，2019）。由此可见，业绩预告准确度是企业经营环境与经营业绩稳定性、信息披露环境、内部治理与外部治理环境以及代理问题等多方因素共同作用的结果。考虑到企业实施国际化战略同样会对企业经营环境与经营业绩、信息披露环境、外部治理环境以及公司代理成本产生显著影响，因此，本书认为企业实施国际化战略与管理层业绩预告准确度（管理层业绩预告偏差）之间存在以下内在联系。

首先，企业实施国际化战略有可能通过影响管理层风险承担水平引发企业经营环境与经营业绩的异质性改变，进而影响管理层业绩预告偏差。具体来说，既有文献研究发现，出口贸易等国际化经营行为会对管理层风险承担水平产生重要影响，但这种影响是积极的还是消极的，存在不确定性。一方面，国际化经营加剧了企业经营环境的不确定性程度，扩大了企业在海外市场面临的风险敞口，提高了企业在产品市场面临的竞争强度，降低了企业依靠其垄断势力获得垄断租金的能力，进而导致管理层面临的经营业绩压力增大。管理层为顺利履行受托责任，防范业绩异常波动对其自身利益及职业发展的不利影响，会在一定程度上抑制其激进的投资行为，增强风险规避动机（Attig 等，2016）；但另一方面，也有文献基于国际贸易学习效应理论以及规模经济理论认为，随着企业国际化经营程度的增加，出口等国际化经营行为有助于企业通过与发达国家开展国际贸易进而获得先进技术、专利使用权、管理经验与风险投资机会，激发企业投资研发创新、参与国际市场竞争的意愿，进而促使管理层风险承担水平增加，而国际化经营引发的规模经济效应则会进一步提升管理层的风险承担意愿（许家云等，2015）。不过，也要值得注意的是，企业通过出口、对外直接投资等国际化经营行为所获取的国际贸易学习效应与规模经济效应并非在企业国际化经营的初始阶段即可立即产生，而是存在一个由量变引发质变的过程，因此，综合前人研究本书推断，企业实施国际化战略与管理层风险承担水平之间可能存在一种先减后增的"U"形曲线关系，也即当企业国际化经营程度较低时，随着国际化经营水平的增加，管理层为规避国际化经营所引发的环境不确定性、海外市场风险对经营业绩、管理层声誉的不利影响，会在一定程度上实施相对保守的经营与投资决策，降低风险承担水平；但当企业国际化经营水平达到一定程度时，保守的经营与投资策略会对企业参与国际市场竞争产生不利影响。为获取海外市场竞争优势，企业需要顺势针对海外市场增加研发创新、实物资本以及资产并购等专用性投资（Minchan，2010），由此导致管理层会随着企业国际化经营程度的增加相应增加其风险承担意愿。

与此同时，既有文献指出，公司经营业绩的波动性水平是管理层风险承担水平的直接体现，随着管理层风险承担水平的增加，公司经营业绩的异质性波动程度也会相应增加（余明桂等，2013），而经营业绩波动水平越高的公司管理层盈利预测准确度越低（Kasznik 和 Lev，1995）。由此本书推断，当管理层风险承担水平较低时，公司经营业绩会呈现相对稳定的变化趋势，管理层准确预测公司未来盈余的难度相对较低；但随着管理层风险承担水平的增加，公司经营业绩异质性波动程度增加，管理层准确预测公司未来盈余的难度也会相应增加。这也意味着，管理层风险承担水平与管理层业绩预告偏差之间存在着线性相关关系，企业实施国际化战略与管理层风险承担水平之间的"U"形曲线关系会同步反映到管理层业绩预告准确度中，致使企业实施国际化战略与管理层业绩预告偏差之间同样存在先减后增的"U"形曲线。

其次，企业实施国际化战略有可能通过影响管理层业绩期望偏差引发企业信息披露环境的异质性改变，进而影响管理层业绩预告偏差。具体来说，企业实施国际化战略在引发管理层风险承担水平非线性变化的同时，也引起了企业盈余波动性水平的非线性变化。当企业国际化经营程度较低时，随着企业国际化经营程度的增加，管理层随之增加的风险规避动机会降低公司盈余波动性水平(周泽将等，2019)，进而导致管理层期望的盈利水平与企业实际盈利水平之间的差距逐渐降低，为管理层准确预测未来盈利状况创造了有利条件，但当企业国际化经营程度超过一定的阈值后，管理层随之增加的风险承担动机则会提高企业会计盈余的波动性水平，进而导致管理层期望的盈利水平与企业实际盈利水平之间的差距逐渐增大，为管理层准确预测未来盈利状况创造了不利条件。而组织行为学中 Greve(2003)提出的"企业行为决策的业绩反馈模型"指出，企业当前实际业绩与目标期望业绩之间的差距，是影响组织行为的重要因素。由此本书推断，企业实施国际化战略与管理层业绩业绩期望差距之间可能也存在着一种先减后增的"U"形曲线关系，而业绩预告作为管理层业绩预期的直接体现，会导致上述非线性相关关系同步反映到管理层业绩预告准确度中，致使企业实施国际化战略与管理层业绩预告偏差之间同样存在先减后增的"U"形曲线。

再次，企业实施国际化战略有可能通过影响供应商-客户关系引发企业外部治理环境的异质性改变，进而影响管理层业绩预告偏差。具体来说，企业国际化领域的文献研究发现，国际化经营有助于企业通过拓展经营活动的地缘空间增加客户数量以及经营收入来源(杨忠和张骁，2009)，降低客户群体单一、客户集中度高所引发的供应链风险。不过值得注意的是，当企业国际化经营程度不高时，企业的客户群体仍以国内客户为主，企业来源于前五大客户的营业收入会在一定时期内保持相对稳定，这就导致随着企业国际化经营程度的增加，企业来源于前五大客户的营业收入在企业总营业收入中的占比会逐渐降低，也即客户集中程度逐渐降低。但是，当企业国际化经营水平达到一定程度时，可以预期，一方面，企业客户群体中海外客户的占比会逐渐增加，前五大客户中海外客户数量以及销售额会逐渐增加；另一方面，为降低海外市场交易成本以及跨国经营风险，企业更倾向于通过跨国资产并购、风险投资、建立合营或联营企业等方式在海外市场建立稳定的销售渠道与客户群体，发展更加稳固的供应商—海外客户关系，由此导致当企业国际化经营水平达到一定程度时，企业来源于前五大客户的营业收入占比会出现反转趋势，即由逐渐降低变为逐渐升高。由此本书推断，企业实施国际化战略与客户集中度之间可能也存在着一种先减后增的"U"形曲线相关关系。

与此同时，既有文献指出，供应商企业与客户基于供应链交易活动所形成的供应商—客户关系具有显著的信息治理效应，是影响供应商企业会计信息披露质量的重要因素（Hui 等，2012；方红星和张勇，2016；Crawford 等，2020），客户出于防范原材料采购风险与专有投资风险的考虑，会对其供应商的会计盈余信息存在监督动机。但 Crawford 等（2020）也研究发现，当供应商企业的客户集中度较高时，拥有相对话语权和议价能力的大客户能以较低成本获取供应商企业的私有信息，进而降低了对供应商企业公开披露的前瞻性盈利预测信息的需求；相反，当供应商企业的客户集中度较低时，客户会将供应商企业公开披露的会计信息作为其监督、评价供应商经营能力的重要途径。由此本书推断，当企业客户集中度较高时，企业与主要大客户之间通常会建立相对密切的市场关系，供应商与大客户之间更加频繁、畅通的私下沟通方式会导致供应商企业更倾向于通过非正式沟通渠道向大客户传递更加准确的盈余信息，而且，出于公开披露私有信息所引发的专有成本的考虑，企业会降低公开披露高质量盈利预测信息的动机；但当企业客户集中度较低时，企业与客户之间的非正式沟通行为会明显减少，与客户之间的信息不对称程度会明显增加。此时，供应商企业为向客户传递自身经营状况稳定、未来经营业绩良好的积极信号，会更有动机向市场传递高质量、准确的前瞻性盈利预测信息，以降低客户对于供应链交易风险可能存在的疑虑。这也就意味着，企业实施国际化战略与客户集中度之间的"U"形曲线关系会同步反映到管理层业绩预告准确度中，致使企业实施国际化战略与管理层业绩预告偏差之间同样存在先减后增的"U"形曲线。

最后，企业实施国际化战略有可能通过影响企业内部治理机制引发公司代理成本的异质性改变，进而影响管理层业绩预告偏差。具体来说，既有文献研究发现，企业国际化经营行为具有一定的公司治理效应，能够对公司代理成本产生显著影响。一方面，对于新兴市场国家而言，相比主要经营国内市场的企业，国际化经营企业面临更加复杂且严格的利益相关者信息监管环境。尤其中国企业的贸易对象国主要是欧美等发达国家，这些国家具有更加透明的信息环境，会对企业信息披露质量提出较高要求。出于市场竞争压力，加之为了符合贸易对象国政府和市场的严格监管要求，管理层的机会主义行为会在一定程度上受到抑制，进而表现为公司内部管理者与外部利益相关者之间的信息不对称程度以及代理成本降低（Gonenc 和 de Haan，2014；王新等，2014），以及企业信息透明度、内部控制缺陷信息披露数量的增加（王海林和王晓旭，2018），意味着国际化经营有助于降低公司内部管理者与外部股东之间的代理冲突；但另一方面，国际化经营行为提高了企业交易活动、会计信息、组织结构以及内部控制的复杂性，尤其当企业主营业务中海外业务比重较高时，公司内部管理者与外部股东之间会产生较高信息不对称，在客观上为管理层和控股股东的自利行为创造了便利条件，意味着较高程度的国际化经营也有可能提高公司代理成本（Chen 和 Yu，2011；Chiang 和 Ko，2009）。而且，Chen 和 Yu（2011）研究发现，当企业海外业务变得过于复杂时，企业内部管理者与外部利益相关者之间的代理成本会急剧增加。由此本书推断，在企业实施国际化战略的不同阶段，企业代理成本可能同样呈现非线性变化趋势，具体表现为：当企业国际化经营水平较低时，国际化经营通常作为企业一项展示核心竞争能力的经营活动形式而存在，在为企业拓展经营活动的地缘空间、扩大客户群体与收入来源方面发挥了积极作用。加之国际化经营企业面临国内市场与海外市场的双创监督，此时，管理层的私人收益与股东财富最大化的目标会逐渐趋同，企业内部管理者与外部所有者之间的代理冲突会逐渐降低；然而，随着企业国际化经营水平的增加，外部利益相关者对企业的监督成本也会随之增加，当企业国际化经营水平达到一定程度时，外部利益相关者对国际化经营企业的监督机制将会因为过高的监督成本而发生失灵，此时具有绝对信息优势的内部管理者会滋生较强的机会主义行为，致使企业内外代理冲突逐渐由降低转变为升高。

与此同时，既有文献指出，代理成本是影响管理层业绩预告信息披露质量的重要因素，代理成本越高的公司，管理层与控股股东为了掩饰其对中小股东财富的攫取行为，自愿披露前瞻性盈余信息的可能性越小，相反，对企业会计盈余信息实施策略性披露的动机则越强，导致业绩预告信息披露质量（如业绩预告准确度、精确度、及时性等）大打折扣（万鹏和陈翔宇，2016；袁振超等，2014）。由此本书推断，当企业国际化经营水平较低时，随着企业国际化经营程度的增加，企业内部管理者与外部所有者之间的代理冲突会得到有效缓解，此时，管理层对会计盈余信息实施策略性披露的动机降低，业绩预告偏差则会随着企业国际化经营水平的提高而不断降低；但当企业国际化经营水平达到一定程度时，企业内部管理者与外部所有者之间的代理冲突会出现明显反转，并随着企业国际化经营程度的增加而不断增加，而且，这种代理冲突的变化会同步反映到管理层业绩预告准确度中，致使企业实施国际化战略与管理层业绩预告偏差之间同样存在先减后增的"U"形曲线。

通过上述分析本书认为，企业实施国际化战略与管理层业绩预告偏差之间并非存在简单的线性相关关系，而是存在一种先减后增的类似"U"形曲线的相关关系。也即，当企业国际化经营水平低于临界值时，企业实施国际化战略与管理层业绩预告偏差之间显著负相关，但当企业国际化经营水平超过临界值后，企业实施国际化战略与管理层业绩预告偏差之间则显著正相关。综上所述，本书提出假设1：

H1：企业实施国际化战略与管理层业绩预告偏差之间存在"U"形曲线相关关系。

第三节　研究设计

一、样本选择与数据来源

由于我国上市公司业绩预告信息披露制度自2007年起逐步趋于稳定，且财政部和证监会要求上市公司自2007年1月1日起执行新的企业会计准则，因此，为确保政策一致性以及会计信息可比性，本书选择2007—2018年间中国A股上市公司作为初始研究样本，共包含3635家公司的29993个观测值。为提高数据有效性，本书剔除了412个公司上市以前年度的样本、571个金融保险类公司样本、1380个ST、＊ST公司样本、1870个关键变量数据缺失的样本以及8591个未披露定量业绩预告信息的样本，最终得到3095家公司的17169个公司-年度观测值。

本书实证研究中所需要的与度量"企业国际化战略"相关的数据来源与前述第三章、第四章一致，不再赘述。本书实证研究中所需要的与度量"管理层业绩预告准确度（业绩预告偏差）"相关的数据来源于国泰安CSMAR数据库中的管理层盈利预测数据，并与万得Wind数据库中的管理层盈利预测数据进行了交叉复核，以提高原始数据的准确性。考虑到本书主要考察管理层年度业绩预告的准确度，因此，本书剔除了管理层针对第一季度、半年度、前三季度经营业绩发布的业绩预告，仅仅保留了管理层针对年度经营业绩发布的盈利预测数据。而且，如果管理层就同一业绩报告期(资产负债率日)多次披露了业绩预告或盈利预测数据，本书仅依据上市公司最后一次正式披露的业绩预告公告或盈利预测数据确定管理层盈利预测数值。

经统计，2007—2018 年间中国 A 股上市公司对外披露年度业绩预告 20726 份，其中包含：定性估计形式的业绩预告 952 份，① 上限值估计或下限值估计形式的业绩预告 1053 份，② 闭区间估计形式的业绩预告 16255 份，③ 点估计形式的业绩预告 2466 份。④ 可以看出，仅 69.10%(20726/29993) 的样本公司对外公开披露了年度业绩预告，而管理层披露的年度业绩预告中定量形式的业绩预告(上限值估计或下限值估计、闭区间估计、点估计)占比约为 95.41%，表明仍有少量上市公司存在业绩预告披露形式不规范的问题。实证研究中所需其他财务数据均来源于国泰安 CSMAR 数据库与锐思 RESSET 数据库，并对所有连续变量进行了 1% 和 99% 分位上的缩尾处理以避免极端值的可能影响。

二、模型选择与变量定义

本书构建模型(5-1)对本书提出的假设进行检验。

---

① 定性估计形式的业绩预告是指业绩预告中并未披露明确的盈利预测数值，只是定性描述了下一业绩报告期企业净利润的变化趋势。如：深天马 A(000050)2012 年 2 月 16 日发布的业绩预告中指出，公司预计年度业绩同比大幅增长，主要原因是：与上一年度相比，产品结构不同，增加了高附加值产品的比重。

② 上限值估计形式的业绩预告是指业绩预告中仅预测了企业下一业绩预告期净利润(或归属于股东的净利润)的最高值，预测形式通常包括如下几种形式：预计净利润不超过×元、预计净利润低于×元、预计净利润增长不超过×%、预计净利润增长低于×%、预计净利润下降小于×%等；下限值估计形式的业绩预告是指业绩预告中仅预测了企业下一业绩预告期净利润(或归属于股东的净利润)的最低值，预测形式通常包括如下几种形式：预计净利润不低于×元、预计净利润超过×元、预计净利润增长不低于×%、预计净利润增长超过×%、预计净利润增长下降×%以上等。

③ 闭区间估计形式的业绩预告是指业绩预告中仅预测了企业下一业绩预告期净利润(归属于股东的净利润)的闭区间值，预测形式通常包括如下几种形式：预计净利润为×元—×元、预计净利润增长×%—×%、预计净利润下降×%—×%。

④ 点估计形式的业绩预告是指业绩预告中准确预测了企业下一业绩预告期净利润(归属于股东的净利润)，预测形式通常包括：预计净利润为×元、预计净利润为×元左右、预计净利润增长×%、预计净利润下降×%。

$$\begin{aligned}
\text{MF\_Bias}_{i,t} = &\ \beta_0 + \beta_1 \text{International}_{i,t} + \beta_2 \text{International}_{i,t}^2 + \beta_3 \text{Size}_{i,t} + \beta_4 \text{Leverage}_{i,t} \\
&+ \beta_5 \text{Roa}_{i,t} + \beta_6 \text{Growth}_{i,t} + \beta_7 \text{Loss}_{i,t} + \beta_8 \text{Shold}_{i,t} + \beta_9 \text{Mhold}_{i,t} + \beta_{10} \text{Board}_{i,t} \\
&+ \beta_{11} \text{Dual}_{i,t} + \beta_{12} \text{Age}_{i,t} + \beta_{13} \text{Big4}_{i,t} + \beta_{14} \text{Soe}_{i,t} + \text{Industry}_{i,t} + \text{Year}_{i,t} + \varepsilon_{i,t}
\end{aligned}$$

$$(5\text{-}1)$$

模型(5-1)中被解释变量为衡量管理层业绩预告准确度的代理变量——管理层业绩预告偏差(MF_Bias)。以 Houston 等（2019）等为代表的既有文献通常使用上市公司"管理层盈利预测数值与实际净利润(或归属于股东的净利润)之间的偏离程度"衡量管理层业绩预告偏差(MF_Bias)。为了消除不同企业之间规模差异对管理层业绩预告偏差绝对值的影响，本书使用"管理层预测的净利润率与企业实际净利润率之间的差异"衡量管理层业绩预告偏差，具体计算公式见模型(5-2)。

$$\text{MF\_Bias}_{i,t} = \frac{\left| \text{ForecastEarning}_{i,t} - \text{ActualEarning}_{i,t} \right|}{\left| \text{Sales}_{i,t} \right|} \times 100 \qquad (5\text{-}2)$$

模型(5-2)中 ForecastEarning 代表管理层在业绩预告中针对净利润(或归属于股东的净利润)做出的盈利预测数值。参照张娆等（2017）等文献的做法，对于点估计、上限值估计或下限值估计形式的业绩预告，ForecastEarning 即为管理层预测的具体数值；对于区间估计形式的业绩预告，ForecastEarning 即为管理层预测的闭区间数值中上区间与下区间的平均值；ActualEarning 代表企业实际净利润(或归属于股东的净利润)，Sales 代表企业当年实际营业收入。显然，MF_Bias 代表管理层预测的净利润率与企业实际净利润率之间差异的绝对值，MF_Bias 越大则代表管理层业绩预告偏差越大，也即管理层业绩预告准确度越低。

模型(5-1)中解释变量 International 为衡量企业实施国际化战略的连续变量。基于企业会计档案数据的可获得性，本书参照 Geringer 和 Beamish（1989）等文献的做法，使用"企业海外营业收入占总营业收入的比值"衡量企业国际化战略以及企业国际化经营程度。显然，International 数值越大，表明海外营业收入在企业总营业收入中的占比越高。为了检验企业实施国际化战略与管理层业绩预告偏差之间的"U 形"曲线相关关系，模型(5-1)中加入了企业国际化战略(International)的二次项 International^2，根据二次函数定理可以预期，如果本书提出的假设成立，International 的回归系数 β_1 应当显著为负，International^{2}的回归系数 β_2 应当显著为正。

另外，参照 Nguyen 等(2019)、林钟高和常青(2019)等文献的做法，本书还从公司财务特征、经营业绩、公司治理特征以及产权性质等视角控制了若干可能影响管理层业绩预告准确度的因素。其中，财务特征变量和经营业绩变量包括：资产规模 Size、资产负债率 Leverage、总资产收益率 Roa、营业收入增长率 Growth 以及业绩下滑哑变量 Loss，这些变量不仅反映公司财务状况与经营成果，还能在一定程度上作为传递管理者能力信号的变量(张然和张鹏，2011)；公司治理特征变量包括：股权集中度 Shold、高管持股比例 Mhold、董事会规模 Board、两职兼任哑变量 Dual、公司上市年限 Age 以及审计师类型 Big4。显然，健全的公司治理机制能够有效约束管理层的机会主义动机，促使管理层的私人利益与外部股东利益趋于一致，进而对管理层的业绩预告披露质量产生影响；此外，本书还控制了产权性质 Soe，以观察中国资本市场中管理层业绩预告准确度在国有企业和非国有企业之间的差异。上述控制变量的具体定义和具体度量方法见表 5-1 所示。与此同时，为排除潜在影响，模型(5-1)中还控制了行业固定效应与年度固定效应。

表 5-1　　　　　　　　　　　　　变量定义及说明

变量符号	变量名称	具体度量方法
Size	资产规模	公司当年年末总资产取自然对数
Leverage	资产负债率	公司年末总负债与年末总资产的比值
Roa	资产收益率	公司当年净利润与年末总资产的比值
Growth	营业收入增长率	公司当年营业收入相比上年营业收入增长的比率
Loss	业绩下滑哑变量	公司当年净利润小于上年净利润时取 1，否则取 0
Shold	股权集中度	第一大股东持股比例与第二至第十大股东持股比例的比值
Mhold	高管持股比例	公司年末高管持股数量与总股数的比值
Board	董事会规模	公司董事会人数取自然对数
Dual	两职兼任哑变量	公司董事长和总经理由同一人兼任时取 1，否则取 0
Age	公司上市年限	公司上市年限加 1 取自然对数
Big4	审计师类型	公司当年被国际四大会计师事务所出具审计报告时取 1，否则取 0
Soe	产权性质	公司实际控制人为国有单位时取 1，否则取 0

第四节　实证结果分析

一、描述性统计

表5-2列示了主要变量的描述性统计结果。可以看出：第一，变量 MF_Bias 均值为1.173，表明样本公司管理层预测的净利润率与企业实际净利润率之间的平均差异约为1.173%；MF_Bias 中位数为0.383，表明半数以上样本公司管理层预测的净利润率与企业实际净利润率之间的差异超过0.384%；MF_Bias 最大值为21.330，最小值为0.002，最大值与最小值差异较大，且标准差为2.805，表明 MF_Bias 在不同企业之间存在较大差异。尤其是管理层业绩预告差异率峰值高达21.330%，意味着部分样本公司管理层业绩预告偏差程度较高。第二，变量 International 均值为0.134，表明样本公司海外营业收入占总营业收入的比值约为13.4%，这也意味着我国上市公司国际化经营程度总体较低，以出口、海外直接投资为代表的国际化经营业务有较大上升空间，企业参与国际市场竞争的能力有待增强。不过，International 中位数大于0，表明半数以上样本公司存在海外营业收入。第三，控制变量描述性统计结果与现有文献基本一致，表明本书数据来源合理，因此不再一一赘述。

表5-2　　　　　　　　　主要变量描述性统计结果

变量	样本量	平均值	中位数	最大值	最小值	标准差
MF_Bias	17169	1.173	0.383	21.330	0.002	2.805
International	17169	0.134	0.018	0.890	0.000	0.214
International^2	17169	0.064	0.000	0.793	0.000	0.152
Size	17169	21.870	21.720	25.950	19.660	1.194
Leverage	17169	0.424	0.416	0.894	0.049	0.212
Roa	17169	0.034	0.034	0.189	−0.216	0.062
Growth	17169	0.223	0.135	2.918	−0.579	0.497
Loss	17169	0.392	0.000	1.000	0.000	0.488

续表

变量	样本量	平均值	中位数	最大值	最小值	标准差
Shold	17169	2.760	1.363	26.690	0.252	3.970
Mhold	17169	0.078	0.002	0.609	0.000	0.144
Board	17169	2.245	2.303	2.773	1.792	0.177
Dual	17169	0.279	0.000	1.000	0.000	0.449
Age	17169	1.989	2.079	3.219	0.000	0.775
Big4	17169	0.037	0.000	1.000	0.000	0.188
Soe	17169	0.316	0.000	1.000	0.000	0.465

为进一步观察本书样本分布特征，按照同一行业、同一年度内样本公司国际化经营程度（International）的数值大小将样本总体六等分，每个组别根据数值大小从小到大依次定义为 International_Level1 至 International_Level6，以分组观察不同国际化经营水平下上市公司管理层业绩预告偏差的变化趋势。表 5-3 报告了相关描述性统计结果，可以看出，随着企业国际化经营程度的提升，上市公司管理层业绩预告偏差（MF_Bias）的平均值与中位数均呈现出先降低后升高的变化趋势，初步表明 International 与 MF_Bias 之间可能确实存在"先减后增"的非线性相关关系。

表 5-3　按照企业国际化经营程度对管理层盈利预测准确度分组统计结果

组别名称	样本量	MF_Bias 平均值	MF_Bias 中位数
International_Level1	2779	1.2964	0.4093
International_Level2	2878	1.2801	0.4009
International_Level3	2874	1.1613	0.3837
International_Level4	2917	1.0801	0.3490
International_Level5	2909	1.0673	0.3450
International_Level6	2812	1.1618	0.4196

此外，本书还绘制了反映企业国际化经营程度（International）与管理层业绩预告偏差（MF_Bias）相关关系的散点图，以进一步验证 International 与 MF_Bias 之间"先减后增"非线性相关关系的客观存在性，具体见图 5-1。可以看

出，图 5-1 清晰呈现了管理层业绩预告偏差随着企业国际化经营程度的增加而表现出的"U"形变化趋势，意味着本书的数据分布特征基本符合前述推断。

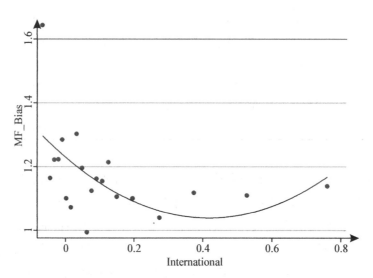

图 5-1　企业国际化经营程度与管理层业绩预告偏差相关关系散点图

二、相关系数检验

为了验证企业实施国际化战略与管理层业绩预告偏差之间的统计相关性，本书进行了 Pearson 相关系数检验。表 5-4 报告了统计结果，可以看出，International 与 MF_Bias 在 1% 水平上显著负相关，相关系数为-0.026；$International^2$ 与 MF_Bias 在 10% 水平上显著负相关，相关系数为-0.013，初步说明企业国际化经营程度越高，管理层业绩预告偏差也越大。不过值得注意的是，由于 Pearson 相关系数仅仅反映了两个变量在数量关系上的相关联程度，没有考虑其他变量对上述关系的潜在影响，因此，Pearson 相关系数检验无法直接验证 International 与 MF_Bias 之间的"U"形曲线关系，这就意味着需要通过多元回归模型进一步验证变量间的相关关系。不过，通过表 5-4 的统计结果可以看出，MF_Bias 与其他控制变量之间均存在显著的相关关系，表明在多元回归分析中有必要控制这些变量的影响；控制变量间相关系数的绝对值普遍低于0.5，排除了模型(5-1)潜在的多重共线性问题。

表 5-4

Pearson 相关系数检验表

变量	MF_Bias	International	International^2	Size	Leverage	Roa	Growth	Loss
MF_Bias	1							
International	-0.026***	1						
International^2	-0.013*	0.942***	1					
Size	-0.093***	-0.058***	-0.064***	1				
Leverage	-0.00500	-0.075***	-0.070***	0.487***	1			
Roa	-0.276***	0.00100	0.0110	-0.020***	-0.369***	1		
Growth	-0.106***	-0.00800	0.00100	0.096***	0.037***	0.240***	1	
Loss	0.169***	0.020***	0.016**	-0.082***	0.042***	-0.479***	-0.328***	1
Shold	-0.022**	-0.067***	-0.056***	0.129***	0.164***	-0.078***	-0.054***	0.044***
Mhold	0.00100	0.093***	0.077***	-0.223***	-0.275***	0.145***	0.030***	-0.018**
Board	-0.058***	-0.049***	-0.041***	0.236***	0.174***	0.018*	0.00300	-0.023***
Dual	0.00900	0.089***	0.077***	-0.141***	-0.156***	0.058***	0.014*	-0.00100

续表

变量	MF_Bias	International	International^2	Size	Leverage	Roa	Growth	Loss
Age	0.060***	-0.113***	-0.100***	0.371***	0.402***	-0.261***	-0.014*	0.019**
Big4	-0.023***	-0.00300	0.00400	0.305***	0.105***	0.013*	-0.00200	-0.014*
Soe	-0.071***	-0.113***	-0.097***	0.299***	0.323***	-0.126***	-0.050***	0.00800

变量	Shold	Mhold	Board	Dual	Age	Big4	Soe
Shold	1						
Mhold	-0.161***	1					
Board	0.018**	-0.155***	1				
Dual	-0.114***	0.480***	-0.181***	1			
Age	0.200***	-0.435***	0.103***	-0.206***	1		
Big4	0.039***	-0.075***	0.075***	-0.051***	0.071***	1	
Soe	0.299***	-0.347***	0.271***	-0.278***	0.396***	0.097***	1

注：上表中***、**和*分别表示在1%、5%和10%水平上显著。

三、基本回归

表5-5列出了企业实施国际化战略(International)影响管理层业绩预告偏差(MF_Bias)的普通最小二乘法(OLS)回归结果，其中列(1)中未添加控制变量，列(2)中加入了控制变量。可以看出，无论是否添加控制变量，一次项International 的回归系数均在1%或10%水平上显著为负，二次项 $International^2$ 的回归系数则均在5%或10%水平上显著为正，这一结果说明企业实施国际化战略(International)与管理层业绩预告偏差(MF_Bias)之间存在着一种非线性的曲线关系，但是，这一结果并不能充分说明 International 与 MF_Bias 之间一定是"U形"曲线关系。为此，本书在模型(5-1)的基础上加入企业国际化经营程度的三次项 $International^3$，以排除 International 与 MF_Bias 之间存在"S形"曲线关系的可能性。可以推断，如果 International 与 MF_Bias 之间的"U形"曲线关系成立，那么三次项 $International^3$ 的回归系数则应当不显著。通过表5-5列(3)的回归结果可以看出，三次项 $International^3$ 回归系数为负，但在10%水平上不显著，而 International 的回归系数依然在1%水平上显著为负，$International^2$ 的回归系数在10%水平上显著为正，表明 International 与 MF_Bias 之间确实存在显著的"U形"曲线相关关系。也即：企业实施国际化战略确实能够在一定程度上降低管理层业绩预告偏差，但是，随着企业国际化经营程度的增加，这种信息治理效应会逐渐减弱，尤其当企业国际化经营水平达到一定阈值时，管理层业绩预告偏差的变化趋势会出现反转，由逐渐降低转变为逐渐升高，进而支持了本书提出的假设。

表5-5　　　　　企业实施国际化战略对管理层盈利预测偏差的影响

变量	(1)	(2)	(3)
	MF_Bias	MF_Bias	MF_Bias
International	−0.673*	−0.972***	−1.815***
	(−1.92)	(−2.93)	(−2.71)
$International^2$	0.876*	1.134**	4.360*
	(1.84)	(2.52)	(1.92)

续表

变量	（1）	（2）	（3）
	MF_Bias	MF_Bias	MF_Bias
International[3]			−2.759
			(−1.45)
Size		−0.118***	−0.115***
		(−4.42)	(−4.31)
Leverage		−0.905***	−0.906***
		(−6.26)	(−6.27)
Roa		−13.986***	−13.995***
		(−32.48)	(−32.50)
Growth		−0.265***	−0.265***
		(−6.33)	(−6.33)
Loss		0.103**	0.102**
		(2.18)	(2.17)
Shold		−0.021***	−0.021***
		(−3.46)	(−3.46)
Mhold		0.464**	0.461**
		(2.33)	(2.31)
Board		−0.198	−0.201
		(−1.42)	(−1.44)
Dual		−0.106*	−0.104*
		(−1.90)	(−1.86)
Age		0.235***	0.233***
		(6.12)	(6.06)
Big4		0.028	0.021
		(0.22)	(0.16)
Soe		−0.639***	−0.637***
		(−9.78)	(−9.75)
Industry	控制	控制	控制

续表

变量	(1)	(2)	(3)
	MF_Bias	MF_Bias	MF_Bias
Year	控制	控制	控制
Constant	1.222 ***	5.245 ***	5.201 ***
	(5.41)	(8.69)	(8.61)
Obs	17169	17169	17169
Adj-R^2	0.0190	0.1229	0.1230
U-Test	t=1.67/p=0.0475	t=2.08/p=0.0189	t=1.74/p=0.0409

注：上表中括号内为 t 值；*** 、** 和 * 分别表示在1%、5%和10%水平上显著。

经计算，模型(5-1)中，企业实施国际化战略影响管理层业绩预告偏差的边际效用 $\partial MF\_Bias/\partial International = \beta_1 + 2\beta_2 \times International = -0.972 + 2.268 \times International$，由此可见，随着企业国际化经营程度(International)的增加，边际效用 $\partial MF\_Bias/\partial International$ 呈现不断上升的趋势。但当企业国际化经营程度(International)低于42.86%时，边际效用 $\partial MF\_Bias/\partial International$ 始终小于零，此时 International 与 MF_Bias 存在相反的变动趋势；当 International 约为42.86%时，边际效用 $\partial MF\_Bias/\partial International$ 等于零，此时管理层业绩预告偏差(MF_Bias)达到最低水平。意味着当企业海外营业收入占总营业收入的比值介于0至42.86%时，随着企业国际化经营程度的增加，管理层业绩预告偏差逐渐降低，但与此同时，由于 $|\partial MF\_Bias/\partial International|$ 不断变小，因此，企业国际化经营与管理层业绩预告偏差之间的负相关关系会逐渐减弱；当企业海外营业收入占总营业收入的比值超过42.86%后，边际效用 $\partial MF\_Bias/\partial International$ 开始大于零，企业国际化经营对于管理层业绩预告偏差的"抑制效应"则开始转变为"促进效应"，也即：随着企业国际化经营程度的持续增加，管理层业绩预告偏差会由逐渐降低转变为逐渐增加。

表5-5列(2)的控制变量回归结果显示，变量 Size、Leverage、Roa、Growth、Shold、Dual、Soe 与 MF_Bias 在1%或10%水平上显著负相关，表明对于资产规模越大、负债比率越高、经营业绩越好、营业收入增长率越高、股权集中度越高、存在董事长与总经理两职兼任情形以及实际控制人为国有单位的企业，管理层业绩预告偏差越小；相反，Loss、Mhold 与 MF_Bias 在1%或5%水

平上显著正相关，表明对于经营业绩出现下滑以及高管持股比例越高的企业，管理层业绩预告偏差也越大。本书分析，出现这一结果可能是基于如下原因：第一，经营业绩下滑不仅加剧了公司经营环境的不确定性，也加剧了管理层履行受托责任的压力，在客观上增加了管理层准确预测经营业绩的难度，在主观上增加了管理层通过操纵业绩预告以降低短期股价异常波动的动机。第二，高管持股比例越高，管理层在会计信息披露方面的自由裁量权也越大，这种自由裁量权在一定程度上会削弱公司治理的制衡机制，导致管理层盈利预测相比企业实际经营业绩出现偏差的可能性增加。此外，Age 与 MF_Bias 在1%水平上显著正相关，这一回归结果与张娆等（2017）的研究结论一致。

此外，为进一步验证模型(5-1)中 International 与 MF_Bias"U 形"曲线相关关系的客观存在性，本书还使用 Stata 软件中的 utest 程序进行了"U 形"曲线相关关系的 U 检验(U-Test)，检验结果如表 5-5 所示。可以看出，列(1)至列(3)中 U-Test 的 t 值和 p 值均在 5%水平上显著，表明企业实施国际化战略与管理层业绩预告偏差之间确实存在"U 形"曲线相关关系。

四、稳健性检验

为进一步验证本书模型(5-1)回归结果的有效性，本书进行了如下稳健性检验。

(一)剔除行业因素对企业国际化战略的影响

考虑到行业特征是影响企业出口绩效的重要因素，不同行业的企业在国际化经营能力与国际化经营程度方面存在较大差异，因此，需要进一步排除行业因素对原企业国际化战略度量指标的潜在影响。为解决这一问题，本书将"企业国际化战略"重新定义为"企业海外营业收入占总营业收入的比值与当年同行业样本公司海外营业收入占总营业收入比值的平均值之间的差值（Inter_Adj）"。显然，Inter_Adj 能够更好地反映某一企业相比同行业其他企业在国际化经营行为与经营程度方面的差距，是剔除行业因素后能够反映企业国际化战略激进程度的指标。

表 5-6 列(1)报告了解释变量替换后模型(5-1)的回归结果，可以看出，重新定义企业国际化战略的度量方法后，Inter_Adj 与 MF_Bias 在 1%水平上显

著负相关，Inter_Adj^2 与 MF_Bias 在 5% 水平上显著正相关，表明在剔除行业国际化经营特征的潜在影响后，企业实施国际化战略与管理层业绩预告偏差之间的"U 形"曲线关系依然存在。此外，相比表 5-5 列（2）的回归结果，表 5-6 列（1）中变量 Inter_Adj、Inter_Adj^2 的回归系数大小、显著性以及模型整体拟合优度值 Adj-R^2 并未发生明显改变，表明本书模型（5-1）中企业国际化战略（International）的度量方法基本可靠。上述结论验证了本书主回归结果的稳健性。

表 5-6　　　　　　　　　　稳健性检验回归结果一

变量	（1）	（2）	（3）
	MF_Bias	MF_Bias	MF_Bias
Inter_Adj	−0.810 ***		
	（−2.83）		
Inter_Adj^2	1.044 **		
	（2.39）		
O_Ratio		−0.885 *	
		（−1.68）	
O_Ratio^2		1.280 *	
		（1.86）	
International			−0.193 *
			（−1.75）
International^2			0.362 **
			（2.42）
Size	−0.118 ***	−0.123 ***	−0.007
	（−4.45）	（−4.62）	（−0.82）
Leverage	−0.903 ***	−0.899 ***	−0.106 **
	（−6.24）	（−6.22）	（−2.21）
Roa	−13.985 ***	−13.936 ***	−2.130 ***
	（−32.48）	（−32.38）	（−14.64）

续表

变量	（1）	（2）	（3）
	MF_Bias	MF_Bias	MF_Bias
Growth	-0.265^{***}	-0.265^{***}	0.241^{***}
	(-6.34)	(-6.34)	(16.92)
Loss	0.103^{**}	0.104^{**}	0.158^{***}
	(2.18)	(2.21)	(9.82)
Shold	-0.021^{***}	-0.020^{***}	-0.003^{*}
	(-3.45)	(-3.41)	(-1.66)
Mhold	0.465^{**}	0.458^{**}	0.135^{**}
	(2.33)	(2.30)	(2.04)
Board	-0.197	-0.193	-0.029
	(-1.41)	(-1.38)	(-0.63)
Dual	-0.106^{*}	-0.107^{*}	-0.022
	(-1.90)	(-1.92)	(-1.19)
Age	0.235^{***}	0.239^{***}	0.028^{**}
	(6.11)	(6.22)	(2.21)
Big4	0.029	0.028	-0.027
	(0.22)	(0.22)	(-0.63)
Soe	-0.639^{***}	-0.633^{***}	-0.190^{***}
	(-9.78)	(-9.69)	(-8.91)
Industry	控制	控制	控制
Year	控制	控制	控制
Constant	5.266^{***}	5.299^{***}	1.039^{***}
	(8.73)	(8.79)	(5.22)
Obs	17169	17169	17169
Adj-R^2	0.1228	0.1228	0.0721
U-Test	$t=1.98/p=0.0237$	$t=1.68/p=0.0464$	$t=1.75/p=0.0398$

注：上表中括号内为 t 值；***、** 和 * 分别表示在 1%、5% 和 10% 水平上显著。

(二)使用海外客户集中度指标衡量企业国际化战略

客户集中度是反映企业对于主要客户依赖关系的指标，且 Crawford 等（2020）研究发现客户集中度能够对管理层业绩预告披露行为产生重要影响，为此，本书使用海外客户集中度作为企业国际化战略的代理变量。具体的，本书使用"前五大客户中海外客户销售收入占比（O_Ratio）"度量海外客户集中度，即前五大客户中海外客户销售收入总额与前五大客户销售收入总额的比值。显然，O_Ratio 均介于 0 和 1 之间，O_Ratio 越接近于 1，表明企业对海外客户的依赖程度越高，进而表明企业国际化经营程度越高。

表 5-6 列（2）报告了回归结果，可以看出，O_Ratio 与 MF_Bias 在 10% 水平上显著负相关，O_Ratio^2 与 MF_Bias 在 10% 水平上显著正相关，进一步验证了企业实施国际化战略与管理层业绩预告偏差之间"U 形"相关关系的客观存在性。

(三)重新度量管理层业绩预告偏差

参照宋云玲等（2017）等文献的做法，本书在计算管理层业绩预告偏差（MF_Bias）时，将模型（5-2）的分母替换成公司年初总资产，表 5-6 列（3）报告了回归结果，可以看出，重新度量管理层业绩预告偏差（MF_Bias）后，International 与 MF_Bias 在 10% 水平上显著负相关，$International^2$ 与 MF_Bias 在 5% 水平上显著正相关，进一步验证了本书主回归结果的可靠性。

(四)考虑管理层业绩预告其他特征对回归结果的影响

考虑到管理层的各种业绩预告披露行为之间可能存在内在联系，管理层自愿性业绩预告披露意愿（MF_Trend）、管理层业绩预告修正行为（MF_Revise）、管理层业绩预告披露形式（MF_Form）、管理层业绩预告精确度（MF_Precision）等业绩预告披露特征也有可能与管理层业绩预告偏差（MF_Bias）之间存在关联关系，因此，为排除潜在遗漏变量问题对本书主回归结果的影响，本书在模型（5-1）中添加了上述四个业绩预告特征变量。具体的，将 MF_Trend 定义为一个哑变量，若公司当年存在自愿性业绩预告披露行为，MF_Trend 取 1，否则取 0；将 MF_Revise 定义为一个哑变量，若公司当年针对年度业绩预告披露了修正公告，MF_Revise 取 1，否则取 0；将 MF_Form 定义为一个计数变量，若公司当年年度业绩预告以定性估计方式披露时 MF_Form 取 1，以上限值估计或下限值估计方式披露时 MF_Form 取 2，以区间估计方式披露时 MF_Form 取 3，以点估计方式披露时 MF_Form 取 4。显然，MF_Form 越大意味着管理层业绩预告披露得越具体；将 MF_Precision 定义为一个连续变量，参照周楷唐等（2017）等文献的做法，令 MF_Precision＝Abs（管理层盈利预测上限值—管理层盈利预测下限值）／（Abs（管理层盈利预测上限值＋管理层盈利预测下限值）/2），显然，MF_Precision 越大意味着管理层盈利预测的不确定性程度越高，也即：管理层业绩预告中盈利预测值的精确度越低。

　　表 5-7 列（1）报告了回归结果，可以看出，在添加了上述四个管理层业绩预告特征变量后，International 与 MF_Bias 在 1% 水平上显著负相关，International^2 与 MF_Bias 在 1% 水平上显著正相关。相比表 5-5 中的主回归结果，International 与 International^2 的回归系数和显著性均有所增加，表明考虑上述管理层业绩预告特征变量后，本书提出的假设得到了更加有力的验证。

　　此外，本书观察到，MF_Trend 与 MF_Bias 正相关，但在 10% 水平上不显著，表明管理层业绩预告准确度并没有随管理层自愿性业绩预告披露意愿的增强而显著增加；MF_Revise 与 MF_Bias 在 5% 水平上显著负相关，表明管理层的业绩预告修正行为能够在一定程度上降低管理层业绩预告偏差，最终促进管理层业绩预告准确度的提升；MF_Form 与 MF_Bias 在 1% 水平上显著负相关，表明业绩预告披露形式越具体的公司，其管理层业绩预告偏差也越低。不过，意外的是，MF_Precision 与 MF_Bias 在 10% 水平上显著负相关，表明业绩预告精确度越低（也即 MF_Precision 越大）的公司，其管理层盈利预测偏差反而越小。本书分析，之所以出现上述回归结果，可以归咎于如下两点原因：第一，业绩预告是管理层对公司未来盈利状况的前瞻性预测和估计，受限于公司外部环境的不确定性以及管理者自身能力，管理者难以保证盈利预测结果与公司实际经营成果之间不会存在预测偏差。因此，精确度高的业绩预告反而提高了管理层盈利预测结果出现较大偏差的可能性。第二，按照本书以及既有文献对业绩预告精确度（MF_Precision）的定义，对于点估计、上限值估计以及下限值估计形式的业绩预告，MF_Precision 均取值为 0，但事实上，上限值估计以及下限值估计由于仅仅只预测了企业下一业绩预告期净利润（或归属于股东的净利润）的最高值或最低值，因此，此次业绩预告出现较大盈利预测偏差的可能性更大。总体而言，上述回归结果基本符合本书预期。

表 5-7   稳健性检验回归结果二

变量	（1）	（2）	（3）	（4）
	MF_Bias	MF_Bias	MF_Bias	MF_Bias
International	−1.031 ***	−0.973 ***	−0.939 ***	−1.205 **
	（−3.12）	（−2.80）	（−2.68）	（−2.31）
International^2	1.217 ***	1.243 ***	1.098 **	1.279 *
	（2.72）	（2.63）	（2.33）	（1.94）
Size	−0.135 ***	−0.124 ***	−0.117 ***	−0.067
	（−5.06）	（−4.47）	（−4.11）	（−1.30）
Leverage	−0.825 ***	−0.851 ***	−0.709 ***	0.575 ***
	（−5.73）	（−5.63）	（−4.66）	（2.74）
Roa	−14.500 ***	−13.119 ***	−14.202 ***	−14.738 ***
	（−33.56）	（−28.06）	（−32.81）	（−29.52）
Growth	−0.267 ***	−0.249 ***	−0.278 ***	−0.361 ***
	（−6.41）	（−5.78）	（−6.74）	（−8.06）
Loss	0.124 ***	0.196 ***	0.092 **	0.058
	（2.59）	（4.08）	（1.98）	（1.18）
Shold	−0.023 ***	−0.021 ***	−0.023 ***	−0.027 ***
	（−3.94）	（−3.39）	（−3.68）	（−3.25）
Mhold	0.444 **	0.544 ***	0.418 **	−0.068
	（2.24）	（2.62）	（1.98）	（−0.22）
Board	−0.170	−0.121	−0.183	−0.025
	（−1.23）	（−0.83）	（−1.24）	（−0.12）
Dual	−0.097 *	−0.111 *	−0.119 **	−0.165 **
	（−1.75）	（−1.91）	（−2.06）	（−2.27）
Age	0.257 ***	0.236 ***	0.226 ***	0.017
	（6.66）	（5.95）	（5.49）	（0.18）
Big4	0.037	0.036	0.005	−0.119
	（0.28）	（0.27）	（0.03）	（−0.51）

续表

变量	（1）	（2）	（3）	（4）
	MF_Bias	MF_Bias	MF_Bias	MF_Bias
Soe	−0.623***	−0.613***	−0.627***	−0.120
	（−9.54）	（−8.97）	（−8.74）	（−0.72）
MF_Trend	0.007			
	（0.16）			
MF_Revise	−0.121**			
	（−1.97）			
MF_Form	−0.584***			
	（−11.81）			
MF_Precision	−0.123*			
	（−1.86）			
Industry	控制	控制	控制	未控制
Year	控制	控制	控制	未控制
Industry×Year	未控制	未控制	未控制	控制
Firm	未控制	未控制	未控制	控制
Constant	7.119***	5.040***	5.089***	1.702
	（11.47）	（8.00）	（7.85）	（1.21）
Obs	17126	15103	17169	17169
Adj-R^2/Wald chi2	0.1328	0.1117	2447.10	0.1511
U-Test	$t=2.27/p=0.0116$	$t=2.34/p=0.0096$	—	$t=1.49/p=0.0675$

注：上表中括号内为 t 值；***、**和*分别表示在1%、5%和10%水平上显著。

（五）排除业绩预告修正行为对业绩预告准确度的影响

考虑到管理层对已披露的业绩预告中不真实、不准确的前瞻性盈余信息进行修正能够在一定程度上提高管理层盈利预测的准确度，降低管理层业绩预告偏差，因此，本书就存在一种替代性假说，即：管理层业绩预告偏差的线性或非线性变化源于管理层对已披露业绩预告内容的修正行为，而非企业实施国际化战略。为排除这一替代性假说，本书剔除了存在年度业绩预告修正行为的样本，以更加干净地观察企业实施国际化战略对管理层业绩预告准确度的影响。表5-7列（2）报告了回归结果，可以看出，即使在剔除了存在年度业绩预告修正行为的样本后，International 与 MF_Bias 依然在1%水平上显著负相关，International^{2}与 MF_Bias 依然在1%水平上显著正相关，表明本书主回归结果并不受管理层业绩预告修正行为的影响。

（六）变更主回归模型中的函数形式

为进一步验证本书主回归结果的稳定性，本书对模型（5-1）的函数形式进行了变更，具体来说：第一，考虑到被解释变量管理层业绩预告偏差（MF_Bias）属于大于零的连续变量，本书将模型（5-1）由普通 OLS 回归变更为面板 Tobit 回归，表5-7列（3）报告了回归结果，可以看出，International 与 MF_Bias 在1%水平上显著负相关，International^{2}与 MF_Bias 在5%水平上显著正相关，意味着即使使用 Tobit 回归模型，模型（5-1）的回归结果并未发生显著改变。第二，为排除不随时间变化的遗漏变量对本书主回归结果的影响，本书在模型（5-1）中增加公司个体固定效应（Firm Fixed Effect），并将行业固定效应替换成行业固定效应与年度固定效应的交乘项（Industry×Year），以避免潜在的共线性问题。表5-7列（4）报告了回归结果，可以看出，International 与 MF_Bias 在5%水平上显著负相关，International^{2}与 MF_Bias 在10%水平上显著正相关，意味着即使使用公司个体固定效应模型，International 与 MF_Bias 之间的"U 形"相关关系依然存在。上述回归结果进一步验证了本书主回归结果的可靠性。

（七）使用倾向得分匹配法对研究样本进行重新筛选

考虑到金祥义和戴金平（2019）研究发现企业有效、高质量的信息披露行为能够提高企业出口绩效，因此，企业实施国际化战略与管理层业绩预告信息披露质量之间可能存在伪相关的可能性，表现为具有某些财务特征的企业可能更倾向于实施国际化战略且国际化经营程度较高，而具有这些财务特征的企业自身也有较高或较低的业绩预告信息披露质量，由此导致国际化战略可能并不是真正影响管理层业绩预告准确度的因素，相反，管理层业绩预告准确度在一定程度影响了企业国际化战略的实现与实施，进而使得本书表5-5主回归结果存在偏误。为排除这种可能性，本书按照同一行业、同一年度内样本公司 International 的平均值将样本总体划分为高国际化经营程度组和低国际化经营程度组，令高国际化经营程度组为处理组，低国际化经营程度组为对照组，并使用倾向得分匹配法（Propensity Score Matching，PSM）将对照组样本进行重新筛选，以便能够在确保处理组样本和对照组样本某些关键特征无差异的情况下观察企业实施国际化战略对管理层业绩预告偏差的净影响。

倾向得分匹配法的具体步骤为：首先，以反映企业当年国际化经营程度高低的哑变量（International_Dum）作为被解释变量，以公司当年资产规模（Size）、资产负债率（Leverage）、资产收益率（Roa）、营业收入增长率（Growth）、业绩下滑哑变量（Loss）、股权集中度（Shold）、高管持股比例（Mhold）、董事会规模（Board）、两职兼任情况（Dual）、公司上市年限（Age）、审计师类型（Big4）、产权性质（Soe）、管理层自愿性业绩预告披露意愿（MF_Trend）以及管理层业绩预告修正行为（MF_Revise）等 14 个变量作为协变量（解释变量），使用 Probit 回归模型为每一个"公司—年度"样本计算出一个倾向得分；其次，按照 1∶1 无放回最近邻匹配的原则，为每个处理组样本配对一个倾向得分最接近的对照组样本。最终，本书为 5031 个处理组样本配对得到 5031 个对照组样本。

倾向得分匹配要求处理组和对照组满足平行趋势假设，也即处理组公司和对照组公司应当具备高度相似特征及变动趋势，为此，本书针对配对样本进行平衡假设检验，表 5-8Panel A 列示了检验结果。可以看出，在进行倾向得分匹配以前，除了 Roa、Growth 和 Big4，其他协变量在处理组和对照组之间差异显著，且显著性水平几乎达到了 1%，表明原始样本可能存在较严重的选择性偏差问题，有必要将对照组样本公司进行配对处理。在进行倾向得分匹配以后，所有协变量在处理组和对照组之间的差异变得不再显著，表明已经消除了潜在的样本选择性偏差问题。此外，本书还报告了倾向得分匹配的平均处理效应（Average Treatment Effect on the Treated，ATT）。所谓平均处理效应，即处理组样本和对照组样本在倾向得分匹配前后被解释变量的变化程度。ATT 结果如表 5-8Panel B 所示。可以看出，无论是在对原样本进行倾向得分匹配处理前还是处理后，处理组公司的管理层业绩预告偏差（MF_Bias）在 1% 水平上显著高于对照组公司，这一结果表明国际化经营程度较高企业的管理层业绩预告偏差总体低于国际化经营程度较低企业的管理层业绩预告偏差，意味着企业实施国际化战略能够在一定程度上降低管理层业绩预告偏差。

接下来，表 5-8Panel C 报告了原样本经过倾向得分匹配后的多元回归结果。可以看出，在控制了可能的样本选择性偏误问题后，International 与 MF_Bias 依然在 1%水平上显著负相关，International^2 与 MF_Bias 依然在 1%水平上显著正相关。而且，相比表 5-5，样本经过倾向得分匹配处理后，变量 International、International^2 的回归系数大小、t 值以及模型整体拟合优度值 Adj-R^2 均有所增加，表明对样本进行倾向得分匹配处理有助于提高模型(5-1)的解释力，这也进一步验证了企业实施国际化战略与管理层业绩预告偏差之间"U 形"曲线相关关系的客观存在性。

表 5-8　　　　　　　　　倾向得分匹配法内生性检验结果

Panel A：倾向得分匹配平衡假设检验							
变量	样本匹配	平均值		偏差（%）	偏差减少额	显著性检验	
		实验组	对照组			t 值	p 值
Size	Unmatched	21.799	21.902	-8.8	97.0	-5.15	0.000
	Matched	21.799	21.802	-0.3		-0.13	0.893
Leverage	Unmatched	0.406	0.431	-11.9	90.1	-7.00	0.000
	Matched	0.406	0.404	1.2		0.59	0.555
Roa	Unmatched	0.033	0.034	-1.5	83.7	-0.86	0.388
	Matched	0.033	0.033	0.2		0.12	0.907
Growth	Unmatched	0.218	0.225	-1.4	95.1	-0.81	0.420
	Matched	0.219	0.218	0.1		0.04	0.972
Loss	Unmatched	0.404	0.387	3.4	65.0	2.01	0.044
	Matched	0.403	0.398	1.2		0.59	0.555
Shold	Unmatched	2.439	2.893	-11.8	95.3	-6.84	0.000
	Matched	2.434	2.413	0.6		0.31	0.755
Mhold	Unmatched	0.095	0.070	16.9	81.5	10.38	0.000
	Matched	0.095	0.090	3.1		1.51	0.132
Board	Unmatched	2.233	2.251	-9.9	91.4	-5.89	0.000
	Matched	2.233	2.235	-0.8		-0.43	0.671

续表

Panel A：倾向得分匹配平衡假设检验

变量	样本匹配	平均值		偏差	偏差	显著性检验	
		实验组	对照组	（%）	减少额	t 值	p 值
Dual	Unmatched	0.325	0.260	14.4	95.1	8.68	0.000
	Matched	0.325	0.322	0.7		0.34	0.733
Age	Unmatched	1.883	2.033	−19.7	95.3	−11.63	0.000
	Matched	1.884	1.876	0.9		0.46	0.644
Big4	Unmatched	0.034	0.037	−1.6	−36.1	−0.98	0.330
	Matched	0.034	0.039	−2.2		−1.12	0.264
Soe	Unmatched	0.259	0.340	−17.6	95.5	−10.33	0.000
	Matched	0.259	0.263	−0.8		−0.41	0.683
MF_Trend	Unmatched	0.417	0.444	−5.4	86.6	−3.22	0.001
	Matched	0.416	0.413	0.7		0.36	0.716
MF_Revise	Unmatched	0.134	0.115	5.8	79.2	3.50	0.000
	Matched	0.133	0.137	−1.2		−0.58	0.560

Panel B：倾向得分匹配平均处理效应

变量	样本	处理组	对照组	差异	标准误	t 值
MF_Bias	Unmatched	1.085	1.210	−0.125	0.047	−2.67***
	ATT	1.084	1.292	−0.208	0.057	−3.67***

Panel C：倾向得分匹配后多元回归结果

变量	（1）	（2）
	MF_Bias	MF_Bias
International	−1.093***	−1.158***
	(−2.61)	(−2.95)
International^2	1.224**	1.318***
	(2.25)	(2.58)
Size		−0.056
		(−1.52)

Panel C：倾向得分匹配后多元回归结果		
变量	(1)	(2)
	MF_Bias	MF_Bias
Leverage		−1.070***
		(−5.47)
Roa		−16.032***
		(−28.31)
Growth		−0.251***
		(−4.25)
Loss		0.088
		(1.42)
Shold		−0.024***
		(−2.61)
Mhold		0.477*
		(1.92)
Board		−0.316*
		(−1.70)
Dual		−0.089
		(−1.24)
Age		0.211***
		(4.14)
Big4		0.009
		(0.05)
Soe		−0.690***
		(−7.48)
Industry	控制	控制
Year	控制	控制
Constant	1.028***	4.145***
	(3.28)	(5.02)

	Panel C：倾向得分匹配后多元回归结果	
变量	（1）	（2）
	MF_Bias	MF_Bias
Obs	10062	10062
Adj-R^2	0.0288	0.1510

注：上表中括号内为 t 值；*** 、** 和 * 分别表示在 1%、5% 和 10% 水平上显著。

第五节　影响机制检验

综合前文分析，本书参照温忠麟等（2004）、朱金生和李蝶（2019）等文献的做法，使用中介效应三步骤模型，从管理层风险承担水平、管理层业绩期望差距、供应商—客户关系以及企业内部管理者、控股股东与外部所有者之间的代理成本四个方面检验企业实施国际化战略影响管理层业绩预告偏差的路径和作用机理。

一、基于风险承担水平的机制检验

本书基于信号传递理论、国际贸易学习效应理论与规模经济理论认为，企业实施国际化战略与管理层风险承担水平之间的非线性关系，是企业实施国际化战略引发管理层业绩预告偏差非线性变化的重要原因。为验证上述推断，我们将管理层风险承担水平作为第一个中介因子进行机制检验。具体的，参照余明桂等（2013）、周泽将等（2019）等文献的做法，本书使用经同一行业、同一年度样本公司均值调整后的总资产收益率的波动率（标准差）衡量管理层风险承担水平（Risktaking），① Risktaking 越大意味着管理层风险承担水平越高。

---

① 管理层风险承担水平（Risktaking）的具体计算方法如下：其中，AdjRoa 表示经同一行业、同一年度样本公司均值调整后的总资产收益率，$Risktaking_{i,t} =$

$$\sqrt{\frac{1}{T-1}\sum_{t=1}^{T}\left(AdjRoa_{i,t} - \frac{1}{T}\sum_{t=1}^{T}AdjRoa_{i,t}\right)^2}。$$

表 5-9 报告了中介效应检验结果，可以看出，列（1）中变量 International 与中介因子 Risktaking 在 1%水平上显著负相关，变量 $International^2$ 与中介因子 Risktaking 在 1%水平上显著正相关，表明企业实施国际化战略与管理层风险承担水平之间确实存在显著的非线性相关关系；列（2）报告了模型（5-1）中加入中介因子后的 OLS 回归结果，可以看出，Risktaking 与 MF_Bias 在 1%水平上显著正相关，表明管理层风险承担水平越高的企业，管理层业绩预告偏差也越高，进而说明管理层风险承担水平的非线性变化，是导致企业实施国际化战略与管理层业绩预告偏差之间"U"形相关关系存在重要原因。

此外，表 5-9 列（2）中变量 International 的回归系数在 5%水平上显著为负，变量 $International^2$ 的回归系数大于零，但却在 10%水平上不显著，参照温忠麟等（2004）等文献的解释，可以认为当企业国际化经营程度低于临界值时，"企业实施国际化战略通过降低管理层风险承担水平进而降低管理层业绩预告偏差"的路径是一个部分中介过程，Risktaking 发挥了部分中介效应；而当企业国际化经营程度高于临界值时，"企业实施国际化战略通过提升管理层风险承担水平进而增加管理层业绩预告偏差"的路径是一个完全中介过程，Risktaking 发挥了完全中介效应。

表 5-9   影响机制检验结果一

变量	（1）	（2）
	Risktaking	MF_Bias
International	-0.017^{***}	-0.634^{**}
	(-4.01)	(-1.98)
$International^2$	0.020^{***}	0.703
	(3.61)	(1.61)
Risktaking		19.514^{***}
		(30.64)
Size	-0.006^{***}	-0.003
	(-18.98)	(-0.12)
Leverage	-0.003	-0.866^{***}
	(-1.59)	(-6.19)

续表

变量	（1）	（2）
	Risktaking	MF_Bias
Roa	-0.224^{***}	-9.627^{***}
	(-44.66)	(-21.78)
Growth	0.005^{***}	-0.354^{***}
	(9.45)	(-8.64)
Loss	-0.001^{**}	0.121^{***}
	(-2.54)	(2.64)
Shold	-0.000	-0.019^{***}
	(-1.06)	(-3.35)
Mhold	0.001	0.429^{**}
	(0.43)	(2.23)
Board	-0.001	-0.177
	(-0.39)	(-1.31)
Dual	-0.002^{**}	-0.072
	(-2.35)	(-1.34)
Age	0.008^{***}	0.062^{*}
	(17.45)	(1.65)
Big4	0.007^{***}	-0.111
	(4.37)	(-0.88)
Soe	-0.004^{***}	-0.559^{***}
	(-4.50)	(-8.89)
Industry	控制	控制
Year	控制	控制
Constant	0.169^{***}	2.143^{***}
	(22.02)	(3.63)
Obs	17169	17169
Adj-R^2	0.1825	0.1616

注：上表中括号内为 t 值；***、** 和 * 分别表示在1%、5%和10%水平上显著。

二、基于业绩期望差距的机制检验

本书认为，企业实施国际化战略与管理层业绩期望差距(企业实际经营业绩与管理层业绩预期之间的差距)之间的非线性关系，是企业实施国际化战略引发管理层业绩预告偏差非线性变化的第二个重要原因。为验证上述推断，本书将管理层业绩期望差距作为第二个中介因子进行机制检验。参照王化成等(2019)等文献对于管理层业绩期望差距的定义，本书使用总资产收益率(Roa)衡量企业经营业绩，并将管理层业绩期望差距(Performance_Gap)定义为企业当年总资产收益率与企业最近三年总资产收益率平均值之间差异的绝对值，显然，Performance_Gap越大则意味着企业当年经营业绩偏离管理层业绩预期值的程度越高。

表5-10报告了中介效应检验结果，可以看出，列(1)中变量International与中介因子Performance_Gap在1%水平上显著负相关，变量$International^2$与中介因子Performance_Gap在1%水平上显著正相关，表明企业实施国际化战略与管理层业绩期望差距之间确实存在显著的非线性相关关系；列(2)报告了模型(5-1)中加入中介因子后的OLS回归结果，可以看出，Performance_Gap与MF_Bias在1%水平上显著正相关，表明管理层业绩期望差距越高的企业，管理层业绩预告偏差也越高，进而说明管理层业绩期望差距的非线性变化，是导致企业实施国际化战略与管理层业绩预告偏差之间"U"形相关关系存在重要原因。

此外，与表5-9类似，表5-10列(2)中变量International的回归系数在10%水平上显著为负，变量$International^2$的回归系数大于零，但却在10%水平上不显著，参照温忠麟等(2004)等文献的解释，可以认为当企业国际化经营程度低于某一临界值时，"企业实施国际化战略通过降低管理层业绩期望差距进而降低管理层业绩预告偏差"的路径是一个部分中介过程，Performance_Gap发挥了部分中介效应；而当企业国际化经营程度高于临界值时，"企业实施国际化战略通过提升管理层业绩期望差距进而增加管理层业绩预告偏差"的路径是一个完全中介过程，Performance_Gap发挥了完全中介效应。

265

表 5-10　　　　　　　　　　　　　**影响机制检验结果二**

变量	(1)	(2)
	Performance_Gap	MF_Bias
International	−0.017***	−0.579*
	(−4.71)	(−1.81)
International²	0.021***	0.639
	(4.31)	(1.47)
Performance_Gap		23.060***
		(33.20)
Size	−0.003***	−0.045*
	(−11.14)	(−1.77)
Leverage	−0.008***	−0.725***
	(−5.25)	(−5.19)
Roa	−0.218***	−9.043***
	(−47.19)	(−20.43)
Growth	0.004***	−0.355***
	(8.91)	(−8.72)
Loss	0.004***	0.001
	(8.47)	(0.03)
Shold	−0.000	−0.019***
	(−1.56)	(−3.23)
Mhold	0.003	0.391**
	(1.37)	(2.03)
Board	−0.000	−0.185
	(−0.30)	(−1.38)
Dual	−0.002***	−0.067
	(−2.71)	(−1.25)
Age	0.004***	0.126***
	(10.48)	(3.38)

续表

变量	(1)	(2)
	Performance_Gap	MF_Bias
Big4	0.005***	−0.081
	(3.35)	(−0.64)
Soe	−0.003***	−0.573***
	(−3.67)	(−9.12)
Industry	控制	控制
Year	控制	控制
Constant	0.109***	2.825***
	(16.15)	(4.82)
Obs	17169	17169
Adj-R²	0.2153	0.1702

注：上表中括号内为 t 值；***、** 和 * 分别表示在1%、5%和10%水平上显著。

三、基于供应商—客户关系的机制检验

既有文献研究发现供应商与客户基于市场交易活动所形成的供应商—客户关系是影响企业会计信息披露质量的重要因素，而客户集中度能够有效反映客户的议价能力以及客户对于供应商企业的重要程度，通常被视为有效衡量供应商—客户关系的指标。鉴于此，本书认为企业实施国际化战略所引发的客户集中度的非线性变化，也是企业实施国际化战略与管理层业绩预告偏差之间存在"U"形曲线相关关系的又一重要原因。为验证上述推断，本书参照 Banerjee 等（2008）等文献的做法，使用"企业来源于前五大客户的营业收入占企业总营业收入的比值"衡量客户集中程度（CC5），并将其作为第三个中介因子进行中介效应机制检验。显然，CC5 越高则意味着企业对前五大客户的依赖程度越高，也意味着企业与前五大客户的关系更加密切。

表5-11 报告了中介效应检验结果，可以看出，列（1）中变量 International 与中介因子 CC5 在1%水平上显著负相关，变量 International² 与中介因子 CC5

在1%水平上显著正相关，表明企业实施国际化战略与客户集中度之间确实存在显著的非线性相关关系；列(2)报告了模型(5-1)中加入中介因子CC5后的OLS回归结果，可以看出，CC5与MF_Bias在1%水平上显著正相关，表明客户集中度越高的企业，管理层业绩预告偏差也越高。出现这一结果的原因在于：当企业的客户集中度较高时，企业与大客户之间通常会建立相对密切的市场关系，企业与客户之间更加频繁、通畅的私下沟通方式会导致供应商企业降低对公开披露的盈利预测信息披露质量的关注；但当客户集中度较低时，供应商与客户之间通常存在较高信息不对称，而公开披露则是客户获取供应商信息的最主要渠道。供应商为向客户传递自身经营状况稳定、未来经营业绩良好的信号，会更有动机向市场传递高质量的前瞻性盈利预测信息。上述结果验证了供应商企业客户集中度的非线性变化，是导致供应商企业实施国际化战略与管理层业绩预告偏差之间存在"U"形曲线相关关系的重要原因。

此外，表5-11列(2)中变量International的回归系数在1%水平上显著为负，变量$International^2$的回归系数在5%水平上显著为正，参照温忠麟等(2004)等文献的解释，可以认为"企业实施国际化战略通过影响客户集中度进而影响管理层业绩预告偏差"的路径是一个部分中介过程，CC5发挥了部分中介效应。

表5-11　　　　　　　　　　　影响机制检验结果三

变量	(1)	(2)
	CC5	MF_Bias
International	−0.122***	−0.928***
	(−4.82)	(−2.80)
$International^2$	0.332***	0.981**
	(10.11)	(2.17)
CC5		0.416***
		(3.88)
Size	−0.033***	−0.104***
	(−14.73)	(−3.86)

续表

变量	(1)	(2)
	CC5	MF_Bias
Leverage	−0.002	−0.907***
	(−0.20)	(−6.28)
Roa	0.001	−13.930***
	(0.02)	(−32.35)
Growth	0.011***	−0.273***
	(4.49)	(−6.52)
Loss	0.000	0.101**
	(0.03)	(2.15)
Shold	−0.000	−0.021***
	(−0.68)	(−3.48)
Mhold	−0.009	0.477**
	(−0.57)	(2.40)
Board	−0.021*	−0.189
	(−1.96)	(−1.36)
Dual	−0.002	−0.104*
	(−0.64)	(−1.86)
Age	−0.017***	0.242***
	(−4.95)	(6.29)
Big4	0.003	0.026
	(0.26)	(0.20)
Soe	0.006	−0.644***
	(0.99)	(−9.87)
Industry	控制	控制
Year	控制	控制
Constant	1.019***	4.819***
	(19.72)	(7.87)
Obs	17169	17169
Adj-R²	0.0504	0.1234

注：上表中括号内为 t 值；***、** 和 * 分别表示在 1%、5% 和 10% 水平上显著。

四、基于企业代理成本的机制检验

本书前述理论分析认为，企业实施国际化战略所引发的企业内部管理者与外部股东之间代理冲突的非线性变化，是企业实施国际化战略与管理层业绩预告偏差之间存在"U"形曲线关系的又一重要原因。为验证上述推断，本书将企业代理成本作为第四个中介因子进行机制检验。具体的，考虑到管理层对企业经营性费用的有效控制程度能够有效反映管理层与外部股东之间的代理冲突，因此，参照 Ang 等（2000）等文献的做法，本书使用营业费用率（Agent_Cost1，公司当年销售费用、管理费用合计数与营业收入的比值）衡量第一类代理成本；[①] 考虑到管理层与大股东通过侵占、转移公司财务资源进而损害中小股东利益，而管理层与大股东对上市公司财务资源的不合理占用（如违规担保、非经营性资金占用等）多会体现在财务报表的"其他应收款"科目中，因此，参照姜国华和岳衡（2005）等文献的做法，使用其他应收款占比（Agent_Cost2，公司年末其他应收款与总资产的比值）衡量第二类代理成本。[②] 显然，Agent_Cost1 与 Agent_Cost2 越大则意味着公司内部管理者与外部股东、大股东与小股东之间的代理冲突越高。

表 5-12 报告了中介效应检验结果，可以看出，列（1）和列（3）中变量 International 与中介因子 Agent_Cost1、Agent_Cost2 均在 1%水平上显著负相关，变量 International^2 与中介因子 Agent_Cost1、Agent_Cost2 均在 1%水平上显著正相关，表明企业实施国际化战略与企业两类代理成本之间确实存在显著的非线性相关关系；进一步，列（2）和列（4）报告了模型（5-1）中加入中介因子 Agent_Cost1、Agent_Cost2 后的 OLS 回归结果，可以看出，Agent_Cost1、Agent_Cost2 与 MF_Bias 均在 1%水平上显著正相关，表明第一类代理成本与第二类代理成本越高的企业，管理层业绩预告偏差也越高，进而说明企业实施国际化战略与企业代理成本之间的"U"形曲线关系会同步反映至管理层业绩预告偏差中，也即：企业代理成本的非线性变化，是导致企业实施国际化战略与

---

① 第一类代理成本衡量公司内部管理者与外部股东之间发生代理冲突的成本。

② 第二类代理成本衡量公司大股东与小股东之间发生代理冲突的成本。

管理层业绩预告偏差之间"U"形相关关系存在重要原因。

此外,表 5-12 列(2)和列(4)中变量 International 的回归系数在 1%或 5%水平上显著为负,变量 International^2 的回归系数在 1%或 5%水平上显著为正,参照温忠麟等(2004)等文献的解释,可以认为"企业实施国际化战略通过影响企业代理成本进而影响管理层业绩预告偏差"的路径是一个部分中介过程,中介因子 Agent_Cost1 与 Agent_Cost2 发挥了部分中介效应。

表 5-12 影响机制检验结果四

变量	(1) Agent_Cost1	(2) MF_Bias	(3) Agent_Cost2	(4) MF_Bias
International	−0.017***	−0.832**	−0.017***	−0.832**
	(−3.70)	(−2.52)	(−3.70)	(−2.52)
International^2	0.019***	0.969**	0.019***	0.969**
	(3.16)	(2.16)	(3.16)	(2.16)
Agent_Cost1		8.141***		
		(13.35)		
Agent_Cost2				8.141***
				(13.35)
Size	−0.003***	−0.092***	−0.003***	−0.092***
	(−8.51)	(−3.46)	(−8.51)	(−3.46)
Leverage	0.024***	−1.107***	0.024***	−1.107***
	(12.18)	(−7.66)	(12.18)	(−7.66)
Roa	−0.047***	−13.559***	−0.047***	−13.559***
	(−8.79)	(−31.57)	(−8.79)	(−31.57)
Growth	−0.001*	−0.257***	−0.001*	−0.257***
	(−1.86)	(−6.18)	(−1.86)	(−6.18)

续表

变量	（1）	（2）	（3）	（4）
	Agent_Cost1	MF_Bias	Agent_Cost2	MF_Bias
Loss	−0.002***	0.118**	−0.002***	0.118**
	(−2.83)	(2.51)	(−2.83)	(2.51)
Shold	−0.000**	−0.019***	−0.000**	−0.019***
	(−2.33)	(−3.23)	(−2.33)	(−3.23)
Mhold	−0.003	0.486**	−0.003	0.486**
	(−1.18)	(2.45)	(−1.18)	(2.45)
Board	−0.003	−0.180	−0.003	−0.180
	(−1.58)	(−1.30)	(−1.58)	(−1.30)
Dual	0.000	−0.108*	0.000	−0.108*
	(0.68)	(−1.94)	(0.68)	(−1.94)
Age	0.005***	0.198***	0.005***	0.198***
	(8.42)	(5.17)	(8.42)	(5.17)
Big4	−0.000	0.023	−0.000	0.023
	(−0.05)	(0.18)	(−0.05)	(0.18)
Soe	−0.006***	−0.586***	−0.006***	−0.586***
	(−5.79)	(−9.00)	(−5.79)	(−9.00)
Industry	控制	控制	控制	控制
Year	控制	控制	控制	控制
Constant	0.094***	4.517***	0.094***	4.517***
	(10.53)	(7.50)	(10.53)	(7.50)
Obs	17169	17169	17169	17169
Adj-R^2	0.0318	0.1307	0.0187	0.1432

注：上表中括号内为 t 值；***、** 和 * 分别表示在1%、5%和10%水平上显著。

第六节　进一步分析

一、经济政策不确定性的调节效应

　　既有文献研究发现宏观经济政策不确定性是影响企业会计信息披露质量以及管理层业绩预告信息披露行为的重要因素(操巍和谭怡,2018;Kyonghee等,2016),主要表现为:第一,经济政策不确定性加剧了企业外部市场环境的不确定性程度,在增加了企业面临的系统性风险的同时增加了管理层准确预测未来盈利状况的难度。第二,经济政策不确定性影响了管理层对于企业未来发展前景的预期,当企业因为不确定性较高的经济政策而改变投融资行为时,管理层盈利预测成本也会相应增加,致使管理层披露高质量盈利预测信息的意愿降低。第三,经济政策不确定性在一定程度上提高了公司内部管理者与外部利益相关者之间的信息不对称程度,加剧了公司内部管理者与外部利益相关者之间的代理冲突,在诱导管理层机会主义行为的同时激发了管理层的策略性信息披露动机。由此可见,宏观经济政策不确定性影响管理层信息披露质量的机制与企业实施国际化战略具有一定的相似性,那么,在企业实施国际化战略影响管理层业绩预告偏差的路径中经济政策不确定性如何发挥调解效应,是本书值得深入探讨的另一有趣问题。

　　可以预期,尽管当企业国际化经营水平低于某一临界值时,企业实施国际化战略与管理层业绩预告偏差之间存在显著的负相关关系,但国内市场不确定性较高的经济政策会削弱国际化战略在管理层业绩预告信息披露质量方面的治理效应,致使国内市场不确定性较高的经济政策会对上述负相关关系产生不利影响。不过,随着企业国际化经营水平的逐渐增加,企业的主营业务逐渐由国内市场转移至海外市场,由此导致国内宏观经济政策对企业经营环境、信息披露环境以及代理成本的影响会逐渐减弱,当企业国际化经营水平达到一定程度时,国内市场宏观经济政策对管理层业绩预告信息披露质量的影响将会变得不再显著。

　　为验证上述推断,本书在模型(5-1)中加入变量 EPU、交乘项 International

×EPU 以及交乘项 International²×EPU，其中，EPU 是衡量当年中国宏观经济政策不确定性程度的哑变量。在度量中国宏观经济政策不确定性程度时，本书首先依据 Baker 等（2016）通过文本分析方法构建的月度中国经济政策不确定性指数，① 计算出中国经济政策不确定性指数的年平均值，然后定义一个哑变量 EPU，当某一年中国经济政策不确定性指数的年平均值高于样本中位数时 EPU 取 1，否则取 0，显然 EPU 取 1 即意味着当年中国经济政策不确定性程度较高。

　　表 5-13 列（1）报告了中国经济政策不确定性（EPU）影响 International 与 MF_Bias 之间相关关系的 OLS 回归结果，可以看出，交乘项 International×EPU 的回归系数在 5% 水平上显著为正，表明当企业国际化经营程度低于临界值时，国内不确定性较高的经济政策会在较大程度上削弱 International 与 MF_Bias 之间的负相关关系，这也意味着国内不确定性较高的经济政策会在较大程度上削弱国际化战略在管理层业绩预告信息披露质量方面的治理效应；与此同时，交乘项 International²×EPU 的回归系数小于零，但未能在 10% 水平上显著，表明当企业国际化经营程度高于临界值时，国内不确定性较高的经济政策并不会对 International 与 MF_Bias 之间的正相关关系产生显著影响，这也意味着当企业国际化经营水平达到一定程度时，国内经济政策的波动将不会对国际化经营企业的业绩预告披露质量产生显著影响。上述回归结果联合验证了本书前述推断。

表 5-13　　　　　　　　　　　　进一步分析回归结果

变量	（1）	（2）
	MF_Bias	MF_Bias
International	−1.491 ***	−0.822 **
	（−3.53）	（−2.38）

---

　　①　Baker 等（2016）根据中国香港《南华早报》每个月刊发的同时包含"中国（China）""经济（Economics）""政策（Policy）"以及"不确定性（Uncertainty）"四类关键词的新闻报道数量占当月总新闻报道数量的比值构建当月中国经济政策不确定性指数，具体见网站：http：//www.policyuncertainty.com/china_monthly.html。

变量	（1）	（2）
	MF_Bias	MF_Bias
International×EPU	1.043 **	
	(1.96)	
International²	1.666 ***	
	(2.86)	
International²×EPU	−1.055	
	(−1.40)	
EPU	−0.432 ***	
	(−3.46)	
International×MF_PRECISION		−2.031 **
		(−2.14)
International²		0.879 *
		(1.86)
International²×MF_PRECISION		3.156 **
		(2.38)
MF_PRECISION		−0.325 ***
		(−4.09)
Size	−0.118 ***	−0.120 ***
	(−4.43)	(−4.52)
Leverage	−0.911 ***	−0.885 ***
	(−6.30)	(−6.12)
Roa	−14.004 ***	−14.150 ***
	(−32.52)	(−32.81)
Growth	−0.265 ***	−0.268 ***
	(−6.34)	(−6.41)
Loss	0.100 **	0.104 **
	(2.13)	(2.22)

续表

变量	（1）	（2）
	MF_Bias	MF_Bias
Shold	−0.021***	−0.020***
	(−3.47)	(−3.37)
Mhold	0.468**	0.461**
	(2.35)	(2.32)
Board	−0.195	−0.187
	(−1.40)	(−1.34)
Dual	−0.106*	−0.104*
	(−1.90)	(−1.86)
Age	0.234***	0.263***
	(6.08)	(6.77)
Big4	0.026	0.039
	(0.20)	(0.30)
Soe	−0.637***	−0.610***
	(−9.76)	(−9.31)
Industry	控制	控制
Year	控制	控制
Constant	5.266***	5.262***
	(8.73)	(8.72)
Obs	17169	17169
Adj-R^2	0.1229	0.1256

注：上表中括号内为 t 值；***、** 和 * 分别表示在 1%、5% 和 10% 水平上显著。

二、业绩预告精确度的调节效应

除了准确度以外，精确度也是在一定程度上反映管理层业绩预告信息披露质量的指标。所谓业绩预告精确度，是指业绩预告信息披露形式精准化反映公司未来经营业绩的程度。现阶段，我国上市公司普遍采用点估计、闭区间估计、上限值或下限值估计以及定性估计等四种形式披露盈利预测信息。显然，上述四种业绩预告信息披露形式的精准化程度存在较大差异，总体而言，点估计形式的业绩预告是一种精确度最高的业绩预告信息披露方式，闭区间估计、上限值或下限值估计形式的业绩预告精确度次之，定性估计形式的业绩预告精确度最差。业绩预告精确度越低，则意味着信息使用者对于公司未来经营业绩的不确定性程度越高。

理论研究方面，既有文献研究发现精确度较高的业绩预告能以简洁明了、更加清晰的方式向市场传递增量信息，引发强烈的股票市场反应（Cheng et al.，2013），并对分析师预测行为产生积极影响，提高分析师关注度的同时提高分析师盈利预测准确度（王玉涛和王彦超，2012），但业绩预告精确度与业绩预告准确度之间是否存在必然联系，既有文献并未给出明确解答。事实上，本书发现，影响业绩预告准确度的因素，也有可能同样影响业绩预告精确度。如 Kasznik 和 Lev（1995）研究发现当公司经营收益波动性较高时，管理层准确预测未来盈利状况存在客观难度，致使盈利预测精确度降低；胡威等（2011）、张宗新和朱伟骅（2007）等研究发现与准确度高的业绩预告盈利预测信息类似，精确度高的业绩预告盈利预测信息同样能够在降低企业内外信息不对称方面发挥积极作用，并产生显著的投资者市场反应；许静静（2020）研究发现，对于存在控股股东股权质押的企业，管理层更倾向于以精确度较低、内容较模糊的方式发布更加乐观的业绩预告，以降低股价暴跌风险。由此可见，从影响业绩预告精确度的客观原因以及管理层业绩预告信息披露的主观动机而言，业绩预告精确度与准确度之间存在内在联系，业绩预告精确度甚至可能成为反映业绩预告准确度的信号。那么，在企业实施国际化战略影响管理层业绩预告偏差的路径中业绩预告精确度如何发挥调解效应，是本书值得深入探讨的另一有趣问题。

为了检验在企业实施国际化战略的进程中，管理层业绩预告精确度对于管理层业绩预告准确度的潜在影响，本书在模型（5-2）中加入变量 MF_PRECISION、交乘项 International×MF_PRECISION 以及交乘项 International^2×MF_PRECISION，其中，变量 MF_PRECISION 是衡量管理层业绩预告精确度的哑变量。在度量 MF_PRECISION 时，不同于本书第四节稳健性检验中度量管理层业绩预告精确度的方法，本书首先定义一个反映管理层业绩预告披露形式的计数变量 MF_FORM。对于上限值估计或下限值估计形式的业绩预告，MF_FORM 取 1；对于闭区间形式的业绩预告，MF_FORM 取 2；对于点估计形式的业绩预告，MF_FORM 取 3。由此可见，MF_FORM 越大意味着管理层业绩预告披露得越具体，也即精确度越高。接下来，将 MF_PRECISION 定义为：当公司 i 第 t 年 MF_FORM 取值高于同一行业、同一年度样本公司 MF_FORM 中位数时 MF_PRECISION 取 1，否则取 0，显然 MF_PRECISION 取 1 即意味着相应样本公司当年管理层业绩预告精确度较高。

表 5-13 列（2）报告了 MF_PRECISION 影响 International 与 MF_Bias 之间相关关系的 OLS 回归结果，可以看出，交乘项 International×MF_PRECISION 的回归系数在 5% 水平上显著为负，表明当企业国际化经营程度低于拐点临界值时，精确度较高的业绩预告会在较大程度上强化 International 与 MF_Bias 之间的负相关关系，这也意味着在企业国际化经营的初期，管理层更倾向于通过精确度较高的业绩预告向市场传递积极信号，以降低公司内部管理者与外部利益相关者之间的信息不对称，提高外部利益相关者对国际化经营企业的信任程度；交乘项 $International^2$×MF_PRECISION 的回归系数则在 5% 水平上显著为正，表明当企业国际化经营程度超过某一拐点临界值后，精确度较高的业绩预告会在较大程度上强化 International 与 MF_Bias 之间的正相关关系，这也意味着随着企业国际化经营程度的增加，管理层面临的经营环境以及经营业绩的不确定性程度增加，此时，精确度较高的业绩预告会增加管理层披露的业绩预告出现较大盈利预测偏差的可能性，因此，当企业国际化经营水平较高时，管理层可能更倾向于通过精确度相对较低的业绩预告披露方式来降低业绩预告偏差，以规避潜在的管理层业绩预告信息披露违规风险。

本 章 小 结

随着业绩预告信息披露制度在中国资本市场的不断发展与完善，业绩预告作为上市公司定期财务报告的披露"前奏"与有益补充，在缓解资本市场信息不对称、提高公司信息透明度方面发挥了重要作用。而业绩预告信息披露质量则作为影响业绩预告有用性的关键因素，备受企业外部利益相关者关注，但鲜有文献将企业战略模式纳入业绩预告信息披露质量的研究框架中。鉴于此，本书以 2007—2018 年间中国 A 股上市公司为样本，以企业海外营业收入占总营业收入的比值衡量企业国际化战略以及国际化经营程度，并以管理层业绩预告偏差衡量业绩预告准确度以及业绩预告信息披露质量，深入探讨了企业实施国际化战略对管理层业绩预告准确度的影响。研究发现，企业实施国际化战略与管理层业绩预告偏差之间并非存在简单的线性相关关系，而是存在一种类似"U"形曲线的相关关系，表明随着企业国际化经营程度的增加，管理层业绩预告偏差会呈现出"先减后增"的变化趋势。这一结论在经过了一系列稳健性检验（更换变量计算方法、增加控制变量、排除替代性假说、变更回归模型、倾向得分匹配法等）后依然成立，进一步证明了上述"U"形曲线相关关系的客观存在性。使用中介效应模型进行机制检验后发现，企业实施国际化战略所引发的管理层风险承担水平、管理层业绩期望差距、供应商—客户关系以及企业代理成本的非线性变化，是上述"U"形曲线相关关系产生的重要原因。进一步分析发现，国内经济政策不确定性在影响企业国际化战略与管理层业绩预告偏差的相关关系中发挥了显著的调节效应，表现为当企业国际化经营程度不高时，国内不确定性较高的经济政策会在较大程度上削弱国际化战略在管理层业绩预告信息披露质量方面的治理效应；但当企业国际化经营水平达到一定程度后，国内经济政策的波动将不会对国际化经营企业的业绩预告披露质量产生显著影响。此外，本书还进一步分析发现，管理层业绩预告精确度同样在影响企业国际化战略与管理层业绩预告偏差的相关关系中发挥了显著的调节效应，表现为在企业国际化经营的初期，管理层更倾向于通过精确度较高的业绩预告向市场传递积极信号，以降低公司内部管理者与外部利益相关者之间的信息不对称，提高外部利益相关者对国际化经营企业的信任程度；但随着企业国际化经营程度的增加，管理层面临的经营环境以及经营业绩的不确定性程度增加，此时，精确度较高的业绩预告会增加管理层披露的业绩预告出现较大盈利预测偏差的可能性。

本书的研究结论具有较强的理论意义和现实意义。一方面，本书基于管理层业绩预告准确度的视角，更进一步探讨了企业实施国际化战略对于管理层业绩预告信息披露行为的治理效应，并首次发现了企业实施国际化战略与管理层业绩预告偏差（管理层业绩预告准确度）之间的"U 形"（倒"U 形"）相关关系及其作用机理，更加深入地揭示了在企业实施国际化战略的进程中，管理层业绩预告信息披露行为的变化规律；另一方面，本书的研究结论有助于资本市场利益相关者客观、理性使用国际化经营企业的管理层盈利预测结果。鉴于企业实施国际化战略与管理层业绩预告准确度之间存在非线性关系,本书建议证券监管部门加强对国际化经营企业(尤其是国际化经营程度较高企业)管理层业绩预告准确度的关注,比如将管理层业绩预告准确度作为评价上市公司信息披露质量的考核指标、进一步强化管理层在业绩预告信息披露行为中的主体责任等,以将企业国际化经营行为对于管理层业绩预告信息披露质量的潜在不利影响降至最低。

研究结论、研究局限性与政策启示

一、研究结论

随着中国改革开放的持续推进以及"一带一路"倡议的深入贯彻实施，走出中国市场参与国际化经营逐渐成为新时期中国企业重要的发展战略。在党的十九大工作报告中，"拓展对外贸易""推进贸易强国建设""扩大对外开放"等发展方针继续成为我国未来较长一段时期重要的发展理念，意味着国际化战略将成为企业战略架构中的重要组成部分。近年来，与企业国际化战略影响动因及经济后果相关的研究逐渐成为经济学和管理学宏微观领域的热门话题，但既有文献缺乏对企业国际化战略信息治理效应的深入探讨。事实上，既有文献指出，企业战略模式是影响管理层信息披露行为以及信息披露质量的不可忽视因素(Dichev 等，2013；张艺琼等，2019)，在不同的企业战略模式下，管理层的信息披露动机与信息披露行为将会产生显著差异，但更进一步，企业实施国际化战略如何影响管理层的信息披露动机与行为，既有文献并未给出解答。鉴于此，本书以 2007—2018 年间中国 A 股上市公司为样本，以中国资本市场特有的"半强制性业绩预告信息披露制度"作为研究对象，深入探讨企业实施国际化战略对管理层业绩预告信息披露行为的影响，揭示企业国际化经营行为在管理层前瞻性盈余信息披露行为方面的治理效应。

具体来说，考虑到中国特有的"半强制性业绩预告信息披露制度"并不强制要求所有上市公司均须提前披露业绩预告，而是在是否披露以及如何披露业绩预告方面赋予了管理层较多自由裁量权，管理层通常会在权衡自身利益的基础上策略性地做出业绩预告信息披露决策，致使管理层业绩预告是一种充分体现管理层与大股东机会主义动机的信息披露行为，因此，本书首先探讨企业实施国际化战略如何影响管理层对于自愿性业绩预告的披露意愿；考虑到管理层对已披露的业绩预告内容进行二次修正逐渐成为中国资本市场中不可忽视的新问题，而既有文献缺乏对管理层业绩预告修正行为的深入探讨，因此，本书接下来探讨了企业实施国际化战略对于管理层业绩预告修正行为的影响；考虑到管理层业绩预告披露意愿、管理层业绩预告修正行为并不能充分反映业绩预告的信息含量，而业绩预告准确度是体现业绩预告会计信息有用性的关键因素，因此，本书最后探讨了企业实施国际化战略对于管理层业绩预告准确度(管理层业绩预告偏差)的影响。本书的主要研究结论如下。

第一，企业实施国际化战略对管理层自愿性业绩预告披露行为的影响。研究发现，企业实施国际化战略有助于提升管理层自愿性业绩预告披露意愿、自愿性业绩预告披露频次以及自愿性业绩预告中坏消息的披露频次。这一结论在经过了一系列稳健性检验(更换变量、更换模型等)和内生性检验(倾向得分匹配法、两阶段工具变量法)后依然成立，表明企业实施国际化战略在促进管理层自愿性会计信息披露行为方面具有积极意义。使用中介效应模型进行机制检验发现，企业实施国际化战略加剧了企业经营风险、增加了企业内外信息不对称程度、提高了企业在海外市场面临的法律诉讼风险以及提升了企业外部融资需求，致使管理层将增加自愿性盈利预测信息披露作为缓解上述风险与不确定性的措施。与此同时，本书进一步分析发现：(1)中国企业国际化经营行为本身也存在较高不确定性，而管理层会将增加自愿性业绩预告以及自愿性负面业绩预告信息披露作为应对国际化战略所引发的经营环境不确定性的有效措施。(2)就管理层对于负面业绩预告信息的延时披露与择时披露行为而言，管理层通常并不会延迟披露负面业绩预告信息，相反，还会尽可能提前披露负面业绩预告信息。然而，管理层趋利避害的本质并未发生改变。管理层会充分利用择时披露，降低负面业绩信息披露后对公司股票价值的不利影响。(3)进一步检验后发现，国际化经营企业增加自愿性业绩预告信息披露有助于企业私有信息及时融入股票价格中，促使企业股价信息含量的提升。(4)实施国际化战略在短期内会对企业市场价值产生不利影响，但对于实施国际化战略的企业而言，管理层增加自愿性业绩预告以及自愿性负面业绩预告信息披露有助于提高企业市场价值。

第二，企业实施国际化战略对管理层业绩预告修正行为的影响。研究发现，企业实施国际化战略会增加管理层对已披露业绩预告内容的修正行为。企业国际化程度越高，管理层对外披露业绩预告修正公告的可能性也越高，披露业绩预告修正公告的次数也越多。该结论在经过了一系列稳健性检验(更换变量、倾向得分匹配法、Heckman 两阶段法)后依然成立，表明企业实施国际化战略确实在一定程度上增加了管理层的业绩预告修正行为。机制检验中发现，企业实施国际化战略提高了企业产品市场竞争强度，加剧了企业股票价格的异质性波动，增强了企业内部管理者与外部利益相关者之间的信息不对称程度，不仅在客观上提高了管理层准确预测未来盈余的难度，也在主观上促使管理层在预计已披露的业绩预告内容与本期实际业绩差异较大时将及时发布业绩预告修正公告作为调整投资者预期、提高企业信息透明度的最优信息披露策略。此外，本书还排除了管理层基于盈余操纵动机、股价操纵动机以及掩饰自利行为的目的而对已披露的业绩预告内容进行修正的替代性假说。在此基础上，本书进一步分析，对于实施国际化战略的企业而言，管理层的业绩预告修正行为是否能够增加企业前瞻性盈余信息的信息含量。本书发现，随着企业国际化经营程度的增加，管理层越有动机对前期已披露的业绩预告中的不真实或不准确信息进行修正，这种业绩预告修正行为能向分析师这一资本市场信息中介传递更多增量信息，进而促进分析师盈利预测准确度的提升；与此同时本书还发现，针对实施国际化战略的企业，审计师确实因为管理层的业绩预告修正行为而投入了更多审计工作时长，但审计师并没有因此发表更多非标准无保留审计意见，意味着国际化经营企业的管理层业绩预告修正行为并没有导致企业重大错报风险发生的可能性增加。

第三，企业实施国际化战略对管理层业绩预告准确度的影响。研究发现，企业实施国际化战略与管理层业绩预告偏差之间并非存在简单的线性相关关系，而是存在一种类似"U"形曲线的相关关系，表明随着企业国际化经营程度的增加，管理层业绩预告偏差会呈现出"先减后增"的变化趋势。该在经过了一系列稳健性检验（更换变量计算方法、增加控制变量、排除替代性假说、变更回归模型、倾向得分匹配法等）后依然成立，进一步证明了上述"U"形曲线相关关系的客观存在性。使用中介效应模型进行机制检验后发现，企业实施国际化战略所引发的管理层风险承担水平、管理层业绩期望差距、供应商—客户关系以及企业代理成本的非线性变化，是上述"U"形曲线相关关系产生的重要原因。进一步分析发现，国内经济政策不确定性在影响企业国际化战略与管理层业绩预告偏差的相关关系中发挥了显著的调节效应，表现为当企业国际化经营程度不高时，国内不确定性较高的经济政策会在较大程度上削弱国际化战略在管理层业绩预告信息披露质量方面的治理效应；但当企业国际化经营水平达到一定程度后，国内经济政策的波动将不会对国际化经营企业的业绩预告披露质量产生显著影响。此外，本书还进一步分析发现，管理层业绩预告精确度同样在影响企业国际化战略与管理层业绩预告偏差的相关关系中发挥了显著的调节效应，表现为在企业国际化经营的初期，管理层更倾向于通过精确度较高的业绩预告会计信息向市场传递积极信号，以降低公司内部管理者与外部利益相关者之间的信息不对称，提高外部利益相关者对国际化经营企业的信任程度，但随着企业国际化经营程度的增加，管理层面临的经营环境以及经营业绩的不确定性程度增加，此时，精确度较高的业绩预告会增加管理层披露的业绩预告出现较大盈利预测偏差的可能性。

二、研究局限性

尽管已有少量文献探讨了企业战略模式（战略定位以及战略偏离度）对企业信息披露质量、管理层业绩预告信息披露行为的影响，但尚未有文献进一步探讨企业国际化战略与管理层业绩预告信息披露行为之间的相关关系。综合评价，本书可能存在如下研究局限性。

第一，本书基于信息不对称理论、信号传递理论以及委托代理理论分析了企业实施国际化战略影响管理层自愿性业绩预告披露意愿、管理层业绩预告修正行为以及管理层业绩预告准确度的若干路径与机制，但毋庸置疑，本书的机制研究可能并没有囊括全部，企业国际化战略与管理层业绩预告信息披露行为之间是否还有其他影响机制，有待更进一步深层次的研究。

第二，本书主要使用"企业海外营业收入占总营业收入的比值"衡量企业国际化战略，尽管这种做法与主流文献相符，但由于大量上市公司并未在财务报告附注中详细披露企业海外营业收入的来源国家（地区），致使本书未能有效区分当企业贸易对象国不同时，管理层业绩预告披露行为是否存在异质性变化。

三、政策启示

本书通过理论分析与实证检验，探讨了企业实施国际化战略对管理层自愿性业绩预告披露意愿与披露行为、管理层业绩预告修正行为以及管理层业绩预告准确度的影响。总体而言，本书认为企业国际化战略在管理层业绩预告信息披露行为方面具有显著治理效应。本书一方面厘清了企业国际化战略影响管理层业绩预告信息披露行为的作用机理，另一方面为评价企业实施国际化战略的资本市场溢出效应提供了微观层面的经验证据。基于研究结论，本书得出了如下可能的政策启示。

(一)政府部门应当积极引导企业参与国际化经营

通过第二章描述性统计结果本书发现，尽管 2007—2018 年间中国 A 股上市公司海外营业收入占企业总营业收入的平均比值从 8.09% 上升至 13.98%，中国 A 股上市公司海外子公司数量占企业总子公司数量的平均比值从 3.22% 上升至 11.14%，但不可否认的是，中国 A 股上市公司的国际化经营程度仍然较低。近年来，党中央、国务院推出了包括"一带一路"倡议、自由贸易区建设等在内的一系列对外开放举措，因此，政府部门应当坚持"引进来"与"走出去"相并重的对外开放理念，通过大力推行出口退税、政府补助等经济政策积极引导企业(尤其是注册地或主要经营地位于非沿海地区的企业)参与国际化经营，促使企业在参与国际市场竞争的同时提高自身治理能力。不过，国际化经营犹如一把"双刃剑"，在给企业带来发展机遇的同时，也增加了企业经营环境的复杂性与经营业绩的不确定性，加剧了企业在海外市场的经营失败风险。为此，政府主管部门应当加强国际化经营企业的教育、培训以及服务保障工作，切实提高中国企业参与海外市场竞争的能力。

(二)证券监管部门应当重视企业国际化经营引发的股票市场风险

本书观察到，2007—2018 年间中国 A 股上市公司对外披露的 55252 份具有详细"业绩变动原因"说明的业绩预告中，"业绩变动原因"说明段中将企业经营业绩发生重大变动的原因直接归咎于企业国际化经营以及海外市场不确定性的业绩预告达 4815 份，占比达 8.71%，表明实施国际化战略、参与国际市场竞争正在成为上市公司经营业绩发生重大变动的重要原因，也意味着国际化经营所引发的不确定性正在成为上市公司通过业绩预告信息披露进行业绩预警以及风险提示的客观原因。为此，证券监管部门应当高度重视企业国际化经营引发的股票市场风险。建议证券监管部门可以要求上市公司在定期财务报告"管理层讨论与分析"中设置专栏，以更加规范的方式增加与企业参与国际化经营相关的文本信息披露，进而有助于资本市场利益相关者更加合理评估公司资源配置情况、潜在风险、市场价值以及未来前景，降低国际化经营企业披露业绩预告后引发的股票市场异质性波动。

(三)证券监管部门应当进一步引导上市公司的自愿性业绩预告披露行为

本书观察到,2007—2018 年间仅 42.9%的公司管理层自愿披露了业绩预告,表明中国 A 股上市公司自愿性业绩预告披露意愿不强。然而,本书研究发现,企业实施国际化战略有助于提升管理层自愿性业绩预告披露意愿、自愿性业绩预告披露频次以及自愿性业绩预告中坏消息的披露频次,表明面临企业国际化经营所引发的经营环境与经营业绩不确定性时,管理者通常并不是消极接受风险,而是选择通过积极有效的会计信息披露行为应对国际化经营所引发的不确定性。这也意味着证券监管部门应当更加注重企业战略与管理层自愿性信息披露行为的匹配性,积极引导战略模式发生变动的上市公司增加自愿性盈利预测信息披露。例如,可以通过在定期财务报告"管理层讨论与分析"中或在业绩预告中设置"企业战略信息"专栏,鼓励实施国际化战略的上市公司或战略模式发生变动的上市公司关注企业未来经营业绩发生重大变动的风险,并详细分析战略模式变化对企业未来经营业绩的潜在影响,以有效缓解企业内部管理者与外部利益相关者之间的信息不对称程度。

(四)证券监管部门进一步规范上市公司的业绩预告修正行为

自 2005 年 12 月 29 日沪深两市证券交易所建立上市公司业绩预告修正制度以来,业绩预告修正公告一直属于我国上市公司业绩预告信息披露体系中的法定组成部分。证券监管部门拟定业绩预告修正制度的初衷在于促使上市公司对已披露业绩预告中不真实、不准确的盈利预测信息进行及时修正,以避免投资者因错误使用业绩预告信息而遭受经济损失。然而,近年来,部分上市公司将业绩预告修正行为作为配合管理层业绩操纵、盈余管理等策略性信息披露行为的手段,致使"变脸型"业绩预告修正行为以及两次及以上频繁的业绩预告修正行为在中国资本市场中频繁出现,对投资者的经济决策造成了非常不利的干扰,也导致上市公司业绩预告修正行为越来越被资本市场贴上"风险事项"的标签。

本书发现,企业实施国际化战略增加了管理层对已披露的业绩预告内容进行后续修正的行为。尽管本书已证实实施国际化战略的企业并非基于盈余操纵动机、股价操纵动机以及掩饰自利行为的目的而对已披露的业绩预告内容进行修正,但不可否认,业绩预告修正行为会在客观上降低信息使用者对上市公司的信任程度。为此，本书建议证券监管部门进一步规范上市公司的业绩预告修正行为，建立更加严格的业绩预告修正程序、业绩预告修正预警机制以及业绩预告违规处罚制度，加强对跨国经营企业业绩预告修正行为的监督、评价与审计，减少管理层通过业绩预告修正行为进行套利的空间，以有助于资本市场信息使用者合理甄别上市公司策略性业绩预告修正行为与合理的业绩预告修正行为。

（五）证券监管部门应当进一步关注上市公司的业绩预告披露质量

本书发现，尽管企业实施国际化战略有助于提高管理层对于自愿性业绩预告的披露意愿，但管理层自愿性业绩预告披露行为的增加并不一定会导致管理层业绩预告准确度的同步增加，相反，当企业国际化经营水平超过一定阈值时，企业实施国际化战略与管理层业绩预告偏差之间呈现显著的正相关关系。由此可见，管理层业绩预告准确度也是资本市场中不可忽视的问题，证券监管部门应当进一步关注国际化经营企业以及其他类型上市公司的业绩预告披露质量问题。

尽管近年来，证券监管部门以监管函或警示函等形式对业绩预告内容不准确、业绩预告修正不及时的上市公司进行了处罚，但处罚形式多以通报批评为主，总体处罚力度较低，威慑作用不够明显，处罚行为甚至不能显著发挥降低后续业绩预告违规概率的功能（宋云玲等，2011）。究其原因，本书认为存在如下可能：第一，现阶段，我国资本市场尚未出台专门针对业绩预告信息披露的规章制度，对上市公司业绩预告披露行为的要求分散于证监会、沪深两市证券交易所的上市规则、备忘录、工作指引等文件中，而且各类文件对于上市公司业绩预告披露质量的要求不尽相同，甚至个别文件之间还存在冲突，致使文件的严谨度和权威度不够，在实际执行中为上市公司"打擦边球"创造了机会。第二，现阶段，我国资本市场对于上市公司业绩预告披露行为的监督主要体现在业绩预告信息披露的形式合规性方面（如：是否及时披露业绩预告，是否及时对不真实或不准确的业绩预告内容进行修正等），对于上市公司业绩预告披露质量的关注度较低，缺乏明确的上市公司业绩预告失真的认定标准与处罚机制，致使上市公司对业绩预告进行策略性披露的收益远大于成本。鉴于此，本书建议证券监管部门一方面应当建立健全与上市公司业绩预告信息披露相关的规章制度，提高业绩预告在资本市场信息披露体系中的法定地位；另一方面，由证监会或证监会下设的专业委员会牵头，加强对上市公司业绩预告信息披露质量的考核，比如：可以考虑将上市公司业绩预告信息披露质量作为评价上市公司会计信息披露质量的考核指标、进一步强化管理层在业绩预告信息披露行为中的主体责任等，以将企业国际化经营行为等因素对于管理层业绩预告信息披露质量的潜在不利影响降至最低。

参 考 文 献

[1]操巍，谭怡．宏观经济不确定性下的自愿盈利预测行为研究[J]．宏观经济研究，2018(10)：5-18.

[2]曾萍，邓腾智．企业国际化程度与技术创新的关系：一种学习的观点[J]．国际贸易问题，2012(10)：59-67，85.

[3]曾琦，傅绍正，胡国强．会计诚信影响审计定价吗？——基于管理层业绩预告准确性视角[J]．审计研究，2018(06)：105-112.

[4]车俊超，冯丽丽．"娓娓道来"抑或"语惊四座"：股权再融资需求与自愿性业绩预告[J]．会计论坛，2018，17(02)：87-99.

[5]崔静波，张学立，庄子银，程郁．企业出口与创新驱动——来自中关村企业自主创新数据的证据[J]．管理世界，2021，37(01)：76-87，6.

[6]陈立敏，王小瑕．国际化战略是否有助于企业提高绩效——基于 Meta 回归技术的多重误设定偏倚分析[J]．中国工业经济，2014(11)：102-115.

[7]陈其安，张慧．系统风险冲击、企业创新能力与股票价格波动性：理论与实证[J]．中国管理科学，2021，29(03)：1-13.

[8]陈胜蓝，刘晓玲．经济政策不确定性与公司商业信用供给[J]．金融研究，2018(05)：172-190.

[9]董静，汪立，吴友．风险投资介入与创业企业国际化——基于我国高科技上市公司的实证研究[J]．财经研究，2017，43(04)：120-132.

[10]范建亭，刘勇．国际化程度与绩效关系的中外企业差异——来自 500 强企业的经验证据[J]．管理科学学报，2018，21(06)：110-126.

[11]方红星，张勇．供应商/客户关系型交易、盈余管理与审计师决策[J]．会计研究，2016(01)：79-86，96.

[12]方军雄．我国上市公司信息披露透明度与证券分析师预测[J]．金融研究，2007(06)：136-148.

[13] 付鑫，张云．中国对外贸易的区域差异及环境效应分析——基于贸易规模与贸易质量的面板回归[J]．地域研究与开发，2019，38（04）：15-20.

[14] 高敬忠，周晓苏．管理层持股能减轻自愿性披露中的代理冲突吗？——以我国A股上市公司业绩预告数据为例[J]．财经研究，2013，39（11）：123-133.

[15] 耿云江，王明晓．超额在职消费、货币薪酬业绩敏感性与媒体监督——基于中国上市公司的经验证据[J]．会计研究，2016（09）：55-61.

[16] 胡威．管理层盈利预测精确度影响因素及其经济后果研究——来自中国A股市场的经验证据[J]．财经问题研究，2011（11）：67-74.

[17] 胡志颖，卜云霞，刘应文．业绩预告修正信息质量的实证研究——基于上市公司2007—2009年业绩预告修正的分析[J]．中南财经政法大学学报，2011（04）：135-140，144.

[18] 黄超．卖空机制与负面信息披露质量——来自业绩预告制度的经验证据[J]．金融理论与实践，2019（09）：95-104.

[19] 纪新伟，宋云玲．"扭亏"公司业绩预告的"变脸"研究[J]．投资研究，2011，30（09）：103-115.

[20] 姜国华，岳衡．大股东占用上市公司资金与上市公司股票回报率关系的研究[J]．管理世界，2005（09）：119-126，157，171-172.

[21] 金灿荣，董春岭．"走出去"战略十年回顾：成就与挑战[J]．现代国际关系，2011（08）：2-4.

[22] 金祥义，戴金平．有效信息披露与企业出口表现[J]．世界经济，2019，42（05）：99-122.

[23] 况学文，张晓梦，张秀君．公司战略、融资需求与会计信息自愿披露[J]．江西社会科学，2019，39（08）：208-216.

[24] 李从刚，许荣．董事高管责任保险、诉讼风险与自愿性信息披露——来自A股上市公司的经验证据[J]．山西财经大学学报，2019，41（11）：112-126.

[25] 李捷瑜，李杰，王兴棠．出口网络能促进对外直接投资吗——基于中国的理论与经验分析[J]．国际贸易问题，2020（05）：102-116.

[26] 李思静，刘园，李捷嵩．投资者关注与盈余业绩预告择时披露[J]．济南大学学报（社会科学版），2020，30（01）：124-136，159-160.

[27]李晓溪，饶品贵，岳衡．年报问询函与管理层业绩预告[J]．管理世界，2019，35(08)：173-188，192.

[28]李馨子，肖土盛．管理层业绩预告有助于分析师盈余预测修正吗[J]．南开管理评论，2015，18(02)：30-38.

[29]李雪玉．中国制造业FDI与企业出口——基于融资约束视角的分析[J]．商业研究，2016(04)：17-24.

[30]李志生，李好，马伟力，林秉旋．融资融券交易的信息治理效应[J]．经济研究，2017，52(11)：150-164.

[31]廖义刚，邓贤琨．业绩预告偏离度、内部控制质量与审计收费[J]．审计研究，2017(04)：56-64.

[32]林素燕，程惠芳．企业国际化程度对公司治理结构的影响研究——基于不同所有权性质与行业的分析[J]．国际贸易问题，2017(12)：128-139.

[33]林钟高，常青．内部控制、高管持股与业绩预告变更[J]．安徽大学学报（哲学社会科学版），2019，43(04)：122-136.

[34]刘传志，杨根宁，余兴发．海外背景董事对企业国际化程度的影响研究——来自中国上市公司的证据[J]．国际商务（对外经济贸易大学学报），2017(01)：140-150.

[35]刘名旭，李来儿．战略差异、财务柔性与经营业绩波动[J]．山西财经大学学报，2019，41(12)：80-92.

[36]龙立，龚光明．业绩快报自愿披露行为存在信号传递效应吗？——基于投资者情绪调节效应的经验证据[J]．华东经济管理，2017，31(09)：144-151.

[37]鲁桂华，张静，刘保良．中国上市公司自愿性积极业绩预告：利公还是利私——基于大股东减持的经验证据[J]．南开管理评论，2017，20(02)：133-143.

[38]罗勇，张悦．融资约束对企业国际化的影响——基于扩展的新新贸易理论模型分析[J]．国际商务（对外经济贸易大学学报），2017(01)：99-109.

[39]吕大国，耿强．出口贸易与中国全要素生产率增长——基于二元外贸结构的视角[J]．世界经济研究，2015(04)：72-79，128.

[40]吕越，盛斌．融资约束是制造业企业出口和OFDI的原因吗？——来自中国微观层面的经验证据[J]．世界经济研究，2015(09)：13-21，36，127.

[41]毛其淋．贸易政策不确定性是否影响了中国企业进口？[J]．经济研究，
   2020，55(02)：148-164.

[42]毛新述，孟杰．内部控制与诉讼风险[J]．管理世界，2013(11)：155-165.

[43]慕绣如，李荣林．融资异质性与企业国际化选择——来自微观企业的证
   据[J]．当代财经，2016(01)：63-72.

[44]聂名华．中国企业对外直接投资风险分析[J]．经济管理，2009，31
   (08)：52-56.

[45]潘越，潘健平，戴亦一．公司诉讼风险、司法地方保护主义与企业创新
   [J]．经济研究，2015，50(03)：131-145.

[46]彭涛，黄福广，李娅，吴馨睿．外资风险投资、海外上市与企业国际化
   [J]．外国经济与管理，2020，42(04)：123-138.

[47]綦建红，尹达，刘慧．经济政策不确定性如何影响企业出口决策？——
   基于出口频率的视角[J]．金融研究，2020(05)：95-113.

[48]钱爱民，张晨宇．股权质押与信息披露策略[J]．会计研究，2018(12)：
   34-40.

[49]申慧慧，于鹏，吴联生．国有股权、环境不确定性与投资效率[J]．经济
   研究，2012，47(07)：113-126.

[50]石丽静，洪俊杰．知识产权保护如何影响企业国际化——来自中国上市
   公司的经验证据[J]．国际贸易问题，2019(11)：146-158.

[51]宋铁波，钟熙，陈伟宏．期望差距与企业国际化速度：来自中国制造业
   的证据[J]．中国工业经济，2017(06)：175-192.

[52]宋云玲，翟小芳，黄晓蓓．高铁开通与业绩预告准确性[J]．国际商务
   (对外经济贸易大学学报)，2019(04)：143-156.

[53]孙健，王百强，曹丰，刘向强．公司战略影响盈余管理吗？[J]．管理世
   界，2016(03)：160-169.

[54]谭松涛，崔小勇，孙艳梅．媒体报道、机构交易与股价的波动性[J]．金
   融研究，2014(03)：180-193.

[55]谭伟强，彭维刚，孙黎．规模竞争还是范围竞争？——来自中国企业国
   际化战略的证据[J]．管理世界，2008(02)：126-135.

[56]田曦，王晓敏．企业国际化速度与企业绩效——高管过度自信与海外背
   景的影响[J]．国际商务(对外经济贸易大学学报)，2019(03)：142-156.

［57］万鹏，陈翔宇．代理成本、独立董事独立性与业绩快报自愿披露［J］．财贸研究，2016，27（04）：137-146.

［58］王曾，符国群，黄丹阳，汪剑锋．国有企业 CEO"政治晋升"与"在职消费"关系研究［J］．管理世界，2014（05）：157-171.

［59］王东清，李静．市场化程度、超额在职消费与盈余管理［J］．中南大学学报（社会科学版），2017，23（04）：119-126.

［60］王海林，王晓旭．企业国际化、信息透明度与内部控制质量——基于制造业上市公司的数据［J］．审计研究，2018（01）：78-85.

［61］王化成，高鹏，张修平．企业战略影响超额在职消费吗？［J］．会计研究，2019（03）：40-46.

［62］王化成，侯粲然，刘欢．战略定位差异、业绩期望差距与企业违约风险［J］．南开管理评论，2019，22（04）：4-19.

［63］王化成，李昕宇，孟庆斌．公司战略、诉讼风险与市场反应［J］．中国会计评论，2018，16（03）：311-350.

［64］王化成，张修平，侯粲然，李昕宇．企业战略差异与权益资本成本——基于经营风险和信息不对称的中介效应研究［J］．中国软科学，2017（09）：99-113.

［65］王新，李彦霖，毛洪涛．企业国际化经营、股价信息含量与股权激励有效性［J］．会计研究，2014（11）：46-53，97.

［66］王玉涛，段梦然．企业战略影响管理层业绩预告行为吗？［J］．管理评论，2019，31（02）：200-213.

［67］王玉涛，宋云玲．管理层业绩预告乐观偏差、分析师预测修正与市场反应［J］．中国会计评论，2018，16（01）：53-72.

［68］王玉涛，王彦超．业绩预告信息对分析师预测行为有影响吗［J］．金融研究，2012（06）：193-206.

［69］魏哲，罗婷，张海燕．管理层归因行为研究——基于业绩预告修正的分析［J］．中国会计评论，2016，14（04）：465-482.

［70］魏哲．管理层业绩预告更正、软信息与其资本市场影响［D］．清华大学，2017.

［71］温忠麟，张雷，侯杰泰，刘红云．中介效应检验程序及其应用［J］．心理学报，2004（05）：614-620.

[72]吴成颂，唐伟正，钱春丽．制度背景、在职消费与企业绩效——来自证券市场的经验证据[J]．财经理论与实践，2015，36（05）：62-69．

[73]吴航，陈劲，梁靓．企业国际化程度影响创新绩效的机制研究——4 家中国制造企业的案例研究[J]．科学学与科学技术管理，2014，35（03）：69-76．

[74]吴昊旻，杨兴全，魏卉．产品市场竞争与公司股票特质性风险——基于我国上市公司的经验证据[J]．经济研究，2012，47（06）：101-115．

[75]吴艳文，赵婷，徐维兰．政治不确定性与上市公司业绩预告[J]．统计与信息论坛，2019，34（05）：51-59．

[76]谢建国，丁蕾．出口贸易与企业研发能力——来自中国工业企业微观数据的证据[J]．产业经济评论，2018（03）：110-124．

[77]谢珺，陈航行．产品市场势力、行业集中度与分析师预测活动——来自中国上市公司的经验证据[J]．经济评论，2016（05）：38-51，67．

[78]新夫，梁上坤，戴捷敏，杜晓荣．出口影响分析师预测偏差吗？[J]．会计研究，2017（06）：31-37，96．

[79]徐高彦，曹俊颖，徐汇丰，沈菊琴．上市公司盈余预告择时披露策略及市场反应研究——基于股票市场波动的视角[J]．会计研究，2017（02）：35-41，96．

[80]徐丽鹤，李青，周璐．中国出口企业更容易获得融资吗[J]．国际经贸探索，2019，35（11）：82-96．

[81]许家云，毛其淋，佟家栋．出口如何影响了企业的风险承担能力？[J]．产业经济研究，2015（02）：1-14．

[82]许年行，于上尧，伊志宏．机构投资者羊群行为与股价崩盘风险[J]．管理世界，2013（07）：31-43．

[83]薛求知，李茜．机构投资者对企业国际化的影响研究——来自 2004—2007 年制造业上市公司的证据[J]．国际商务研究，2010，31（01）：17-26，32．

[84]杨德明，林斌．业绩预告的市场反应研究[J]．经济管理，2006（16）：26-31．

[85]杨青，吉赟，王亚男．高铁能提升分析师盈余预测的准确度吗？——来自上市公司的证据[J]．金融研究，2019（03）：168-188．

[86]杨忠，张骁. 企业国际化程度与绩效关系研究[J]. 经济研究，2009，44（02）：32-42，67.

[87]于伟，周建，刘小元. 企业战略与公司治理互动视角下的 MNE 公司治理问题研究——兼论国际化背景下我国 MNE 的公司治理[J]. 外国经济与管理，2008(07)：1-11.

[88]余明桂，李文贵，潘红波. 民营化、产权保护与企业风险承担[J]. 经济研究，2013，48(09)：112-124.

[89]余耀东，周建，张和子. 机构投资者持股对企业国际化绩效的影响——基于董事会和资本市场的调节效应视角[J]. 经济与管理研究，2013（11）：14-24.

[90]袁蓉丽，李瑞敬，夏圣洁. 战略差异度与企业避税[J]. 会计研究，2019（04）：74-80.

[91]袁振超，，岳衡，谈文峰. 代理成本、所有权性质与业绩预告精确度[J]. 南开管理评论，2014，17(03)：49-61.

[92]翟胜宝，许浩然，刘耀淞，唐玮. 控股股东股权质押与审计师风险应对[J]. 管理世界，2017(10)：51-65.

[93]张敦力，张弛，江新峰. 管理者能力与企业业绩预告[J]. 财务研究，2015(05)：56-65.

[94]张然，张鹏. 中国上市公司自愿业绩预告动机研究[J]. 中国会计评论，2011，9(01)：3-20.

[95]张娆，薛翰玉，赵健宏. 管理层自利、外部监督与盈利预测偏差[J]. 会计研究，2017(01)：32-38，95.

[96]张先治，刘坤鹏，李庆华. 战略偏离度、内部控制质量与财务报告可比性[J]. 审计与经济研究，2018，33(06)：35-47.

[97]张小宇，刘永富，周锦岚. 70 年中国对外贸易与经济增长的动态关系研究[J]. 世界经济研究，2019(10)：3-14，66，134.

[98]张馨艺，张海燕，夏冬林. 高管持股、择时披露与市场反应[J]. 会计研究，2012(06)：54-60，93.

[99]张一弛，欧怡. 企业国际化的市场进入模式研究述评[J]. 经济科学，2001(04)：11-19.

[100]张艺琼，冯均科，姜丽莎. 管理层业绩预告披露、媒介反应与审计意见

[J]. 当代财经, 2018(12): 112-122.

[101]张艺琼, 冯均科, 彭珍珍. 公司战略变革、内部控制质量与管理层业绩预告[J]. 审计与经济研究, 2019, 34(06): 68-77.

[102]张宗新, 朱伟骅. 我国上市公司信息披露质量的实证研究[J]. 南开经济研究, 2007(01): 45-59, 116.

[103]赵秀云, 单文涛. 市场化进程、客户集中度与管理层业绩预告披露意愿[J]. 河北经贸大学学报, 2018, 39(03): 89-98.

[104]郑小碧. 跨国创业导向、技术创新能力与天生全球化企业国际化绩效[J]. 科研管理, 2019, 40(10): 230-239.

[105]钟熙, 宋铁波, 陈伟宏. CEO 任期差距、管理自主权与企业国际化战略——基于社会比较视角的分析[J]. 预测, 2019, 38(01): 75-82, 90.

[106]周建, 张双鹏. 国际化程度与民营企业公司治理结构[J]. 经济与管理研究, 2016, 37(01): 96-105.

[107]周楷唐, 姜舒舒, 麻志明. 政治不确定性与管理层自愿业绩预测[J]. 会计研究, 2017(10): 65-70, 97.

[108]周茂, 陆毅, 符大海. 贸易自由化与中国产业升级: 事实与机制[J]. 世界经济, 2016, 39(10): 78-102.

[109]周泽将, 刘中燕, 伞子瑶. 海归背景董事能否促进企业国际化? [J]. 经济管理, 2017, 39(07): 104-119.

[110]朱金生, 李蝶. 技术创新是实现环境保护与就业增长"双重红利"的有效途径吗?——基于中国 34 个工业细分行业中介效应模型的实证检验[J]. 中国软科学, 2019(08): 1-13.

[111]Abdoh H, Varela O. Product Market Competition, Idiosyncratic and Systematic Volatility [J]. *Journal of Corporate Finance*, 2017, 43(1): 500-513.

[112]Aboody D, Lev B. Information Asymmetry, R&D, and Insider Gains [J]. *The Journal of Finance*, 2000, 55(6): 2747-2766.

[113]Aditya A, Acharyya R. Export Diversification, Composition, and Economic Growth: Evidence from Cross-Country Analysis [J]. *Journal of International Trade & Economic Development*, 2013, 22(7): 959-992.

[114]Aharony J, Liu C, Yawson A. Corporate Litigation and Executive Turnover [J]. *Journal of Corporate Finance*, 2015, 34(1): 268-292.

[115] Ahmed R B. The Degree of Internationalization and the Value of the Firm: Theory and Evidence [J]. *Journal of International Accounting, Auditing and Taxation*, 1999, 8(1): 189-196.

[116] Alexander M, Georgios B. Internationalization Speed and Firm Performance: A Study of the Market-Seeking Expansion of Retail MNEs [J]. *Management International Review*, 2017, 57(2): 153-177.

[117] Amihud Y. Illiquidity and Stock Returns: Cross-section and Time-series Effects [J]. *Journal of Financial Markets*, 2002, 5(1): 31-56.

[118] Ang J S, Cole R A, Lin J W. Agent Costs and Ownership Structure [J]. *The Journal of Finance*, 2000, 55(1): 81-106.

[119] Attig N, Boubakri N, Ghoul S E, et al. Firm Internationalization and Corporate Social Responsibility [J]. *Journal of Business Ethics*, 2016, 134 (2): 171-197.

[120] Aw B Y, Roberts M J, Xu D Y. R&D Investments, Exporting, and the Evolution of Firm Productivity [J]. *American Economic Review*, 2008, 98 (2): 451-456.

[121] Baber W R, Chen S P, Kang S H. Stock Price Reaction to Evidence of Earnings Management: Implications for Supplementary Financial Disclosure [J]. *Review of Accounting Studies*, 2006, 11(1): 5-19.

[122] Baginski S P, Campbell J L, Hinson L A. Do Career Concerns Affect the Delay of Bad News Disclosure? [J]. *The Accounting Review*, 2018, 93(2): 61-95.

[123] Baginski S P, Rakow K C. Management Earnings Forecast Disclosure Policy and the Cost of Equity Capital [J]. *Review of Accounting Studies*, 2012, 17 (2): 279-321.

[124] Bai J, Philippon T, Savov A. Have Financial Markets Become More Informative? [J]. *Journal of Financial Economics*, 2016, 122(3): 625-654.

[125] Banerjee S, Dasgupta S, Kim Y. Buyer-Supplier Relationships and the Stakeholder Theory of Capital Structure [J]. *Journal of Finance*, 2008, 63 (05): 2507-2552.

[126] Barney J. Firm Resources and Sustained Competitive Advantage[J]. *Journal*

of *Management*, 1991, 17(1): 99-120.

[127]Bentley K A, Omer T C, Sharp N Y. Business Strategy, Financial Reporting Irregularities, and Audit Effort [J]. *Contemporary Accounting Research*, 2013, 30(2): 780-817.

[128]Bentley-Goode K A, Omer T C, Twedt B J. Does Business Strategy Impact a Firm's Information Environment? [J]. *Journal of Accounting Auditing and Finance*, 2019, 34(4): 563-587.

[129]Beyer A, Cohen D A, Lys T Z, et al. The Financial Reporting Environment: Review of the Recent Literature [J]. *Journal of Accounting and Economics*, 2010, 50(2-3): 296-343.

[130]Beyer A, Cohen D A, Lys T Z. The Financial Reporting Environment: Review of the Recent Literature [J]. *Journal of Accounting and Economics*, 2010, 50(1): 296-343.

[131]Bhattacharya S. Imperfect Information, Dividend Policy, and "the Bird in the Hand" [J]. *Bell Journal of Economics*, 1979, 10(1): 259-270.

[132]Bourveau T, Lou Y, Wang R. Shareholder Litigation and Corporate Disclosure: Evidence from Derivative Lawsuits [J]. *Journal of Accounting Research*, 2018, 56(1): 797-842.

[133]Bourveau T, Schoenfeld J. Shareholder Activism and Voluntary Disclosure [J]. *Review of Accounting Studies*, 2017, 22(3): 1307-1339.

[134]Bozanic Z, Roulstone D T, Van Buskirk A. Management Earnings Forecasts and other Forward-Looking Statements [J]. *Journal of Accounting and Economics*, 2018, 65(1): 1-20.

[135]Bradley F, Meyer R, Gao Y H. Useof Supplier-Customer Relationships By SMEs to Enter Foreign Markets [J]. *Industrial Marketing Management*, 2006, 5(6): 652-665.

[136]Brock D, Yaffe T. International Diversification and Performance: The Mediating Role of Implementation [J]. *International Business Review*, 2008, 17 (5): 600-615.

[137]Brockman P, Martin X M, Puckett A. Voluntary Disclosures and the Exercise of CEO Stock Options [J]. *Journal of Corporate Finance*, 2010, 16(1):

120-136.

[138] Brockman P, Martin X, Puckett A. Voluntary Disclosures and the Exercise of CEO Stock Options [J]. *Journal of Corporate Finance*, 2010, 16(1): 120-136.

[139] Buckley P J, Casson M. The Future of the Multinational Enterprise [M]. *Holmes & Meier Publishers*, 1976.

[140] Bugamelli M, Gaiotti E, Viviano E. Domestic and foreign sales: Complements or substitutes? [J]. *Economics Letters*, 2015, 135(1): 46-51.

[141] Cao Y, Myers L A, Tsang A. Management Forecasts and the Cost of Equity Capital: International Evidence [J]. *Review of Accounting Studies*, 2017, 22(2): 791-838.

[142] Carpenter M A, Pollock T G, Leary M M. Testinga Model of Reasoned Risk-Taking: Governance, the Experience of Principals and Agents, and Global Strategy in High-Technology IPO Firms [J]. *Strategic Management*, 2003, 24(9): 803-820.

[143] Carson E, Fargher N, Geiger M, et al. Auditor Reporting on Going-Concern Uncertainty: A Research Synthesis [J]. *Auditing: A Journal of Practice and Theory*, 2013, 32(1): 353-384.

[144] Chang M, Ng J, Yu K. The Influence of Analyst and Management Forecasts on Investor Decision Making: An Experimental Approach [J]. *Australian Journal of Management*, 2008, 33(1): 47-67.

[145] Chen C J, Yu C M J. FDI, Export, and Capital Structure [J]. *Management International Review*, 2011, 51(3): 295-320.

[146] Chen H L, Hsu W T, Chang C Y. Independent Directors' Human and Social Capital, Firm Internationalization and Performance Implications: An Integrated Agency -Resource Dependence View [J]. *International Business Review*, 2016, 25(4): 859-871.

[147] Chen X, Cheng Q, Luo T. Short Sellers and Long-Run Management Forecasts [J]. *Contemporary Accounting Research*, 2020, 37(2): 802-828.

[148] Cheynel E. A Theory of Voluntary Disclosure and Cost of Capital [J]. *Review of Accounting Studies*, 2013, 18(4): 987-1020.

[149] Chiang Y C, Ko C L. An Empirical Study of Equity Agency Costs and International-ization: Evidence from Taiwanese Firms [J]. *Research in International Business and Finance*, 2009, 23(3): 369-382.

[150] Chin C L, Chen Y J, Hsieh T J. International Diversification, Ownership Structure, Legal Origin, and Earnings Management: Evidence from Taiwan [J]. *Journal of Accounting, Auditing and Finance*, 2009, 24 (2): 233-262.

[151] Chung D, Hrazdil K, Suwanyangyuan N. Disclosure Quantity and the Efficiency of Price Discovery: Evidence from the Toronto Stock Exchange [J]. *Review of Accounting and Finance*, 2016, 15(2): 122-143.

[152] Ciftci M, Salama F M. Stickiness in Costs and Voluntary Disclosures: Evidence from Management Earnings Forecasts [J]. *Journal of Management Accounting Research*, 2018, 30(3): 211-234.

[153] Clinch G J, Li W, Zhang Y Y. Short Selling and Firms' Disclosure of Bad News: Evidence from Regulation SHO [J]. *Journal of Financial Reporting*, 2019, 4(1): 1-23.

[154] Cohen L J, Marcus A J, Rezaee Z, et al. Waiting for Guidance: Disclosure Noise, Verification Delay, and the Value-Relevance of Good-News versus Bad-News Management Earnings Forecasts [J]. *Global Finance Journal*, 2018, 37(1): 79-99.

[155] Contractor F J, Kundu S K, Hsu C C. A Three-Stage Theory of International Expansion: The link between Multinationality and Performance in the Service Sector [J]. *Journal of International Business Studies*, 2003, 34 (1): 5-18.

[156] Cornell B, Shapiro A. Corporate Stakeholders and Corporate Finance [J]. *Financial Management*, 1987, 16 (1): 5-14.

[157] Cotter J, Tuna I, Wysocki P D. Expectations Management and Beatable Targets: How do Analysts React to Explicit Earnings Guidance? [J]. *Contemporary Accounting Research*, 2006, 23(3): 593-624.

[158] Crawford S, Huang Y, Li N Z et al. Customer Concentration and Public Disclosure: Evidence from Management Earnings Forecasts [J]. *Contemporary Accounting Research*, 2020, 37(1): 131-159.

[159] Daniels J D, Bracker J. Profit Performance: Do Foreign Operations Make a Difference [J]. *Management International Review*, 1989, 29(1): 46-56.

[160] Das S, Kim K, Patro S. On the Anomalous Stock Price Response to Management Earnings Forecasts [J]. *Journal of Business Finance and Accounting*, 2012, 39(7-8): 905-935.

[161] Datta S, Iskandar-Datta M, Singh V. Product Market Power, Industry Structure, and Corporate Earnings Management [J]. *Journal of Banking & Finance*, 2013, 37(8): 3273-3285.

[162] Dayanandan A, Donker H, Karahan G. Do Voluntary Disclosures of Bad News Improve Liquidity? [J]. *North American Journal of Economics and Finance*, 2017, 40(1): 16-29.

[163] Dechow P M, Dichev I D. The quality of Accruals and Earnings: The role of Accrual Estimation Errors [J]. *The Accounting Review*, 2002, 77 (1): 35-59.

[164] Dechow P M, Sloan R G. Detecting Earnings Management [J]. *The Accounting Review*, 1995, 70(2): 193-225.

[165] Demerjian P R, Donovan J B, Jennings J. Assessing the Accuracy of Forward-Looking Information in Debt Contract Negotiations: Management Forecast Accuracy and Private Loans [J]. *Journal of Management Accounting Research*, 2020, 32(1): 79-102.

[166] Dichev I D, Graham J R, Harvey C R, et al. Earnings Quality: Evidence from the Field [J]. *Journal of Accounting and Economics*, 2013, 56(2-3): 1-33.

[167] Didar H, Abdi S, Mostafazade V. Voluntary Disclosure and Informational Content of Share Price: Evidence from Tehran Stock Exchange [J]. *Iranian Journal of Management Studies*, 2018, 11(1): 185-208.

[168] Dontch A. Voluntary Disclosure [J]. *Journal of Accounting, Auditing and Finance*, 1989, 4(4): 480-511.

[169] Dou Y, Hope O, Thomas W. Relationship-Specificity, Contract Enforceability, and Income Smoothing [J]. *The Accounting Review*, 2013, 88(5): 1629-1656.

[170] Doyle J T, Magilke M J. The Timing of Earnings Announcements: An Examination of the Strategic Disclosure Hypothesis [J]. *The Accounting Review*, 2009, 84(1): 157-182.

[171] Dunning J H. Dunning J H. Trade, Location of Economic Activity and the MNE: A Search for an Eclectic Approach [J]. *The International Allocation of Economic Activity*, 1977: 395-418.

[172] Elango B, Talluri S S, Hult G T M. Understanding Drivers of Risk-Adjusted Performance for Service Firms with International Operations [J]. *Decision Sciences*, 2013, 44(4): 755-782.

[173] Fernandes N, Ferreira M A. Insider Trading Laws and Stock Price Informativeness [J]. *Review of Financial Studies*, 2009, 22(5): 1845-1887.

[174] Ferreira D, Rezende M. Corporate Strategy and Information Disclosure [J]. *Rand Journal of Economics*, 2007, 38(1): 164-184.

[175] Field L, Lowry M, Shu S. Does Disclosure Deter or Trigger Litigation? [J]. *Journal of Accounting and Economics*, 2005, 39(3): 487-507.

[176] Fonseca C, da Silveira R, Hiratuka C. The Influence of Heterogeneous Institutional Investorson Company Strategies in Emerging Countries: Evidence from Brazil [J]. *Competition & Change*, 2019, 23(5): 460-480.

[177] Geringer J M, Beamish P W, daCosta R C. Diversification Strategy and Internationalization: Implications for MNE Performance [J]. *Strategic Management Journal*, 1989, 10(1): 109-119.

[178] Globerman S, Shapiro D. Global Foreign Direct Investment Flows: The Role of Governance Infrastructure [J]. *Word Development*, 2002, 30(11): 1899-1919.

[179] Gonenc H, de Haan D J. Firm Internationalization and Capital Structure in Developing Countries: The Role of Financial Development [J]. *Emerging Markets Finance and Trade*, 2014, 50(2): 169-189.

[180] Greve H R. Organizational Learning from Performance Feedback: A Behavioral Perspective on Innovation and Change, *Cambridge University Press*, 2003, Cambridge, UK.

[181] Grullon G, Michaely R. The Information Content of Share Repurchase Pro-

grams [J]. *Journal of Finance*, 2004, 59(1): 651-680.

[182]Guler I, Guillen M F. Institutions and the Internationalization of US Venture Capital Firms [J]. *Journal of International Business Studies*, 2010, 41(2): 185-205.

[183]Hamrouni A, Benkraiem R, Karmani M. Voluntary Information Disclosure and Sell-Side Analyst Coverage Intensity [J]. *Review of Accounting and Finance*, 2017, 16(2): 260-280.

[184]Han S, Rezaee Z, Tuo L. Is Cost Stickiness Associated with Management Earnings Forecasts? [J]. *Asian Review of Accounting*, 2020, 28(2): 173-211.

[185]He J, Plumlee M A, Wen H. Voluntary Disclosure, Mandatory Disclosure and the Cost of Capital [J]. *Journal of Business Finance & Accounting*, 2019, 46(3-4): 307-335.

[186]He S, Khan Z, Lew Y, et al. Technological Innovation as a Source of Chinese Multinationals' Firm-Specific Advantages and Internationalization [J]. *International Journal of Emerging Markets*, 2019, 14(1): 115-133.

[187]Healy P M, Palepu K G. Information Asymmetry, Corporate Disclosure, and the Capital Markets: A Review of the Empirical Disclosure Literature [J]. *Journal of Accounting and Economics*, 2001, 31(1-3): 405-440.

[188]Hirst D E, Koonce L, Venkataraman S. Management Earnings Forecasts: A Review and Framework [J]. *Accounting Horizons*, 2008, 22(3): 315-338.

[189]Hitt M A, Hoskisson R E, Kim H. International Diversification: Effects on Innovation and Firm Performance in Product-Diversified Firms [J]. *Academy of Management Journal*, 1997, 40(4): 767-798.

[190]Hitt M A, Uhlenbruck K, Shimizu K. The Importance of Resources in the Internationalization of Professional Service Firms: The Good, the Bad, and the Ugly[J]. *Academy of Management Journal*, 2006, 49(6): 1137-1157.

[191]Houston J F, Lin C, Liu S, et al. Litigation Risk and Voluntary Disclosure: Evidence from Legal Changes [J]. *The Accounting Review*, 2019, 94(5): 247-272.

[192]Hu C, Lin F Q, Tan Y et al. How Exporting Firms Respond to Technical

Barriers to Trade? [J]. *The World Economy*, 2019, 42(5): 1400-1426.

[193]Huang S, Roychowdhury S, Sletten E. Does Litigation Deter or Encourage Real Earnings Management [J]. *The Accounting Review*, 2020, 95(3): 251-278.

[194]Huang W. The Use of Management Forecasts to Dampen Analysts' Expectations by Chinese Listed Firms [J]. *International Review of Financial Analysis*, 2016, 45(1): 263-272.

[195]Huang Y, Jennings R, Yu Y. Product Market Competition and Managerial Disclosure of Earnings Forecasts: Evidence from Import Tariff Rate Reductions [J]. *The Accounting Review*, 2017, 92(3): 185-207.

[196]Hui K W, Klasa S, Yeung P E. Corporate Suppliers and Customers and Accounting Conservatism [J]. *Journal of Accounting and Economics*, 2012, 53 (1-2): 115-135.

[197]Huynh H T N, Nguyen P V, Tran K T. Internationalization and Performance of Vietnamese Manufacturing Firms: Does Organizational Slack Matter? [J]. *Administrative Sciences*, 2018, 8(4): 1-15.

[198]Hymer S. The International Operations of National Firms: A Study of Foreign Direct Investment. *MIT Press*, 1976, Cambridge, MA.

[199]Jackson A B, Gallery G, Balatbat M C A. The Impact of Litigation Risk on the Strategic Timing of Management Earnings Forecasts [J]. *Accounting and Finance*, 2015, 55(2): 467-495.

[200]Jankensgard H. External Financing and Financial Status [J]. *Journal of Business Finance & Accounting*, 2015, 42(7-8): 860-884.

[201]Johanson J, Vahlne J E. The Internationalization Process of the Firm: A Model of Knowledge Development and Increasing Foreign Commitment [J]. *Journal of International Business Studies*, 1977, 8(2): 23-32.

[202]Johanson J, Wiedersheim-Paul F. The Internationalization of the Firm-Four Swedish Cases [J]. *Journal of Management Studies*, 1975, 12(3): 305-322.

[203]Jormanainen I, Koveshnikov A. International Activities of Emerging Market Firms A Critical Assessment of Research in Top International Management

Journals [J]. *Management International Review*, 2012, 52(5): 691-725.

[204] Jung J C, Bansal P. How Firm Performance affects Internationalization [J]. *Management International Review*, 2009, 49(6): 709-732.

[205] Jung J, Hur J. Effects of Export on the Growth of Employment and Productivity: Evidence from Firm-Level Data in Manufacturing Sector [J]. *Korea Review of Applied Economics*, 2018, 20(1): 111-137.

[206] Kahneman D. Attention and Effort[M], 1973.

[207] Kapri K. Impact of Political Instability on Firm-Level Export Decisions [J]. *International Review of Economics & Finance*, 2019, 59(1): 98-105.

[208] Karim K E, Rutledge R W, Gara S C, et al. An Empirical Examination of the Pricing of Seasoned Equity Offerings: A Test of the Signaling Hypothesis [J]. *Review of Quantitative Finance and Accounting*, 2001, 17 (1), 63-79.

[209] Kasznik R, Lev B. To Warn or not to Warn: Management Disclosures in the Face of an Earnings Surprise [J]. *The Accounting Review*, 1995, 70(1): 113-134.

[210] Khaw K L H. Debt Financing Puzzle and Internationalization [J]. *Journal of Asia Business Studies*, 2019, 13(1): 29-52.

[211] Ki H. Overseas Expansion firm and Real Earnings Management with K-IFRS [J]. Korea International Accounting Review, 2016, 69(1): 25-48.

[212] Kim J B, Shroff P, Vyas D, et al. Credit Default Swaps and Managers' Voluntary Disclosure [J]. *Journal of Accounting Research*, 2010, 56 (3): 953-988.

[213] Kim J H. Impact of Corporate Internationalization on the Value Relevance and Informativeness of Earnings-Based on the Disclosure Information on Foreign Subsidiaries [J]. *Journal of Taxation and Accounting*, 2018, 19 (4): 129-154.

[214] Kim J W, Shi Y Q. Voluntary Disclosureand the Cost of Equity Capital: Evidence from Management Earnings Forecasts [J]. *Journal of Accounting and Public Policy*, 2011, 30(4): 348-366.

[215] Kim K, Pandit S, Wasley C E. Macroeconomic Uncertainty and Management Earnings Forecasts [J]. *Accounting Horizons*, 2016, 30(1): 157-172.

[216]Kim S M, Yoo S-W. Stock Price Crash and the Tendency and Characteristics of Management Earnings Forecast [J]. *Korean Accounting Review*, 2018, 43 (5): 117-158.

[217]King R, Pownall G, Waymire G. Expections Adjustment via Timely Management Forecasts: Review, Synthesis, and Suggestions for Future Research [J]. *Journal of Accounting Literature*, 1990, 9(1): 113-144.

[218]Kitagawa N, Shuto A. Management Earnings Forecasts and the Cost of Debt [J]. *Journal of Accounting Auditing and Finance*, 2019, forthcoming.

[219]Kojima K. Japan and American Direct Investment in Asia: A Comparative Analysis[J]. *Hitosubashi Journal of Economics*, 1978, 26(1): 1-35.

[220]Kothari S P, Shu S, Wysocki P D. Do Managers Withhold Bad News? [J]. *Journal of Accounting Research*, 2009, 47(1): 241-276.

[221]Kumarasamy D, Singh P. Access to Finance, Financial Development and Firm Ability to Export: Experience from Asia-Pacific Countries [J]. *Asian Economic Journal*, 2018, 32(1): 15-38.

[222]Lanfranchi A, Melo P L D, Borini F M, Telles R. Institutional Environment and Internationalization of Franchise Chains: A Regional and Global Analysis [J]. *International Journal of Emerging Markets*, 2020, forthcoming.

[223]Lavie D, Miller S R. Alliance Portfolio Internationalization and Firm Performance [J]. *Organization Science*, 2008, 19(4): 623-646.

[224]Lennox C S, Park C W. The Informativeness of Earnings and Management's Issuance of Earnings Forecasts [J]. *Journal of Accounting and Economics*, 2006, 42(3): 439-458.

[225]Li Y H, Zhang L D. Short Selling Pressure, Stock Price Behavior, and Management Forecast Precision: Evidence from a Natural Experiment [J]. *Journal of Accounting Research*, 2015, 53(1): 79-117.

[226]Libby R, Rennekamp K. Self-Serving Attribution Bias, Overconfidence, and the Issuance of Management Forecasts [J]. *Journal of Accounting Research*, 2010, 50(1): 197-231.

[227]Lin C M, Chen Y J, Hsieh T J et al. Internationalization and Investment-Cash Flow Sensitivity: Evidence from Taiwan [J]. *Asia Pacific Management*

Review, 2019, 24(2): 154-160.

[228]Lin W T, Liu Y S, Cheng K Y. The Internationalization and Performance of a Firm: Moderating Effect of a Firm's Behavior [J]. *Journal of International Management*, 2011, 19(1): 83-95.

[229]Liu Q, Lu Y. Firm Investment and Exporting: Evidence from China's Value-Added Tax Reform [J]. *Journal of International Economics*, 2015, 97(2), 392-403.

[230]Lu J W Z, Liang X J, Shan M M. Internationalization and Performance of Chinese Family Firms: The Moderating Role of Corporate Governance [J]. *Management and Organization Review*, 2015, 11(4): 645-678.

[231]Lukason O, Vissak T. Internationalization and Failure Risk Patterns: Evidence from Young Estonian Manufacturing Exporters [J]. *Review of International Business and Strategy*, 2019, 29(1): 25-43.

[232]Luo W, Zhang Y, Zhu N. Bank Ownership and Executive Perquisites: New Evidence from an Emerging Market [J]. *Journal of Corporate Finance*, 2011, 17(2): 352-370.

[233]Luo X M, Zheng Q Q. How Firm Internationalization is recognized by Outsiders: The Response of Financial Analysts [J]. *Journal of Business Research*, 2018, 90(1): 87-106.

[234]Luo Y, Tung R L. International Expansion of Emerging Market Enterprises: A Springboard Perspective [J]. *Journal of International Business Studies*, 2007, 38 (4): 481-498.

[235]Maes E, Dewaelheyns N, Fuss C, et al. The Impactof Exporting on Financial Debt Choices of SMEs [J]. *Journal of Business Research*, 2019, 102(1): 56-73.

[236]Meyer C R, Skaggs B C, Nair S, et al. Customer Interaction Uncertainty, Knowledge, and Service Firm Internationalization [J]. *Journal of International Management*, 2015, 21(3): 249-259.

[237]Mihov A, Naranjo A. Corporate Internationalization, Subsidiary Locations, and the Cost of Equity Capital [J]. *Journal of International Business Studies*, 50(9): 1544-1565.

［238］Minchan P. Why Firms Provide Goods to Foreign Markets: Using a Combination of Entry Modes: Foreign Direct Investment and Export ［J］. *Seoul Journal of Business*, 2010, 16(2): 67-94.

［239］Mo K, Kim B. Public Debt Issuance Impact on Management Forecasting Frequency: Evidence from Regulation Fair Disclosure ［J］. *Asia-Pacific Journal of Financial Studies*, 2016, 45(5): 755-778.

［240］Nagar V, Nanda D, Wysocki P. Discretionary Disclosure and Stock-based Incentives ［J］. *Journal of Accounting and Economics*, 2003, 34(1): 283-309.

［241］Nagar V, Schoenfeld J, Wellman L. The Effect of Economic Policy Uncertainty on Investor Information Asymmetry and Management Disclosures ［J］. *Journal of Accounting and Economics*, 2019, 67(1): 36-57.

［242］Nagata K, Nguyen P. Ownership Structure and Disclosure Quality: Evidence from Management Forecasts Revisions in Japan ［J］. *Journal of Accounting and Public Policy*, 2017, 36(6): 451-467.

［243］Nam J, Liu X H, Lioliou E, et al. Do Board Directors Affect the Export Propensity and Export Performance of Korean Firms? A Resource Dependence Perspective ［J］. *International Business Review*, 2018, 27(1): 269-280.

［244］Naughton J P, Rusticus T O, Wang C et al. Private Litigation Costs and Voluntary Disclosure: Evidence from the Morrison Ruling ［J］. *The Accounting Review*, 94(3): 303-327.

［245］Navissi F, Sridharan V G, Khedmati M, et al. Business Strategy, Over-(Under-)investment and Managerial Compensation ［J］. *Journal of Management Accounting Research*, 2017, 29(2): 63-86.

［246］Ng J, Tuna I, Verdi R. Management Forecast Credibility and Underreaction to News ［J］. *Review of Accounting Studies*, 2013, 18(4): 956-986.

［247］Nguyen P V, Huynh H T N, Trieu H D X et al. Internationalization, Strategic Slack Resources, and Firm Performance: The Case Study of Vietnamese Enterprises ［J］. *Journal of Risk And Financial Management*, 2019, 12(3): 1-24.

［248］Olmos M F, Diez-Vial I. Internationalization Pathways and the Performance of SMEs [J]. *European Journal of Marketing*, 2015, 49(3-4): 420-443.

[249] Ossorio M. Does R&D Investment Affect Export Intensity? The Moderating Effect of Ownership [J]. *International Journal of Managerial and Financial Accounting*, 2018, 10(1): 65-83.

[250] Ota K. The Value Relevance of Management Forecasts and their Impact on Analysts' Forecasts: Empirical Evidence from Japan [J]. *Abacus-A Journal of Accounting Finance and Business Studies*, 2010, 46(1): 28-59.

[251] Pangarkar N. Internationalization and Performance of Small-and Medium-Sized Enterprises [J]. *Journal of World Business*, 2008, 43(4): 475-485.

[252] Panicker V S, Mitra S, Upadhyayula R S. Institutional Investors and International Investments in Emerging Economy Firms: A Behavioral Risk Perspective [J]. *Journal of World Business*, 2019, 54(4): 322-334.

[253] Park J, Sani J, Shroff N, et al. Disclosure Incentives when Competing Firms have Common Ownership [J]. *Journal of Accounting and Economics*, 2019, 67(2-3): 387-415.

[254] Patatoukas P N. Customer-Base Concentration: Implications for Firm Performance and Capital Markets [J]. *The Accounting Review*, 2012, 87(2): 363-392.

[255] Penman S. An Empirical Investigation of the Voluntary Disclosure of Corporate Earnings Forecasts [J]. *Journal of Accounting Research*, 1980, 18(1): 132-160.

[256] Powell K S. From M-P to MA-P: Multinationality Alignment and Performance [J]. *Journal of International Business Studies*, 2014, 45(2): 211-226.

[257] Raquel G G, Esteban G C, Guillen M F. Rapid Internationalization and Long-Term Performance: The Knowledge Link [J]. *Journal of World Business*, 2017, 52(1): 97-110.

[258] Reeb D M, Mansi S A, Allee J M. Firm Internationalization and the Cost of Debt Financing: Evidence from Non-Provisional Publicly Traded Debt [J]. *Journal of Financial and Quantitative Analysis*, 2001, 36(3): 395-414.

[259] Riano A. Exports, Investment and Firm-Level Sales Volatility [J]. *Review of World Economics*, 2011, 147(4): 643-663.

[260]Roelfsema H, Zhang Y. Internationalization and Innovation in Emerging Markets [J]. *Foresight and STI Governance*, 2018, 12(3): 34-42.

[261]Rogers J L, Van Buskirk A. Shareholder Litigation and Changes in Disclosure Behavior [J]. *Journal of Accounting and Economics*, 2009, 47 (1-2): 136-156.

[262]Ross S A. The Determination of Financial Structure: the Incentive-Signaling Approach [J]. *The Bell Journal of Economics*, 1977, 8(1): 23-40.

[263]Schertler A, Tykvova T. Venture Capital and Internationalization [J]. *International Business Review*, 2011, 20(4): 423-439.

[264]Shivakumar L, Urcan O, Vasvari F P. The Debt Market Relevance of Management Earnings Forecasts: Evidence from Before and During the Credit Crisis [J]. *Review of Accounting Studies*, 2011, 16(3): 464-486.

[265]Skinner D J. Why Firms Voluntarily Disclosure Bad News [J]. *Journal of Accounting Research*, 1994, 32(1): 38-60.

[266]Sletten E. The Effect of Stock Price on Discretionary Disclosure [J]. *Review of Accounting Studies*, 2012, 17(1): 96-133.

[267]Smolarski J, Kut C. The impact of Venture Capital Financing Method on SME Performance and Internationalization [J]. *International Entrepreneurship and Management Journal*, 2011, 7(1): 39-55.

[268] Stephen Y. International Market Entry and Development: Strategies and Management [J]. *Harvester Wheatsheaf*, 1989.

[269] Suh H. The Effects of Corporate's Overseas Sales on Earnings Management [J]. *Tax Accounting Research*, 2017, 54(1): 49-71.

[270]Sullivan D. Measuring the Degree of Internationalization of a Firm [J]. *Journal of International Business Studies*, 1994, 25(1): 325-342.

[271]Tang J, Crossan M, Rowe W G, Dominant CEO, Deviant Strategy and Extreme Performance: The Moderating Role of a Powerful Board [J]. *Journal of Management Studies*, 2011, 48(7): 1479-1503.

[272]Tsao S M, Lu H T, Keung E C. Internationalization and Auditor Choice[J]. *Journal of International Financial Management & Accounting*, 2017, 28 (3): 235-273.

［273］Vernon R. International Investment and International Trade in the Product Cycle ［J］. *The Quarterly Journal of Economics*, 1966, 80(2): 190-207.

［274］Verrecchia R E. Discretionary Disclosure ［J］. *Journal of Accounting and Economics*, 1983, 5(1), 179-194.

［275］Verrecchia R E. Essays on Disclosure ［J］. *Journal of Accounting and Economics*, 2001, 31(1): 97-180.

［276］Wagenhofer J. Voluntary Disclosure with a Strategic Opponent［J］. *Journal of Accounting and Economics*, 1990, 12(4): 341-363.

［277］Wang G, Zhang H, Xia B. Relationship between Internationalization and Financial Performance: Evidence from ENR-Listed Chinese Firms ［J］. *Journal of Management in Engineering*, 2020, 36(2).

［278］Wang X, Feng M M, Xu X D. Political Connections of Independent Directors and Firm Internationalization: An Empirical Study of Chinese Listed Firms ［J］. *Pacific-Basin Finance Journal*, 2019, 58(1): 1-17.

［279］Wasley C E, Wu J S. Why do Managers Voluntarily Issue Cash Flow Forecasts? ［J］. *Journal of Accounting Research*, 2006, 44(2): 389-429.

［280］Wei N, Jorge B. Internationalization, Corporate Governance and Firm Value ［J］. *Journal of International Finance and Economics*, 2015, 15(3): 31-36.

［281］Woo H. Foreign Venture Capital Firms and Internationalization of Ventures ［J］. *Multinational Business Review*, 2020, forthcoming.

［282］Wu B, Deng P. Internationalization of SMEs from Emerging Markets: An Institutional Escape Perspective ［J］. *Journal of Business Research*, 2020, 108(1): 337-350.

［283］Xiao S S, Jeong I, M J J. Internationalization and Performance of Firms in China: Moderating Effects of Governance Structure and the Degree of Centralized Control ［J］. *Journal of International Management*, 2013, 19(2): 118-137.

［284］Yamada A. Mandatory Management Forecasts, Forecast Revisions, and Abnormal Accruals ［J］. *Asian Review of Accounting*, 2016, 24(3): 295-312.

［285］Yildiz Y. Export Intensity, R&D Investments, and Firm Performance: Evidence from Turkey ［J］. *Ege Academic Review*, 2003, 36(3): 227-252.

[286] Yoo D, Reimann F. Internationalization of Developing Country Firms into Developed Countries: The Role of Host Country Knowledge-Based Assets and IPR Protection in FDI Location Choice [J]. *Journal of International Management*, 2017, 23(3): 242-254.

[287] Zhang X, Zhong W, Makino S. Customer Involvement and Service Firm Internationalization Performance: An Integrative Framework [J]. *Journal of International Business Studies*, 2015, 46(3): 355-380.

[288] Zhou L X, Wu W P, Luo X M. Internationalization and the Performance of Born-Global SMEs: The Mediating Role of Social Networks [J]. *Journal of International Business Studies*, 2007, 38(4): 673-690.

[289] Zivlak N, Ljubicic M, Xu M et al. Relationship Between Innovationand Internationalization in Chinese Companies [J]. *Technics Technologies Education Management*, 2012, 7(4): 1914-1919.

[290] Zuo L. The Informational Feedback Effectof Stock Prices on Management Forecasts [J]. *Journal of Accounting and Economics*, 2016, 61 (2-3): 391-413.